Manfred Stolpe

Schwieriger Aufbruch

Manfred Stolpe

Schwieriger Aufbruch

Siedler

Inhalt

Einleitung

Wohl selten hat ein Buch bereits Monate vor seinem Erscheinen solchen Wirbel ausgelöst wie dieser Band, mit dem ich dazu beitragen will, das gegenseitige Verständnis der Deutschen in Ost und West füreinander zu stärken und den schwierigen Prozeß der inneren Vereinigung zu erleichtern. Als ich zum ersten Mal über dieses Buch nachdachte, wußte ich, wie nötig es sein würde, den Menschen im Osten Mut zu machen, ihnen Hoffnung zu geben, Perspektiven aufzuzeigen und bei den Westdeutschen um Verständnis für ihre Lage zu werben.

»Schwieriger Aufbruch«: das heißt, nach vorn zu schauen und die vielen Aufgaben im Land anzupacken. Da geht es um praktische Dinge wie die Neustrukturierung der Wirtschaft, die Sicherung von Arbeitsplätzen, um den Aufbau des Rechtsstaats, um Landesentwicklung oder die Kreisgebietsreform und Schaffung von Wohnraum. Es geht auch um die Frage, wie Deutschland nach der Vereinigung und der Neuordnung Europas künftig nach innen und außen seine neue Rolle annimmt. Wer sich mit solchen Fragen beschäftigt, muß sehen, daß am 3. Oktober 1990 nicht einfach die alte Bundesrepublik größer geworden, sondern daß ein neues Deutschland entstanden ist. Unterschiedliche Prägungen und Erfahrungen von Menschen zweier Generationen in Deutschland lösen sich nicht über Nacht in Wohlgefallen auf.

Im Sommer 1990, wenige Tage nachdem ich meine Aufnahme in die Sozialdemokratische Partei beantragt hatte, erschienen bei mir Steffen Reiche und Siegfried von Rabenau, um mir die Spitzenkandidatur für die Brandenburger SPD anzutragen. Die Gründungsväter und -mütter der brandenburgischen Sozialdemokratie hatten etwas Mühe, sich auf einen Kandidaten aus ihren Reihen zu verständigen. Auf keinen Fall aber wollte die Partei einen Westimport. Durch meine Veröffentlichungen und durch meine jahrzehntelange Arbeit war ich im Land bekannt, und eine deutliche Mehrheit sprach sich für mich aus.

Es gab nur wenige kritische Stimmen aus kirchennahen Gruppen, die mit meiner Verhandlungsstrategie gegenüber dem Staat in früheren Jahren nicht einverstanden waren.

Zwar waren wir uns im engeren Kreis immer über die Notwendigkeit von Veränderungen einig gewesen, aber die Methode, diese zu erreichen, war umstritten. Mir selber war es darum gegangen, die im Lauf der achtziger Jahre allmählich gewonnenen kleinen Freiheiten nicht zu gefährden. Verbesserung der Meinungsfreiheit durch ungehinderte Diskussionen und hektographierte Veröffentlichungen oder unangefochtene Versammlungsfreiheit in der Kirche waren mir ein zu kostbares Gut, um es durch Zuspitzungen der Gefahr eines Rückschlags auszusetzen. Die meisten ehemaligen DDR-Bürger haben diese vorsichtige, aber beharrliche Methode unterstützt. Das Ziel, die DDR zu verändern, war klar; mein Weg dahin war der des steten Tropfens auf den Stein.

Die Kreisvertreter der Brandenburger SPD, denen ich mich im Juli 1990 präsentierte, wußten das und billigten es. Ich berichtete ihnen von meinen jahrzehntelangen Bemühungen bei allen Teilsystemen der DDR-Macht – dem Staatsapparat, der SED, dem Staatssicherheitsdienst und den Blockparteien –, das Leben der Menschen leichter werden zu lassen. Während der gesamten Mauerzeit, also fast dreißig Jahre lang, war es mir wichtig, in trostlosen Zeiten nicht in Resignation zu fallen, in hoffnungsvolleren Phasen nach besseren Möglichkeiten zu suchen und sie in die Tat umzusetzen. Auch im Sommer 1990 ging es wieder darum, Mut für die Zukunft zu machen. Deshalb trat ich an. Und deshalb habe ich jetzt dieses Buch geschrieben.

Der Aufbruch, jener Kraftakt, den wir gemeinsam in Ost und West bewältigen müssen, kann nur gelingen, wenn wir mit unserer unterschiedlichen Geschichte in den beiden Teilstaaten ins reine kommen und sie am Ende als Bestandteile unserer gemeinsamen deutschen Geschichte akzeptieren. Sollten wir das nicht schaffen, werden wir in Deutschland ein Zwei-Klassen-System behalten: die Menschen im Kolonialbereich Ost, die alle irgendwie verdächtig sind, sofern sie nicht nachweisen können, daß sie im aktiven Widerstand waren, und die unbeteiligten und auf alle Fälle besseren Menschen im Mutterland West.

Eine ganze Reihe von Ereignissen und Äußerungen, die ich seit dem Erscheinen des Vorabdrucks eines Teils des Kapitels »Entzauberung der Macht: Vom Umgang mit der Vergangenheit« aus diesem Buch erlebt habe, haben mich doch sehr skeptisch werden lassen, ob unsere Öffentlichkeit dazu in der Lage ist. Ist sie, ist vor allem die Medienwelt nicht vielleicht zu sehr von spezifisch westdeutschen Perspektiven und auch Interessen geprägt?

Die Beschäftigung mit der Vergangenheit kann ja kein Selbstzweck sein, sie soll vielmehr befreien zum Aufbruch in die Zukunft. Doch die Bereitschaft zuzuhören, auch die Fähigkeit, sich der realen Verhältnisse in der alten DDR zu erinnern, ist in weiten Teilen des Landes nicht besonders ausgeprägt. Was vor vier oder fünf Jahren noch in hohem Ansehen stand – beispielsweise die Politik der evangelischen Kirche in der DDR –, ist heute dem Verdacht der Anpassung und Kumpanei mit den ehemals Mächtigen ausgesetzt. Eine Zeitlang mußte ich die Überschätzung meiner Rolle abwehren, die aus dem beharrlichen Versuch der Besserung der Zustände so etwas wie Widerstand machen wollte. Wenig später bin ich gezwungen, mich für eben jene Handlungen zu rechtfertigen, die noch gestern als mutig und klug gelobt wurden. Mancher scheint bereits vergessen zu haben, was für ein Staat die DDR gewesen ist, und in der allgemeinen Stasi-Hysterie drohen viel wichtigere und grundsätzlichere Fragen an die Vergangenheit ganz unterzugehen – etwa, was es denn bedeutet hat, in einer und mit einer Diktatur zu leben.

Jahrelang war Konsens, daß nicht alle weggehen beziehungsweise sich unauffällig in ihre Nischen verkriechen dürften, sondern daß es auch im Lande Menschen geben müsse, die sich um Veränderung bemühen. »Wer mit dem Teufel am Tische saß, mußte einen langen Löffel haben«, hat Günter Gaus mir geantwortet, als ich mich im Gespräch mit ihm im Herbst 1990 in aller Öffentlichkeit zu meinen Kontakten zum Staat und auch zur Staatssicherheit geäußert habe. Darüber, ob der Löffel immer lang genug gewesen ist, muß man nachdenken, auch öffentlich streiten. Doch aus der sicheren Perspektive westlicher Schreibtische gilt so manchem offenbar bereits als eine Schande, daß man jemals in der DDR gelebt hat.

Die Menschen im Osten Deutschlands stehen unter Rechtfertigungsdruck und leiden an ausgesprochenen wie unausgesprochenen Verdächtigungen. Eine Vergangenheitsdebatte, die sich allein auf die Stasi konzentriert, trägt nicht dazu bei, daß sich die Menschen – gerade die in der DDR unterdrückten, benachteiligten und zu kurz gekommenen – zur Zukunft befreit fühlen. Die überhandnehmende Schwarzweißmalerei wirkt sich geradezu lähmend aus: wie Mehltau hat der Stasi-Schatten sich über dieses Land gelegt.

Diesen Teufelskreis zu durchbrechen und die Diskussion über vierzig Jahre DDR in differenziertere Bahnen zu lenken, war mir der wichtigste Grund, dem Vorabdruck im SPIEGEL zuzustimmen, um einmal vor einer großen Öffentlichkeit meine Erfahrungen mit der Macht zusammenhängend darzustellen. Das Resultat ist ambivalent: Nach dem Erscheinen des Textes am 20. Januar 1992 mußte ich Verdächtigungen, Vereinfachungen, auch Unterstellungen am eigenen Leibe erfahren. Andererseits hat die breite gesellschaftliche Diskussion jedoch auch zur Differenzierung beigetragen, und so habe ich die Hoffnung nicht aufgegeben, daß die Deutschen in Ost und West mehr als zwei Jahre nach dem Umbruch im November 1989 und nach gut einem Jahr Einheit zu einem verantwortlichen Umgang mit der Vergangenheit in der Lage sind. Ich weiß jedoch heute, daß es länger dauern wird, uns mit diesem Stück unserer Geschichte auseinanderzusetzen, und mehr Zeit und Kraft von uns allen fordern wird, als ich vermutet hatte. Ungeachtet dieser Erfahrungen will ich meinen Beitrag zur Entmystifizierung der Vergangenheit leisten: Ein wichtiger Schritt dazu ist dieses Buch.

Das Ziel dieses Buches ist heute das gleiche wie bei seiner ersten Konzeption: den Deutschen dabei zu helfen, einander nach fünfundvierzig Jahren Trennung besser zu verstehen. Ich habe die Zuversicht nicht verloren, daß es uns gelingen wird, die Gräben zwischen Ost und West zu überwinden, die ja zum Teil auch Gräben zwischen Ost und Ost sind, oder auch alte Kämpfe in der alten Bundesrepublik widerspiegeln. Diesen Optimismus nähren die ermutigenden Erfahrungen, die ich als Ministerpräsident des Landes Brandenburg mache.

Zu schnell ist die deutsche Freude des November 1989 erloschen. Als die Mauer fiel, stürmten nicht nur Millionen Ostdeutsche begeistert in das andere, freie Deutschland, sie begegneten auch jubelnden und glücklichen deutschen »Schwestern und Brüdern«, die mit einem Mal diesen durch rhetorischen Mißbrauch schal gewordenen Begriff mit Leben füllten. Nicht allein der Überfluß, die Sauberkeit der Städte, der technologische Vorsprung und die hervorragende Infrastruktur überzeugten die Deutschen Ost, daß das System West besser war. Den Wunsch des Volkes nach Einheit verstärkten wohl die tausendfachen spontanen deutsch-deutschen Begegnungen. Die Ostdeutschen fühlten sich von den Westdeutschen angenommen. Darin lag die wirkliche Ursache für die schnelle Wiederherstellung der deutschen Einheit: Wir wurden akzeptiert, wie wir waren.

Bereitschaft zur Gemeinsamkeit erlebe ich bis auf den heutigen Tag. Das können irritierende Tageserfahrungen nicht verdecken. Sicher gibt es Menschen im westlichen Deutschland, denen die deutsche Einheit wie eine Belästigung vorkommt. Die Regel ist das aber nicht. Ich treffe zwischen Bayern und Schleswig-Holstein auf sehr viel Offenheit, Verständnis und Bereitschaft zuzuhören. Bei Gesprächen in Vorstandsetagen großer Unternehmen wie bei Veranstaltungen mit der Bevölkerung mache ich die beruhigende Erfahrung deutscher Gemeinsamkeit stets aufs neue. Gleichzeitig erkenne ich immer deutlicher, wie notwendig es ist, über das halbe Jahrhundert eines anderen Lebens in Deutschland Ost zu informieren. Geduldig muß erklärt werden, wie die Diktatur funktionierte und wie Menschen auch unter schwierigen Bedingungen lebten, liebten und lachten.

Umgekehrt wissen meine Landsleute Ost im Grunde viel zu wenig vom Leben der Westdeutschen. Fernsehbilder und flüchtige Besuchseindrücke haben sich letztlich doch als ungenügend erwiesen. Wie sind die Westdeutschen? Warum treten sie so selbstbewußt auf, woher kommt ihre Vorliebe, mitzureden und Besseres vorzuschlagen, die Leichtigkeit, mit der sie ihre Fähigkeiten darstellen? Das hängt wohl auch mit den lebenslangen Erfahrungen in einer Wettbewerbsgesellschaft zusammen.

So sehe ich mich oft vor der Notwendigkeit, den Deutschen West von den Deutschen Ost und den Deutschen Ost von den Deutschen West zu erzählen und sie immer wieder zum geduldigen Verständnis füreinander und zur Arbeit miteinander zu gewinnen. Nur auf diese Weise werden wir auch die Restmauer in den Köpfen beseitigen.

Vor allem müssen wir Deutschen in Ost und West ehrlich miteinander umgehen. Bisher haben wir uns gegenseitig möglicherweise mehr geschont, als gut war, nun brechen die Fragen der einen an die jeweils anderen wie ein Schock über uns herein. Weil wir Deutschen zusammenkommen wollten, weil wir glücklicherweise nun zusammen sind, und weil wir gemeinsam die Zukunft gestalten wollen, dürfen wir auch den Fragen an die Geschichte – die eigene und die des anderen Teils – nicht ausweichen. Die meisten Fragen werden heute an die DDR-Geschichte gerichtet. Wir selber müssen uns vergegenwärtigen und begreifen, was wirklich in diesen Jahrzehnten stattgefunden hat. Nur wenn wir das verstehen und es anderen verständlich machen, werden wir Verkrampfungen verlieren, die unseren Umgang miteinander zur Zeit noch belasten.

Das Herausfischen von Sündenböcken, auf Schlagzeilen verengte Perspektiven, helfen nicht weiter. Wer meint, allein in den offiziellen und inoffiziellen Mitarbeitern der Staatssicherheit die Bösen identifiziert zu haben, übersieht, daß die Staatssicherheit nur ein Teil des Systems war, dienstbar der Partei. Doch auch der einfache SED-Genosse oder kleine Funktionär hat das System nicht repräsentiert, wenn auch stabilisiert. Und die Leute im Staatsapparat? Auch sie haben Anweisungen erhalten und ausgeführt. Die Verwaltungsschikanen, die auf sie zurückgehen und die die leidvolle Erfahrung im Alltag der DDR stärker geprägt haben als politische Verbrechen im engeren Sinne, entsprangen meist nicht ihrer Initiative. Es ist das Zusammenwirken der verschiedensten Faktoren – auch die Anpassung derer, die keine Macht hatten und haben wollten, der Verzicht auf Einmischung in die eigenen Angelegenheiten –, woraus sich der Flickenteppich des Unrechts zusammensetzt. Schließlich hat jeder, der im Land blieb, arbeitete und Steuern zahlte, das DDR-System mitgetragen, ob er wollte oder nicht.

Ebenso haben das die anderen Deutschen getan, die die staatliche Teilung akzeptierten und uns im Osten Mut machten zu bleiben und auszuhalten. Jetzt, im nachhinein, weist mancher zum Beispiel etwas hämisch darauf hin, daß ja auch Helmut Schmidt, Franz Josef Strauß und Helmut Kohl den einst Mächtigen der DDR ihre Reverenz erwiesen haben, sie in deren Jagdhäusern besuchten und sie am Ende sogar nach Bonn einluden und mit militärischen Ehren empfingen. Aber sie taten auf ihre Weise nur, was wir unsererseits zu bewerkstelligen versuchten: durch Gespräche mit den Mächtigen das Leben für die Menschen erträglicher machen.

Niemand hatte mit dem baldigen Zusammenbruch des zweiten deutschen Staates gerechnet, keiner von uns hat es für möglich gehalten, daß das ganze System des Weltkommunismus über Nacht wie ein Kartenhaus zusammenfallen würde. Franz Josef Strauß wird jetzt nachträglich vorgerechnet, daß sein »Milliardenkredit« den bankrotten Staat am Leben gehalten habe, und diesem oder jenem unserer Bischöfe wird vorgehalten, daß er die Menschen im Osten vor zu unberechenbaren Ausbrüchen bewahren wollte. Manche der heutigen Kritiker haben vor fünf Jahren noch den Mut zum Realismus gelobt und Egon Bahrs Formel vom »Wandel durch Annäherung« im Munde geführt. Ist das alles schon vergessen, soll das alles nicht mehr gewesen sein?

Um dem Teufelskreis von Stasiverdächtigungen zu entkommen, scheint es mir mindestens genauso wichtig, daß wir uns denjenigen zuwenden, denen wirklich Unrecht widerfahren ist im alten SED-Staat, wie systematisch bei den Tätern anzusetzen. Wir haben die große Aufgabe, jedem Einzelfall nachzugehen; den Betroffenen, den Verfolgten, den Geschädigten Gerechtigkeit widerfahren zu lassen, ohne die ganze Gesellschaft darin zu verstricken und in Schuldzuweisungen, Verhören, Prozessen steckenzubleiben. Das Heer jener darf nicht übersehen werden, denen das Leben schwergemacht wurde und Chancen genommen worden sind, ohne daß ein faßbarer Unrechtstatbestand als Ursache angeführt werden kann. Daß darüber die Täter nicht vergessen werden, dafür wird eine breite öffentliche Diskussion schon sorgen, und auch auf die mühsame Arbeit der Justiz können wir hier setzen.

Heute macht alles Jagd auf die Stasi. Aber was ist eigentlich mit jenen Unterdrückern in Schulen, Universitäten, Einrichtungen und Betrieben aller Art, die übereifrig die Linie der Partei verfochten, die Ideologie administrativ durchzusetzen versuchten oder persönliche Machtinteressen verfolgten? Was ist mit denen, die aus Geltungsbedürfnis, aus Selbstsucht, aus Menschenverachtung, aus Zynismus oder Karrierismus anderen Menschen geschadet haben? Von ihnen redet niemand. Nur wenige Seufzer hört man noch aus Betrieben über gewisse alte neue Geschäftsführer. Gibt es schon wieder Ängste? Ist die große Ablenkung gelungen? Genügt es, Erich Honekker, einige weitere Galionsfiguren und ein paar Stasi-Spitzel zu fassen? Dergleichen hilft bei den wirklich brennenden Problemen, den sozialen Ängsten, der Verunsicherung der Jugend beispielsweise nicht weiter.

Ideologische Unterdrückung, wie sie gegenüber Arbeitern in den Produktionsbetrieben kaum vorkam, ist besonders wirksam in der Schule praktiziert worden. Da wurde Ideologie mit Administration kombiniert. Schulräte und Direktoren, auch einzelne Lehrer, hatten einen relativ großen Handlungsspielraum. Man konnte sich auf das Nötigste beschränken, was glücklicherweise viele taten, man konnte aber auch die jeweilige Parteilinie exerzieren und jeden, der die falschen Fragen stellte oder auf der Wandzeitung eine Position vertrat, die er im RIAS gehört hatte, demütigen, unterdrücken, aus der Bahn werfen; Schülerinnen und Schülern wurde der Weg in die Erweiterte Oberschule verbaut, sie wurden mit Beurteilungen ins Leben entlassen, die ihnen keine Chance mehr ließen. So wurden Menschen wirklich unterdrückt, bisweilen gar in den Selbstmord getrieben. Ich kenne eine ganze Reihe solcher Fälle persönlich.

Diese Lehrer müssen nicht unbedingt für die Staatssicherheit gearbeitet haben, und so behalten sie heute ihre Stellen, falls nicht frühere Schüler oder Kollegen energisch dagegen protestieren. Wie können diejenigen Gerechtigkeit erfahren, deren Lebensweg durch solche Lehrer zerstört wurde? Ein großer Teil der Leute, die zu den kritischen Geistern der Wende gehörten, die in der Bürgerbewegung Kopf und Kragen riskierten, ist zum Beispiel vor dem Abitur wegen Aufmüpfigkeit von der Schule geflogen. Es gab für sie weder Universitätszulassung noch Studium; ihnen fehlt heute die Formalqualifizierung für den Öffentlichen Dienst oder für eine Karriere in der Wirtschaft – die die Angepaßten, die in der Schule und auch sonst ihre Meinung für sich behalten haben, selbstverständlich vorweisen können.

Die Auseinandersetzung mit der Diktatur ist eine gemeinsame Aufgabe im wieder gemeinsamen Deutschland. Wenn wir uns dieser Aufgabe nicht stellen, wird die Vergangenheit die Zukunft verbauen, vor allem in den östlichen Bundesländern. Die Menschen im Osten haben deshalb das Recht, vielleicht sogar die Pflicht, sich als erste mit diesem schwierigen Kapitel der Geschichte zu beschäftigen.

Aus altem Unrecht darf nicht neues Unrecht, aus der erzwungenen Teilung dürfen nicht neue Gräben werden. Mir bleibt der Eindruck vom Ende der Staatssicherheit unvergessen, dieses eigentlichen Unterdrückungsapparats der Macht. Sie war nach der Wende umbenannt worden in »Amt für Nationale Sicherheit« – offenbar, um die Auslandsarbeit zu retten. Aber der Volkszorn war nicht mehr aufzuhalten. Zu lange hatte man Angst gehabt. Nun fürchtete man nichts und niemanden mehr. Die Menschen wollten die Zwingburgen beseitigen. Am 5. Dezember 1989 erreichten mich Anrufe von Superintendenten und Pfarrern aus mehreren Städten. Gruppen von Menschen hatten sich vor den Gebäuden der verhaßten Staatssicherheit versammelt. Ausschreitungen wurden befürchtet. Wie sollten sie sich verhalten, wie sollte es weitergehen?

Mein Rat lautete: Nicht auf zentrale Weisungen warten. Bürgerkomitees bilden, vorhandene unterstützen. Sicherheitspartnerschaft mit Polizei und Staatsanwaltschaft suchen. Gebäude friedlich besetzen. Akten und Gerät sichern und versiegeln. Blutvergießen vermeiden, um nicht zu guter Letzt noch die Sowjets zum Eingreifen zu nötigen. So dachten auch andere, und so etwa spielte es sich auch ab in der Nacht zum Nikolaustag 1989. Es war atemberaubend. Ich saß mit Konrad Weiß und dem letzten Sicherheitschef, Wolfgang Schwanitz, bei einem Rundfunkgespräch, in das besorgte Anrufer zugeschaltet wurden. »Die Stasi wird schießen«, fürchtete ein Demonstrant. »Genosse Schwanitz, schreiten Sie ein, die werden unsere Kinder umbringen!« schrie dagegen ein Stasi-Mann übers Telephon in das Funkhaus. Die Macht zerfiel.

Es war ein großer Erfolg, daß es damals gelang, der gefürchteten Staatssicherheit ein unblutiges Ende zu bereiten. Wenn die Akten heute nun, statt sachlich aufgearbeitet zu werden, zur Munition in politischen wie persönlichen Grabenkämpfen verkommen, wäre dem Staatssicherheitsdienst doch noch ein posthumer Erfolg vergönnt. Uns darf es nicht ergehen wie Lots Weib: »Sie blickte zurück zu den Schrecken von Sodom ... und erstarrte zur Salzsäule.«

Geschichte und Geschichtsvergessenheit

Europa hat unerwartet eine zweite Chance bekommen. Dem vereinten Deutschland, das den Osten des Westens wie den Westen des Ostens umfaßt, stellt sich nach vierzig Jahren Teilung die Aufgabe, Brücken zu bauen, bei der gegenseitigen Durchdringung von Ost und West zu helfen. Haben die Deutschen – oder zumindest die meisten von ihnen – inzwischen begriffen, welcher ganz und gar ungewöhnlichen Herausforderung sich Deutschland heute gegenübersieht? Die Konsequenzen des Zusammenbruchs des sowjetischen Imperiums lassen sich noch immer nicht absehen; eine Folge war die deutsche Vereinigung. Was vielen Deutschen in einer Mischung von Freude und Skepsis noch wie eine gewaltige Last vorkommt, birgt nach meiner Überzeugung große, für die Zukunft entscheidende Chancen für Deutschland und Europa.

Wir müssen diese Herausforderung als Aufgabe und Chance annehmen – Deutschland insgesamt und seine östlichen Länder im besonderen. Denn die ostdeutschen Länder, in ihrer Mitte Berlin, teilten vierzig Jahre hindurch mit den Völkern der ehemaligen Sowjetunion und den Menschen der osteuropäischen Staaten die Erfahrung sozialistischer Herrschaft. Gleichzeitig lebten sie in diesen vierzig Jahren aufgrund ihrer Geschichte und wegen der offenen deutschen Frage und dem spannungsreichen Sonderverhältnis der beiden deutschen Staaten stets auch auf den Westen bezogen. Was aber sind eigentlich die bestimmenden historischen Prägungen dieser Länder in der Mitte Europas?

Die sogenannten *neuen* Bundesländer sind in Wirklichkeit *alte* deutsche Länder. Wenn von neuen Ländern die Rede ist, denke ich an Nordrhein-Westfalen, das 1946 von den Briten aus den westlichen Provinzen des aufgelösten Preußen zusammengeschnitten wurde. Aber Sachsen, Thüringen, Mecklenburg, Anhalt, Vorpommern und Brandenburg sind seit dem Beginn der deutschen Geschichte geläufige Namen, auch wenn sie der Bundesrepublik Deutschland erst einundvierzig Jahre nach deren Gründung beitreten konnten.

Kulturhistorisch würde man das Gebiet der ehemaligen DDR in drei Regionen aufteilen. Da ist einmal das deutsche Altsiedelland westlich der Elbe-Saale-Linie. Die Länder dieses alten germanisch-deutschen Siedlungsgebietes gehörten schon zur Karolingerzeit zum Reich, Thüringen bekanntlich noch vor dem heutigen Niedersachsen. Während dort im neunten und zehnten Jahrhundert Städte und Dörfer nach Recht und Vorbild des entstehenden Deutschen Reiches gegründet wurden und man auch an Sakral- wie an Profanbauten diese Zugehörigkeit zum Reich ablesen konnte, lebten östlich dieses Altsiedellandes, das auch weite Teile Sachsen-Anhalts umfaßte, wendische und sorbische Stämme. Sie waren auf der Flucht vor asiatischen Nomadenstämmen in das von Burgundern, Sueben und anderen germanischen Stämmen während der Völkerwanderung verlassene Gebiet zwischen Elbe-Saale im Westen und Oder im Osten eingewandert. Vereinzelt finden sich hier auch noch Reste germanischer Dorfgemeinschaften, deren Vorfahren sich zum Beispiel nicht hatten entschließen können, das Havelland gegen Schwaben einzutauschen.

Mitte des zehnten Jahrhunderts wurden unter den altsächsischen Königen Heinrich und Otto östlich der Elbe-Saale-Linie Marken des Reiches gegründet. Im Süden entstand die Mark Meißen, die das östliche Thüringen, Sachsen, den Südosten Sachsen-Anhalts und das südliche Brandenburg umfaßte und sich seit dieser Zeit kontinuierlich zu einem deutschen Gebiet entwickelte. Deutsche Siedler und Sorben vermischten sich. Besonders in der Lausitz, die zudem noch längere Zeit zur böhmischen Krone gehörte, blieben geschlossene sorbische Siedlungsräume bis heute erhalten.

Ganz anders in der Nordmark. Dort war das deutsche Regiment härter. Markgraf Gero schreckte auch vor Grausamkeiten nicht zurück. Er lud zum Beispiel alle Wendenfürsten zu einem Gelage ein, nur um sie anschließend erschlagen zu lassen. So wuchs der Widerstand, und nach dem Tod Kaiser Otto II. kam es 983 in der Nordmark zu einem großen Wendenaufstand, der die deutsche Herrschaft wieder vertrieb. Zurück blieben Mißtrauen und Haß gegenüber den Deutschen und dem Christentum. All die Geschichten von erschlagenen Mönchen stammen aus den nun folgenden Jahrzehnten. Die

Fürstin Ljubomira von Brennabor, dem heutigen Brandenburg, aus dem Stamme der Heveller, soll sogar versucht haben, ihren Sohn, König Wenzel von Böhmen, zu töten, als dieser zum Christentum übertrat und sein Land in das Deutsche Reich einbrachte. Wenzel vergab seiner Mutter und schickte sie ins Havelland zurück.

Nach dem Wendenaufstand hatten die Kaiser und ihre Markgrafen anschließend 150 Jahre lang im Nordosten des Reiches nichts mehr zu sagen. Nur formalrechtlich wurde das Gebiet nicht vom Reich gelöst. Berühmte Dokumente zeugen davon, daß der Anspruch weiter aufrechterhalten wurde. Die erste Urkunde, in der die heutige Landeshauptstadt Potsdam erwähnt wird, datiert von 993. In ihr ist der Besitzwechsel der beiden Dörfer Geltow und Potsdam festgehalten, die innerhalb des Reiches weiterverschenkt wurden, obwohl sie sich gar nicht mehr in der Verfügungsgewalt des Markgrafen oder des Kaisers befanden.

Unter den Askaniern setzte im zwölften Jahrhundert dann die zweite Welle der deutschen Ostkolonisation ein, die nicht mehr auf vollständige Unterdrückung zielte, sondern wesentlich ausgerichtet war auf Integration der einheimischen Menschen und ihr Verschmelzen mit den einwandernden Deutschen. Das wurde dann geschichtlich wirksam und prägend. Der Prozeß der Vermischung der slawischen Bevölkerung mit den deutschen Siedlern zog sich mancherorts über viele Generationen hin. Noch Anfang des achtzehnten Jahrhunderts sprach man in dem idyllisch auf einer Havelinsel zwischen Potsdam und Brandenburg gelegenen Städtchen Werder Wendisch. Das ergrimmte dann doch weiland Friedrich Wilhelm I., den Soldatenkönig. Bei einem Besuch stellte er fest, daß kein Mensch in Werder ihn richtig verstand, wie auch er die Leute nicht verstehen konnte. Da quartierte er eine Kompanie Grenadiere in Werder ein. Innerhalb einer Generation hatten sich dann auch dort die Wenden mit den Deutschen vermischt.

Die Integration der slawischen Bevölkerung, die verschiedenen Volksstämmen angehörte, ist gemeinsame Geschichte nahezu des ganzen heutigen Ostdeutschland. Insofern trennte die von den Siegern des zweiten Weltkrieges willkürlich und ohne große Rücksicht quer durch Deutschland gezogene

Grenze zufällig auch zwei Gebiete, die sich durch ihre historische Entwicklung voneinander unterschieden.

In der Vorkriegszeit war für das kulturelle und politische Bewußtsein der Deutschen die Kennzeichnung der nordostdeutschen Reichsteile als Ostelbien jedoch weitaus wichtiger. Das schloß das thüringische und sächsische Mitteldeutschland nicht mit ein, wohl aber das Land östlich von Lübeck und Magdeburg, nördlich von Dresden, bis hin nach Stettin und Königsberg – in der Hauptsache eben Nordostdeutschland.

Der Name Ostelbien war keine Selbstbezeichnung. Wenn im Westen Deutschlands von den Ostelbiern die Rede war, meinte man damit insbesondere die konservativ eingestellten Großgrundbesitzer und wollte sich so von einer als eher rückständig angesehenen Sozialstruktur abgrenzen. Damit aber ist etwas durchaus Kennzeichnendes für Nordostdeutschland gesagt. Mecklenburg, Brandenburg, Pommern, Ostpreußen waren in ihrer Wirtschafts- und Sozialstruktur vor allem agrarisch geprägt. Die landwirtschaftlichen Großbetriebe bestimmten über Jahrhunderte die Struktur des Landes. Sie waren und sind auf den überwiegend kargen Böden die effektivste Form der landwirtschaftlichen Produktion.

Die dort tätigen Menschen entwickelten ein starkes Zusammengehörigkeitsgefühl. Es gab zu diesem Leben keine Alternativen – es sei denn, man wanderte nach Amerika aus. Die kleinen Landstädte wurden weithin von den Gutsherren kontrolliert und boten Unfreien keine Möglichkeit unterzutauchen. Nur in den wenigen größeren Städten entwickelten sich Bürgertum und Individualismus. Der hier lebende nordostdeutsche Menschentyp ist in einem längeren Verschmelzungsprozeß vormals germanischer und slawischer, in Ostpreußen auch baltischer Völkerschaften entstanden. Er hebt sich in der Mentalität erkennbar ab von den »Westelbiern« einschließlich also der Mitteldeutschen in den Bundesländern Thüringen, Sachsen und Sachsen-Anhalt. Diese Gebiete gehörten bereits zweihundert Jahre länger zum Deutschen Reich. Hier war, schon wegen der Bodenbeschaffenheit, die großflächige Landwirtschaft weniger prägend als Handwerk, städtischer Gewerbefleiß und – darauf aufbauend – teilweise schon frühzeitige Industrialisierung.

Die besondere nordostdeutsche Prägung im östlichen Mecklenburg, in Vorpommern und dem größten Teil Brandenburgs ist durch die Veränderungen im Gefolge des zweiten Weltkrieges noch verstärkt worden. Viele Ostpreußen, sehr viele Pommern und die meisten Deutschen aus der Neumark – dem östlich der Oder gelegenen Teil der alten Mark Brandenburg –, die ihre angestammte Heimat verlassen mußten, kamen in den Norden und Osten der sowjetischen Zone und späteren DDR, während die Schlesier eher im Süden Aufnahme fanden. Gewiß, oft genug war die DDR für die Umsiedler von jenseits der Oder und Neiße nur Zwischenstation. Sie strebten angesichts der hiesigen politischen Entwicklung weiter nach Westen. Viele aber blieben doch auf Dauer und wurden im Lande integriert. So tragen heute Brandenburg, Ostmecklenburg und Vorpommern die Traditionen Nordostdeutschlands weiter, die nun das geeinte Deutschland bereichern werden.

Bei all meinen Diskussionen, Vorträgen und Verhandlungen mit Wirtschaftskapitänen in den alten Bundesländern habe ich die Erfahrung von ostdeutscher, nicht allein nordostdeutscher Solidarität gemacht. Mehrfach ging es in großen Firmen um Investitionsentscheidungen, und der Zuschlag fiel an Brandenburg, obgleich es auch andere Varianten gab, die sich gut rechneten. Mitunter stellte sich dann heraus, daß Menschen an der Entscheidung beteiligt waren, die aus Schlesien, aus Pommern, aus Ostpreußen stammten und nach 1945 im Westen bei Null anfangen mußten. Natürlich sagte keiner: Ich komme aus Insterburg, deshalb bevorzuge ich euch. Aber man hilft, wenn es einigermaßen vertretbar ist, weil man unsere Aufbauprobleme aus eigener Erfahrung besser versteht.

Nicht zu übersehen ist im übrigen, daß sich hier die Landschaft der jetzt polnischen oder russischen Teile des alten Ostelbien fortsetzt. Die Endmoränen aus der Eiszeit mit den von ihnen hinterlassenen Seen, Bodenwellen und Hügeln sind für die gesamten Landstriche südlich der Ostseeküste bestimmend. Es wird erzählt, die in der Nähe von Königsberg aufgewachsene Marion Gräfin Dönhoff habe bei einem Besuch in der Uckermark, der nördlichsten Landschaft Brandenburgs, spontan ausgerufen: »Mein Ostpreußen!« Das ist es.

Im Namen Mark steckt das lateinische Wort für Rand, *margo*. Die Mark Brandenburg war wie die anderen Marken oder Markgrafschaften – Meißen etwa, oder auch die Steiermark – Grenzland des alten Reiches. Doch im Laufe der Jahrhunderte wurde aus dem Grenzland im Nordosten Mitte.

Die brandenburgischen Kurfürsten erwarben zu Beginn des siebzehnten Jahrhunderts mit Cleve, Mark und Ravensburg rheinisch-westfälische Gebiete. Das bedeutete eine Öffnung nach Westen, die durch die niederländische Orientierung des Kurfürsten Friedrich Wilhelm, der mit Louise Henriette eine Prinzessin aus dem Hause Oranien geheiratet hatte, noch verstärkt wurde. Finanzwirtschaft, Verwaltung und Militärwesen Brandenburgs wurden nach niederländischem Vorbild aufgebaut. Aus der Streusandbüchse des Heiligen Römischen Reiches wurde unter dem Großen Kurfürsten ein ernstzunehmender Partner, der sich mit dem Sieg über die führende Militärmacht Schweden 1675 bei Fehrbellin auch militärisch Respekt verschaffte.

Gleichzeitig erwarb der Kurfürst das Herzogtum Preußen, das spätere Ostpreußen, das damals noch unter polnischer Lehnshoheit stand. Der Ausbau der Beziehungen zu Polen wäre beinahe noch intensiver geworden. Nach dem Tod von Louise Henriette gab es ernsthafte Pläne einer Heirat Friedrich Wilhelms mit der polnischen Königstochter, die ihm den Thron eingebracht hätte. Die Hochzeit kam dann nicht zustande, weil der glaubenseifrige Calvinist Friedrich Wilhelm die polnische Bedingung, zum Katholizismus überzutreten, nicht erfüllen wollte. Sachsens August der Starke war da später weniger empfindlich, so daß die lutherischen Sachsen ein katholisches Königshaus bekamen.

Ein nationales Problem wäre die Verbindung, die aus konfessionellen Gründen nicht zustande kam, nicht gewesen. Brandenburg-Preußen verstand sich nicht als Nationalstaat. Obgleich die Nachbarn Rußland, Österreich und Preußen zwischen Ende des achtzehnten und Anfang des neunzehnten Jahrhunderts das polnische Königreich untereinander aufteilten, hat das das Verhältnis zwischen den Völkern zunächst nicht allzu stark belastet. In Preußen konnte die polnische Nation relativ ungehindert leben. Das Nebeneinander von Deutschen und Polen, mitunter auch ihre Zusammenarbeit, verlief erstaunlich gut. Erst mit der Bildung des deutschen Nationalstaates und der Schärfung des polnischen Nationalbewußtseins wurden die Verhältnisse kompliziert.

Die Bemühungen des Großen Kurfürsten um eine eigenständige Politik in der Mitte Europas ließen ihn frühzeitig den Versuch machen, Gesandtschaften mit Warschau und Moskau auszutauschen und weitere Verbindungen aufzubauen. Aber eine stabile Beziehung zu Rußland kam – auch wegen der großen Entfernung – nicht zustande. Erst mit Zar Peter dem Großen wurde das um die Wende zum achtzehnten Jahrhundert anders. Der öffnete sein Land nach Westen, lernte Schiffbau in Holland, hat auch in der Altmark, in Tangerhütte, kurz gearbeitet und ist in Rathenow gewesen. Seit der Zeit Peters des Großen gab es kontinuierliche politische Beziehungen zwischen Potsdam/Berlin und St. Petersburg.

Den Enkel Friedrich Wilhelms ließ der Erfolg seines Großvaters nicht ruhen. Er verschaffte diesem West-Ost-Kurfürstentum die Königswürde, indem er sich 1701 in Königsberg selbst zum König in Preußen krönte. Brandenburg wurde damit für 245 Jahre (1701 bis 1946) zur Mitte des preußischen Staates, der sich von Memel und Königsberg im Osten bis Aachen an der Westgrenze des Reiches erstreckte. Das Königreich Preußen umfaßte von seiner Gründung bis 1871 neben Gebieten, die zum alten Reich, später zum Deutschen Bund gehört hatten, auch große Landstriche außerhalb von dessen Grenzen: Ost- und Westpreußen mit Danzig wurden erst mit der Gründung des wilhelminischen Reiches durch Bismarck Teil des Reichsgebietes.

Als Brandenburg ein Land der Bundesrepublik wurde, bestand es, wie man der Stiftungsurkunde des gleichnamigen Bistums aus dem Jahre 948 entnehmen kann, schon genau seit 1042 Jahren. Der Stifter des Bistums Brandenburg, König Otto I., liegt im Dom zu Magdeburg, der heutigen Hauptstadt des Bundeslandes Sachsen-Anhalt, begraben. An seinem Grab haben 1973 ein paar Nationalbewußte, auch ich, seines tausendsten Todestages gedacht. Öffentlich dazu aufrufen konnten wir damals allerdings nicht, da die DDR sich nicht in deutscher Tradition sah.

Im Gegenteil: Nicht nur die Rechtsnachfolge zum Deutschen Reich wurde bestritten, die DDR-Führung legte im Laufe der Jahre vielmehr immer größeren Wert darauf, sich gegenüber dem alten Deutschland abzugrenzen, was schließlich Anfang der siebziger Jahre darin gipfelte, daß aus der Verfassung jeglicher Bezug auf die deutsche Nation herausgestrichen wurde. Nicht nur ein eigener Staat wollte die DDR sein, die dort lebenden Menschen sollten sich sogar als Angehörige einer eigenen »sozialistischen Nation« empfinden. Dazu mußte möglichst jeder Hinweis auf Deutsches vermieden werden; das Wort »deutsch« verschwand zunehmend aus dem öffentlichen Sprachgebrauch. Selbst die auf Formularen bisher übliche Frage nach der Nationalität entfiel nun. Gefragt wurde nur noch nach der Staatsangehörigkeit, und die korrekte Antwort mußte lauten: DDR.

Dieser Versuch, durch Verschweigen der deutschen Herkunft eine neue Identität für DDR-Bürger zu schaffen, mißlang gründlich. Die in der DDR lebenden Menschen waren in ihrer großen Mehrheit nicht in ihrem Bewußtsein zu erschüttern, Deutsche zu sein. Sicher, sie lebten in einem anderen Staat, aber sie empfanden sich genauso als Deutsche wie die Menschen in der Bundesrepublik. Zwar als Benachteiligte, als die eigentlichen Verlierer des Krieges, aber eben als Deutsche.

Die von Walter Ulbricht geführte SED hat in den ersten beiden Jahrzehnten der DDR mit allen Mitteln Traditionen unterdrückt, die in Bewußtsein und Lebensweise der Bürger eine Rolle spielten. Er propagierte ein sozialistisches Menschenbild; seine Absicht war, eine Masse zu schaffen, die völlig neu geformt werden konnte. Die Klassen und Menschengruppen, die dem entgegenstanden, wurden zwar nicht liquidiert, wie Stalin das mit den Kulaken getan hatte. Doch Ulbricht ließ sie von Schulen und Universitäten verweisen, nahm ihnen die sozialen Chancen und wirtschaftlichen Grundlagen, drängte sie aus dem Land. Er war ein Pol Pot mit Samthandschuhen.

Der Ansatz, Tradition zu beseitigen, statt sie in Dienst zu nehmen, wird im Bereich der Architektur an der Abriß- und Verfallspolitik besonders augenfällig. Das Schicksal der Herrenhäuser in der Mark Brandenburg legt davon ebenso verheertes Zeugnis ab wie der Abriß des Stadtschlosses von Potsdam und die Sprengung der Garnisonkirche. Das Berliner Schloß und die Leipziger Universitätskirche sind weitere traurige Beispiele.

Die Ulbrichtsche SED wollte im Bewußtsein der Bevölkerung die DDR als einen neuen Staat etablieren, der historisch auf der Arbeiterbewegung gründen sollte. Erst später suchte man sich ergänzend einige ältere, als positiv empfundene Züge der deutschen Geschichte zusammen, um sie ins eigene Traditionsbild einzufügen, während negative Faktoren schlicht und ergreifend als Erbe des deutschen Imperialismus der Bundesrepublik zudiktiert wurden.

Das blieb nicht ganz ohne Erfolg. So hat das deutsche kommunistische System zum Beispiel die Nationalsozialisten den imperialistischen Klassenfeinden zugerechnet, die bekämpft, besiegt, vertrieben worden sind. Viele Ostdeutsche haben schließlich keine Verbindung mehr zu diesem Teil der deutschen Geschichte gesehen. So konnten zum Beispiel manche Fürstenberger im Frühsommer 1991 Proteste gegen das für ihre Versorgung wichtige Projekt, einen Supermarkt neben der Gedenkstätte des Konzentrationslagers Ravensbrück zu bauen, nicht verstehen. Sie fühlten keine historische Mitverantwortung für die zwischen 1933 und 1945 begangenen deutschen Verbrechen. Für sie waren die Täter Nazis, alles Leute, die entweder eingesperrt worden oder in den Westen gegangen waren. Das KZ in ihrer unmittelbaren Nachbarschaft war eine Sache, mit der sie selber nichts zu tun hatten.

Die Erinnerungen an diese Zeit, die Großmütter und Großväter weitergegeben hatten und die dies Geschichtsbild hätten korrigieren können, waren häufig sehr einseitig gewesen. Sie erzählten vielfach nur von Hitlers Autobahnbau sowie von Zucht und Ordnung, die damals angeblich herrschten. Und auch die gefallenen Familienmitglieder wurden in solchen Berichten natürlich eher zu Opfern des Krieges als zu Tätern. Das kommunistische Geschichtsbild stellte zudem als die eigentlichen Naziopfer die Antifaschisten der Arbeiterklasse heraus, in deren Nachfolge und Tradition die DDR mit allen ihren Bürgern stand.

Preußische Traditionen wachzuhalten war in dieser Konstellation natürlich lange Zeit tabu. Ich erinnere mich, daß ich an der Greifswalder Ernst-Moritz-Arndt-Oberschule, wo ich einige Jahre lang Redakteur der Wandzeitung war, einmal eine Ausgabe über preußische Traditionen anfertigte. Das muß 1954 gewesen sein – also ein paar Jahre zu früh. Es gab keine Aufregung und keine Auseinandersetzung. Geschichtslehrer und Rektor reagierten nicht politisch hysterisch, sondern erklärten einfach: Das geht nicht. Wir mußten die Wandzeitung also wieder entfernen. Ich habe sie noch jahrelang aufgehoben.

Als 1962 die Volksarmee gegründet und die allgemeine Wehrpflicht eingeführt wurde, erschienen plötzlich positive Zeitungsartikel über Preußen und die Befreiungskriege, über Scharnhorst und Gneisenau. Man wollte so die Identifikation der Bevölkerung mit ihrer Armee fördern. Aber das griff nicht. Zu viel Geschichtliches war schon vergessen. Außerdem war die Absicht zu leicht zu durchschauen.

Ende der siebziger, Anfang der achtziger Jahre wollte Honeckers SED zur Förderung der Identifikation mit dem Staat, der Arbeitsmoral und wohl auch der Leistungsbereitschaft auch wieder auf preußische Tradition zurückgreifen. Entsprechende Bücher erschienen. Das Reiterstandbild Friedrich II. wurde aus dem Potsdamer Abseits geholt und wieder in Berlin Unter den Linden aufgestellt. Man durfte ihn auch wie früher Friedrich den Großen nennen. Das Ganze war aber doch dilettantisch ins Werk gesetzt. Man hatte zum Beispiel nicht bedacht, daß eine Identifizierung mit Preußen sofort Widerstand bei den Sachsen auslösen mußte. So schob man denn schnell die sächsische Tradition nach und löste da, wo derlei überhaupt aufgegriffen wurde, eher Polarisierung aus. Das Anknüpfen an die preußische Tradition hat so vielleicht zu der wachsenden Unruhe beigetragen, die sich ja im Süden zunächst stärker zeigte als in der Mitte und im Norden der DDR.

Mit der staatlichen Feier des Luthergedenkens zu seinem fünfhundertsten Geburtstag 1983 verhielt es sich ein wenig anders. Da gab es eigentlich keine Gegenbewegung in der Bevölkerung. Die Kirche kam als positiver Faktor stärker ins Gespräch und in die Medien sowie ins Bewußtsein vor allem der Funktionäre. Die protestantische Tradition und die Glaubensinhalte waren in breiten Schichten der Bevölkerung nicht mehr präsent: der Versuch eines Rückgriffs auf Luthers Arbeitsethik blieb ohne jede Wirkung. Doch die evangelische Kirche erhielt faktisch mehr Spielraum, der vor allem auch an der Basis genutzt werden konnte. So hat letztlich dieser Versuch, die DDR in eine breitere deutsche Tradition hineinzustellen, zu ihrem Ende beigetragen.

Daß der SED-Staat im Ringen um eine DDR-Identität am Ende auf preußische, sächsische und protestantische Tradition verfallen ist, half ihm also auch nicht weiter, sondern führte zunächst nur dazu, alte Spannungen neu zu beleben. Von heute aus betrachtet, beförderte das so hervorgerufene neue Regionalbewußtsein die Wiederbelebung der alten deutschen Länder, die im Vereinigungsjahr 1990 möglich wurde.

Die Kommunisten haben konsequent versucht, die Tradition der deutschen Länder auszutilgen, obgleich die Länder bis 1952, als sie zugunsten der Einteilung der DDR in vierzehn Bezirke (plus Berlin) abgeschafft wurden, auch Strukturelemente Ostdeutschlands gewesen waren. Die Bezirke schnitt man nach wirtschaftlichen und organisationspolitischen Gesichtspunkten neu zu, während historische Aspekte keine Rolle spielten. Sie waren als Durchführungseinheiten für den zentral geordneten Gesamtstaat konzipiert. Man versuchte, die Bezirksidentität im Bewußtsein zu verankern, und unterdrückte die historischen Besonderheiten – mit unterschiedlichem Erfolg.

Übrigens war der Wille, Neues zu schaffen, auch schon bei der Bildung der fünf Länder 1946 unter sowjetischem Besatzungsrecht für die deutschen Kommunisten leitend gewesen. Das Land Brandenburg besaß ja als preußische Provinz, die um Profilierung gegenüber der Zentrale Berlin bemüht war, durchaus eine eigene Identität. Die Brandenburger fühlten sich ein wenig wie die Leidtragenden oder die benutzten Verlierer im Gesamtstaat Preußen und bäumten sich gern etwas auf. Sie waren stolz darauf, daß sie in den sechziger Jahren des vorigen Jahrhunderts im Provinzwappen den Roten Adler wieder eingeführt hatten. Der brandenburgische Vogel war nach 1701 durch den von den Hohenzollern zum Wappentier Preußens erhobenen Schwarzen Adler verdrängt worden. Doch im Wappen Brandenburgs nach 1945 dominierten dann die rauchenden Schornsteine des Wiederaufbaus.

Thüringen, Sachsen, Mecklenburg sind trotz aller SED-Bemühungen im Bewußtsein des Volkes als identitätstiftende Größen erhalten geblieben, und es gelang der Partei nicht, das Wiederaufleben auch in äußeren Zeichen zu unterdrücken. In Thüringen fing man zuerst damit an, Abzeichen und Landeswappen herzustellen und öffentlich zu vertreiben. In Sachsen zog man nach. In Brandenburg aber war das ganz schwierig. Offensichtlich hatte die Führung die Sorge, daß man, falls die Erinnerung an Brandenburg im Alltag wieder auflebe, bald in die ganze preußische Tradition rutsche und die Dinge dann nicht mehr kontrollierbar wären.

Wie vollständig doch innerhalb kurzer Zeit geschichtliches Bewußtsein und Kenntnisse schwinden können, habe ich selber erlebt, seit ich, etwa von 1980 an, einen Aufkleber mit dem brandenburgischen Roten Adler am Wagen hatte. Irgendwo hatte ich ein Abzeichen gesehen mit rotem Adler auf weißem Grund und der schwarzen Umschrift: Ruderclub Brandenburg, Sitz Berlin. Das war natürlich West-Berlin. Ich bat Freunde, mir ein Exemplar zu besorgen, schnitt den Text rundum ab und klebte den brandenburgischen Roten Adler an den Wagen.

Später habe ich mir noch zwanzig oder dreißig Stück davon besorgt, zurechtgeschnitten und feierlich an Leute verliehen, von denen ich meinte, daß sie es verdienten. Auch Krawatten mit dem Roten Adler habe ich in West-Berlin herstellen lassen und in Brandenburg verteilt. Ich wollte etwas wachhalten, was allmählich ganz zu versinken begann. Als ich mit dem Autoaufkleber anfing, bin ich mehrfach von gebildeten Mitbürgern gefragt worden, was mich denn so mit Tirol verbinde. Sie wußten, daß dort in den Alpen der Rote Adler in die Landesfarben gehört; daß es bei uns außer der Stadt Brandenburg noch ein größeres Brandenburg gibt und dazu dies Wappentier gehört, war kaum jemandem mehr präsent.

Im Jahre 1989 stand das 450. Jubiläum der Einführung der Reformation in Brandenburg an, und wir wollten daran erinnern. Daß die Feier Ende Oktober dann mit der Wende zusammenfallen würde, war natürlich bei Beginn der Vorbereitungen nicht abzusehen gewesen. Wir wollten einen Aufkleber herstellen, und ich war eigensinnig genug, darin den Roten Adler unterbringen zu wollen. 1988 beantragten wir die Genehmigung, aber bekamen und bekamen sie nicht. Wir hätten alles hereinnehmen können, nur den Roten Adler nicht. Dann haben wir den Aufkleber ohne Genehmigung herstellen lassen, dreißigtausend Exemplare verteilt und die Regierung lediglich informiert. Das war im Mai 1989, als die Partei durch die Kritik an den manipulierten Kommunalwahlen in breiten Kreisen der Bevölkerung in die Defensive gedrängt war. Die Regierung hatte andere Probleme und wollte nicht noch einmal eine Aufkleber-Jagd wie bei »Schwerter zu Pflugscharen« veranstalten.

Aber eine breite Wirkung ging auch von dieser Aufkleberaktion nicht aus. Ein auf praktisch-politische Umsetzung drängendes Länderbewußtsein in der DDR nach der Wende entwickelte sich in Brandenburg erst spät. Es entstand in den Landschaften am Rande, der Uckermark etwa, die in Abgrenzung zu den Pommern und Mecklenburgern für Brandenburg eintrat. Noch im Sommer 1990 war wenig vom Brandenburg-Bewußtsein im Lande zu spüren.

Im Herbst 1990 schließlich schlug die Stimmung um. Gustav Büchsenschütz' schönes Lied von der märkischen Heide, dem märkischen Sand und dem hochgestiegenen Roten Adler war in aller Ohren. Im Landtagswahlkampf 1990 habe ich nur Aufkleber mit dem Roten Adler als Werbematerial verteilt. Mein Slogan lautete: »Die DDR geht und Brandenburg kommt!« Dazu wörtlich und sinngemäß aus der märkischen Hymne die Treue zur Heimat und »Hie gut Brandenburg allewege«. Richtig gerührt war ich bei einem Festakt zur Inbetriebnahme der Lufthansawerft in Schönefeld Ende September 1990. Auf dem Programmzettel stand »Nationalhymne«. Was würde man spielen? Das Deutschlandlied ging noch nicht. Die DDR-Hymne wollte man nicht mehr. Zu meiner Freude wurde »Steige hoch, du Roter Adler, hoch über Sumpf und Sand« gespielt. Das paßte schließlich auch gut zu einer Fluggesellschaft.

Unser Roter Adler, unsere Brandenburger Hymne sind Mutmacher geworden. Sie stiften Identität und können entscheidend mithelfen, unser gebeuteltes Land voranzubringen. Es ist immer noch wie ein Wunder, in welch kurzer Zeit dieses Land auch in den Herzen der Menschen wiedererstanden ist.

Brandenburg und die anderen alten deutschen Länder sind nun als »neue Länder« eingetreten in den deutschen Staat, den sich die Bayern, Schwaben, Franken, Badener, Rheinländer, Westfalen, Niedersachsen, Hessen, Pfälzer, Schleswig-Holsteiner und Saarländer nach dem Krieg aufbauen konnten und der sich bewährt hat. In dieser Bundesrepublik Deutschland haben wir Neuhinzugekommenen viel nachzuholen. Es wird Jahre dauern, bis die Wirtschaft im Osten Deutschlands auf soliden Grundlagen steht, alle Mängel in der Infrastruktur beseitigt sind, Rechtsstaat und Demokratie hier wirklich bis ins kleinste verwirklicht sind.

Das alles aber wird geschehen, die Erfahrungen der westlichen und südlichen deutschen Länder werden uns bei dem notwendigen Tigersprung helfen. Sachsen, Mecklenburg-Vorpommern, Thüringen, Sachsen-Anhalt und Brandenburg müssen noch in diesem Jahrhundert den Standard der anderen Bundesländer erreichen. Sie werden vieles kopieren, es wird und muß auffällige Ähnlichkeiten geben. Doch es werden Unterschiede bleiben. Unterschiede, die aus der DDR-Geschichte rühren, aber auch ältere und auch regionale Wurzeln haben.

Sechs Jahrzehnte Diktatur, von Hitler bis Honecker, lehren ein Volk Vorsicht, Zurückhaltung und Abwarten, fördern aber Belastbarkeit und Geduld. Eigenschaften, von denen gegenwärtig das Gelingen eines schnellen Umgestaltungsprozesses im Osten entscheidend abhängt. Wenn ich an Rhein oder Isar – und nicht nur dort – vom Jammern und der Ungeduld der »Ossis« reden höre, tut mir diese Ungerechtigkeit jedesmal weh. Am liebsten würde ich solche Schnell-Urteiler gleich mitnehmen und nur mal einen Monat lang in Guben, Wittenberge oder einem uckermärkischen Dorf als Bundesbürger leben lassen. Unsere Leute halten wirklich eine ganze Menge aus.

Auch die große Bereitschaft zum gemeinschaftlichen Handeln, das Gefühl der Zusammengehörigkeit, die Solidarität der gemeinsam Bedrängten und Benachteiligten aus der Zeit der Mangelwirtschaft und des gemeinsamen Eingesperrtseins unterscheidet Ostdeutsche von Alt-Bundesrepublikanern. Sicher lassen zahlreiche Ausnahmen zu DDR-Zeiten und erst recht jetzt auch Zweifel an dieser Einschätzung aufkommen.

Und doch ist diese Haltung des Zusammenbleibenwollens nicht nur als gemeinsame Schutzsuche in der Diktatur, sondern auch als bewußtes Sich-aneinander-Festhalten in der wirtschaftlichen Strukturkrise ein typisches Verhaltensmuster meiner ostdeutschen Landsleute. Es mag angesichts des radikalen Umbruchs des Wirtschaftssystems einleuchtender erscheinen, wenn jeder einzelne versuchen würde, sich auf seine Weise durchzuschlagen. Die Hennigsdorfer Stahlwerker jedoch, die Frankfurter Halbleiterwerker oder auch die Bauern in den Prignitzer Dörfern vertrauen mehr auf das Zusammenstehen.

Ein drittes Merkmal, durch das sich die ostdeutschen Länder und ihre Menschen von denen im Westen unterscheiden, ist ihre Prägung durch die Nachbarschaft zu Osteuropa. Fast ein halbes Jahrhundert lang waren die osteuropäischen Staaten das einzige für den normalen DDR-Bürger erreichbare Ausland. Zu diesen Ländern bestanden umfangreiche wirtschaftliche Beziehungen mit zahlreichen Fachkontakten. Dort lebten die »Freunde«, die man sich nicht hatte aussuchen können und zu denen dennoch vielfache menschliche und sogar wirklich freundschaftliche Bande entstanden sind. Russisch wurde nicht nur murrend und schlecht in den DDR-Schulen gelernt, sondern auch von Hunderttausenden praktiziert und vertieft. Auch die Zahl der Polnisch, Tschechisch, Bulgarisch, Ungarisch und Rumänisch sprechenden Ostdeutschen ist nicht unerheblich. Nach meiner Überzeugung schlummert hier ein beachtliches Humankapital, das für die veränderte europäische Gesamtlage, die neue Rolle Deutschlands im östlichen Europa und die Fülle der vor uns liegenden kurz- und mittelfristigen Aufgaben noch viel zu wenig genutzt wird.

Ich bin überzeugt, daß diese drei Besonderheiten, durch die sich viele ehemalige DDR-Bürger von den westlichen Deutschen unterscheiden, auch im vereinigten Deutschland fortbestehen werden. Vieles andere, was jetzt noch an manchen Ostdeutschen auffällt, sie von den Westdeutschen unterscheidet und bei ihnen das vorurteilsbeladene Bild vom »häßlichen Ossi« prägt, wird schnell verschwunden sein: Naivität und Unbeholfenheit im Umgang mit der Marktwirtschaft; provinzielles Denken und kleinbürgerliches Verhalten; eingewurzelter Respekt gegenüber der Obrigkeit verbunden mit übersteigerten Erwartungen an die Macht der Regierung. Der hohe Qualifikationsstand der Menschen in den ostdeutschen Ländern, dazu ihre große Lernbereitschaft und eingeübte Anpassungsfähigkeit wird sie solche »Defizite« schnell abstreifen lassen. Die meisten von ihnen wollen den deutlich empfundenen Rückstand schnell aufholen. Die daraus erwachsende Leistungsfähigkeit sollte im kommenden Jahrzehnt Deutschland insgesamt zugute kommen.

Geduld und Belastbarkeit, Gemeinschaftssinn und Osteuropabindungen dagegen wurden zwar in der DDR erzwungen. Sie haben aber bei den Menschen Nordostdeutschlands auch ältere historische Wurzeln und wurden durch DDR-Zwänge lediglich verstärkt. Offenheit für den Osten, soziale Nähe und preußisches Erbe, das sich in Toleranz zeigt und zu dem auch der Protestantismus gehört, haben in diesem Gebiet eine lange Tradition. Diese Traditionslinien sollen hier skizziert und bis in die jüngste Vergangenheit ausgezogen werden.

Als ich vor Jahren zum ersten Mal Konrad Adenauers berühmte Bemerkung hörte, jenseits der Elbe fange Sibirien an, habe ich mich darüber sehr geärgert, fühlte mich diskriminiert. Aber längst habe ich gelernt, auch Richtiges darin zu sehen, die Sache ins Positive zu wenden. In der Tat, wir bilden den Übergang nach Osteuropa. Schon in der Landschaft wird das sichtbar. Hinzu kommt die historische Mischung der Stämme und Völker sowie der unterschiedlichen Kulturen.

Dies hat, verbunden mit der geographischen Lage, gewiß die Bereitschaft gefördert, aufeinander zuzugehen. Man darf über allen deutschen Untaten in Osteuropa nicht vergessen, daß die Deutschen und die Osteuropäer in diesem Raum sieben Jahrhunderte weithin friedlich miteinander gelebt haben. Ich möchte das am Beispiel der Beziehungen zu Polen und Rußland deutlich machen

Im früheren deutschen Grenzland zu Polen gab es über weite Strecken keine scharfe Grenzziehung zwischen deutscher und slawischer Besiedlung, beide gingen ineinander über. Die Kriegs-, Vernichtungs- und Vertreibungsgeschichte unseres Jahrhunderts hat das aus dem Bewußtsein der Deutschen wie dem der Polen verdrängt. Wir sollten uns deshalb heute der historischen Erfahrung von Nachbarschaft und Symbiose wieder bewußt erinnern. Beim Evangelischen Kirchentag in Dortmund im Sommer 1991 gab es einen solchen Ansatz, ein deutsch-polnisches Forum. Da stellten der deutsche Schriftsteller Günter Grass und sein polnischer Dialogpartner Adam Krzeminski sehr geistreich und mit einer Fülle von Einzelbeispielen dar, wie sehr das Miteinander einst das Verhältnis der beiden Völker bestimmt hat und nicht das Gegeneinander.

Für das heutige Ostdeutschland liegen die Dinge allerdings anders: An Oder und Neiße hat es vor 1945 keine unmittelbare Nachbarschaft zu polnischen Siedlungsgebieten gegeben. Und die meisten Polen, die jetzt in der früheren brandenburgischen Neumark, im Stettiner Gebiet, in Schlesien und in Hinterpommern leben, kommen ja aus Ostpolen, haben Erfahrungen mit Russen, nicht mit Deutschen.

Nach der Integration der Wenden und Sorben hat die Mark eine ganze Reihe von Einwanderungsschüben erlebt. Alle eingewanderten Volksgruppen sind im Laufe der Zeit mit den Einheimischen verschmolzen und haben zusammen den Typus des Märkers gebildet. Daß die Holländer hierherkamen, läßt sich noch an vielen Namen und am holländischen Viertel in Potsdam ablesen. Die Integration der Hugenotten erkennt man an den französischen Familiennamen, und bis heute gibt es die französische Kirche innerhalb der evangelischen Landeskirche. Die niederländischen Handwerker, die hierzulande dringend gebraucht wurden, die asylsuchenden Hugenotten – auch die Salzburger, die weiter nach Ostpreußen zogen – und die ebenfalls im eigenen Land verfolgten Protestanten aus dem Böhmischen, die in Brandenburg aufgenommen wurden, kamen als geschlossene Gruppen. Eine vergleichbare gezielte polnische Einwanderung hat es bei uns hingegen nicht gegeben.

Die Polen kamen in aller Regel einzeln ins Land, als Arbeitssuchende, zum Teil waren es auch Saisonkräfte, die zur Ernte angeworben waren. Im Unterschied zu den Niederländern, Böhmen, Hugenotten, die als Einwanderungsgruppen ihre Identität im Gastland noch längere Zeit bewahrten, sind die einzeln zuwandernden Polen sehr schnell assimiliert worden. Daß es nicht wenige waren, zeigen die Familiennamen polnischer Herkunft. Eine andere Rolle hat als Partner des Staates in der preußischen Zeit der polnische Adel gespielt. Der war im Lande durchaus stark vertreten, bis ins Militär und in die Parlamente hinein. Aber das betrifft mehr Berlin als die Breite der Mark Brandenburg.

Unter sowjetischer Vormundschaft haben die DDR und Polen schon 1950 die Oder und Neiße zur Friedensgrenze erklärt. Aber die kommunistischen Regime haben diese Chance nicht wahrgenommen. Es blieb eine weithin tote Grenze mit nur wenigen Übergängen, auch in den wenigen Jahren, als Polen und DDR-Bürger nur den Personalausweis vorlegen mußten, um ins Nachbarland zu kommen. Die sozialistische Mangelwirtschaft reagierte nervös auf einkaufende Nachbarn. Die Furcht, die polnische Unruhe könnte ansteckend wirken, ließ 1981 die SED die Grenze weithin unpassierbar machen und gezielt antipolnische Ressentiments schüren.

Trotz veränderter Voraussetzungen und der großen gemeinsamen Herausforderungen gibt es weiterhin Verkrampfungen im ostdeutsch-polnischen Verhältnis. Beide Seiten pflegen ihre Voreingenommenheiten. Neue Ängste brechen in Polen wegen der militärischen und der ökonomischen Macht der Deutschen auf. Eine positive Entwicklung wird noch lange auf sich warten lassen, wenn man keine erheblichen Anstrengungen unternimmt. Die Kenntnis der polnischen Sprache ist zu fördern, Jugendbegegnungen müssen verstärkt, kommunale Partnerschaften unterstützt, Möglichkeiten wirtschaftlicher Zusammenarbeit genutzt und kultureller wie wissenschaftlicher Austausch fortgeführt und verdichtet werden.

Ansätze sind ja vorhanden. Brandenburgische Lehrerinnen und Lehrer lernen Polnisch. Das deutsch-polnische Jugendwerk wird seinen Sitz in Potsdam nehmen. Die Städte Guben und Gubin an der Neiße entwickeln eine gute praktische Zusammenarbeit, andere Städte haben Ähnliches vor. Es gibt erste interessante Beispiele einer Wirtschaftskooperation zwischen brandenburgischen und polnischen Unternehmen unter Beteiligung westlicher Investoren. Die wiedergegründete Universität in Frankfurt an der Oder könnte ein Zentrum enger wissenschaftlicher und kultureller Zusammenarbeit werden.

Doch das alles ist bei weitem nicht genug. Die europäische Einbindung dieser Bemühungen und die breite Beteiligung der deutschen und der polnischen Bevölkerung müssen erheblich verstärkt werden. Das belastete deutsch-polnische Verhältnis muß auf einer solchen europäischen Ebene durch zwanglose Begegnungen deutscher und polnischer Menschen wirksam verändert werden.

Obgleich es eine gemeinsame Grenze mit Rußland nicht gibt und auch die Reiseverbindungen keinen Vergleich mit dem Verkehr aushalten, der sich seit der Einführung des visafreien Reiseverkehrs zwischen Deutschland und Polen abspielt, halte ich es eher für leichter, die Beziehungen zu Rußland, dem Haupterben der früheren Sowjetunion, weiterzuentwickeln. Ein unschätzbar großer Aktivposten ist dabei, daß in der DDR jeder Schüler zumindest Grundkenntnisse der russischen Sprache erworben hat. Gewiß, die Sprachausbildung war nicht selten miserabel, und natürliche und erfreuliche Gelegenheiten, das Russische anzuwenden, waren nicht eben zahlreich. Aber auch eingepaukte Grammatik- und Vokabelkenntnisse lassen sich aktivieren, wenn Eigeninteresse ins Spiel kommt. Die Hürde der fremden Schrift zumindest haben die ostdeutschen Schüler schon einmal genommen.

Die Sowjets sind 1945 als Sieger ins Land gekommen. Aus den Wochen der Eroberung und der ersten Besatzungszeit tragen viele ältere Deutsche bedrückende Erinnerungen an Gewalttaten mit sich, die um so schwerer wiegen, als über dergleichen zu DDR-Zeiten niemals gesprochen werden durfte. Offiziell war »unverbrüchliche Freundschaft« verordnet, die völlig kritiklos zu sein hatte. Zudem wußte jeder, daß die große Zahl der im Lande liegenden Sowjettruppen nicht nur zur Abwehr des äußeren Klassenfeindes im Westen gedacht war, sondern auch der Stützung der SED-Herrschaft diente, die vom Volk nicht legitimiert war. Das zeigte sich am 17. Juni 1953, und es hat sich vielen unauslöschlich ins Bewußtsein gegraben, daß die Machtfrage hierzulande tabu war.

Unter diesen Voraussetzungen nimmt es nicht wunder, daß die heftig propagierte deutsch-sowjetische Freundschaft niemals über das Ritualhafte hinauskam. Es war eine formale

Vorgabe, der sich DDR-Bürger als einem notwendigen Übel unterwarfen. Unter diesem Mantel hätte sich Haß auf die Russen entwickeln können. Die existentiellen Erfahrungen der Bevölkerung mit den Russen und der hinter ihnen stehenden Macht hätten dafür eine Basis hergegeben. Dagegen hätten auch Hinweise auf deutsche Verbrechen in der Sowjetunion nichts ausrichten können. Jemand, der Brandschatzung, Vergewaltigung, Verschleppung am eigenen Leibe erleben mußte, ist emotional überfordert, wenn ihm die Untaten anderer Deutscher an anderen Russen entgegengehalten werden.

Tatsächlich aber, und das ist wirklich erstaunlich, stößt man in der früheren DDR nicht auf verbreiteten Russenhaß. Solche Gefühle hätten sich im Oktober 1990 zeigen müssen, als es mit der sowjetischen Vorherrschaft vorüber war. Nun war man Teil der Bundesrepublik Deutschland, stand unter dem Schutz der NATO, brauchte sich nicht mehr zu fürchten und hätte nun alles herauslassen können, was es an Haßgefühlen gegeben hätte. Daß es zu keinerlei Übergriffen kam, könnte jetzt zu einem unbelasteten und konfliktfreien Verhältnis zwischen Ostdeutschen und Russen beitragen.

Trotz der großen Entfernung zwischen Berlin und Moskau und trotz zahlreicher Einschränkungen im Reiseverkehr ist es im Laufe der vierzig Jahre doch zu einer großen Zahl von Begegnungen zwischen Menschen beider Länder gekommen. Die enge Wirtschaftsverbindung hat zu einer Fülle von betrieblichen Kontakten geführt. Die Menschen haben sich treffen, haben zusammenarbeiten müssen. Und es sind sogar dauerhafte Bekanntschaften und Freundschaften entstanden, die bis auf den heutigen Tag halten. Es ist sehr wichtig, all das zu pflegen und zu fördern, gerade auch, weil wir den Osthandel wieder beleben wollen – zum Vorteil für beide Seiten übrigens.

Viele Ostdeutsche kennen nicht nur wenigstens in Ansätzen die Sprache, sondern haben aus Begegnungen abseits offizieller Freundschaftsveranstaltungen ein Empfinden dafür, »wie Russen so sind«. Dazu kommen Kontakte mit der russischen Kultur. Es wurde nicht nur Folklore in der DDR geboten, wenn auch »Kalinka« immer vorneweg war. Russische Literatur wurde und wird gelesen. Russische Komponisten werden auch heute in Ostdeutschland noch gern gespielt.

Und noch eins: Die Russen haben sich in der DDR nie als die »Herren« aufgespielt, wie Deutsche das in Polen und der Sowjetunion taten und wie Sowjetbürger sich auch andernorts benahmen, etwa in der Mongolei. Lediglich im Verhältnis zur SED war das ein wenig anders; ihr erteilten die russischen Kommunisten bis 1985 direkt Befehle. Doch auf den normalen Sowjetbürger oder Soldaten, den man überall antreffen konnte, hat das nicht abgefärbt. Der war eher zurückhaltend, bescheiden, fast schüchtern.

Auf diesen Osteuropaerfahrungen der Ostdeutschen läßt sich aufbauen. Die ersten, die das verstanden haben, sind große westdeutsche Konzerne, die ihre Ostverbindungen intensivieren und dafür Mitarbeiter in Ostdeutschland rekrutieren. Wir haben also gute Voraussetzungen, der Herausforderung Osteuropa zu begegnen, und die Chance, die darin liegt, zu nutzen. Doch sollte nicht übersehen werden, daß sich von dort wachsende Hoffnungen und Erwartungen auf uns richten.

Es wird selten ausdrücklich so formuliert, ist aber doch bei vielen Russen zu spüren: Wir haben Ostdeutschland aufgegeben, damit das vereinte Deutschland unser starker Partner wird, auch bei der Gestaltung der Verhältnisse bei uns zu Hause. Diese Erwartung zielt sehr konkret auf die Ostdeutschen, unser Verständnis, unsere gemeinsame existentielle Erfahrung mit dem Kommunismus, unsere Sensibilität für osteuropäische Wesenszüge. Boris Jelzin selber hat mir derlei im Dezember 1991 in Potsdam unverhohlen eingestanden.

Günter Gaus hat, als er seine Beobachtungen als Ständiger Vertreter der Bundesregierung zusammenfaßte, die DDR-Deutschen als ein »Staatsvolk der kleinen Leute« apostrophiert. Er begründete das mit der Massenabwanderung der Ober- und Mittelschicht in den fünfziger Jahren, also nicht mit ideologischen Erfolgen der SED, und er folgerte daraus, daß aus der staatlichen Teilung des deutschen Volkes auch eine soziale geworden sei.

Wenn Gaus recht gehabt haben sollte, dann ist es jedenfalls jetzt eine unserer wichtigsten Aufgaben, nach der staatlichen auch diese soziale Teilung zu überwinden. Der Übergang von der Kommando- zur Marktwirtschaft, von der zentralistischen Parteidiktatur zur Demokratie, von der Uniformität zur Pluralität bietet dazu alle Chancen. Werden sie genutzt, ergibt sich von alleine auch eine größere Differenzierung der Gesellschaft. Dabei gilt es jedoch, die zumal in Nordostdeutschland über Jahrhunderte gewachsene Tradition sozialer Nähe zu bewahren und wirksam werden zu lassen.

In der ganzen Mark Brandenburg hatte es bis in die sechziger Jahre hinein nur Potsdam gerade eben zur Großstadt gebracht; inzwischen ist Cottbus dazugekommen. Die einzige Großstadt Mecklenburgs war Rostock. In Vorpommern gab es gar keine Stadt, deren Einwohnerzahl sich der hunderttausend auch nur näherte. Bestimmend waren in Nordostdeutschland die Kreis- und Kleinstädte neben den Guts- und Bauerndörfern. Inzwischen sind im Land Brandenburg industrielle Zentren gewachsen oder neu entstanden mit Mittelstädten wie Brandenburg, Frankfurt an der Oder, Eberswalde-Finow, Schwedt, Guben, Senftenberg oder Eisenhüttenstadt. Ähnliches gilt für Mecklenburg-Vorpommern. Aber im ganzen ist Nordostdeutschland noch immer dünn besiedelt, weitaus lockerer als die Bundesländer Sachsen, Sachsen-Anhalt und Thüringen, und in seiner Mentalität ist unser Land weithin von der agrarisch-kleinstädtischen Struktur bestimmt.

Natürlich gab es hier nicht nur »kleine Leute«. An den slawischen Wurzeln der Namen mancher Adelsgeschlechter läßt sich erkennen, daß ihre Vorfahren schon vor der deutschen Besiedlung hier ansässig waren. Der märkische Adel deutscher wie slawischer Herkunft ist stolz darauf, längst vor den Hohenzollern hier gewesen zu sein. Der Nürnberger Burggraf Friedrich, den Kaiser Sigismund 1411 mit Brandenburg belehnte, mußte sich als Kurfürst Friedrich I. erst einmal gegen die Quitzows und andere ziemlich selbstherrliche Familien durchsetzen.

Diese Auseinandersetzung, die von seinen Nachfahren fortgeführt wurde, bewirkte, daß der Adel hier gleichsam in die Rolle eines »arbeitenden Standes« gedrängt wurde. Das waren dann Herrschaften, die nicht allein auf Kosten des Volkes lebten, sondern Mitschaffende waren. Auf dem Lande hatten sie eine Rolle inne, die der von »Vorarbeitern« sehr nahe kam. Der

Gutsherr war oft sein eigener Gutsverwalter. Andere gingen in die Staatsverwaltung, zum Militär, wurden auf verschiedene Weise dem Lande dienstbar, was wahrscheinlich ihre Autorität gefestigt hat. Es gab in Preußen keinen Hofadel, und dieses karge Land bot auch kaum Einkünfte von solcher Größe, die es den Begüterten erlaubt hätten, sich von den Quellen zu lösen und ihr Geld in Schlössern an der Riviera oder wo auch immer zu verprassen. Die Adelsfamilien saßen auf ihren Gütern. Sie entwickelten das Verhaltensmuster des Patrons, des Patriarchen, der sich um seine Leute zu kümmern hatte. Das förderte Bodenständigkeit in überschaubaren Verhältnissen und Gemeinschaftssinn.

Die Schicht der Adligen wie auch die bürgerliche Oberschicht war im Nordosten Deutschlands immer relativ dünn. So wie die Gutsherren im Regelfall mitarbeiteten, entfernte sich auch das sich in den Städten herausbildende Bürgertum in seinen sozialen und ökonomischen Möglichkeiten nicht so weit von der übrigen Bevölkerung, daß es zu Entfremdung, Isolierung oder schroffer Klassengegnerschaft gekommen wäre. In Nordostdeutschland lebten viel größere Bevölkerungsschichten jahrhundertelang in vergleichbaren sozialen Verhältnissen, als das im west- und süddeutschen Raum, in den städtisch bestimmten Kulturen der Fall war. Hier hat deshalb die Einsicht in die gegenseitige Abhängigkeit und in die Notwendigkeit, zusammenzuhalten, eine größere Rolle gespielt als individualistisches Denken.

Aus diesem Sozialgefüge der Mark und Nordostdeutschlands fällt Berlin heraus. Die deutsche Hauptstadt, die erst 1920 mit den umliegenden Orten zu Groß-Berlin zusammengeschlossen und dann aus der preußischen Provinz Brandenburg herausgelöst worden ist, hatte schon früh zu wachsen begonnen. 1786, im Todesjahr Friedrich II., lebten hier fast 150 000 Menschen, im Revolutionsjahr 1848 waren es auf dem heutigen Stadtgebiet schon mehr als eine halbe Million, bei der Reichsgründung 1871 fast eine Million, vierzig Jahre später bereits 3,7 Millionen, so viel wie heute also und deutlich mehr als im ganzen Land Brandenburg mit seinen 2,6 Millionen Menschen.

Die Zuwanderung nach Berlin ist zum geringsten Teile aus

der Mark gekommen. Vor allem aus Schlesien, aber auch aus Ostpreußen sowie Westpreußen und der ebenfalls bis 1918 preußischen Provinz Posen mit ihrer überwiegend polnischen Bevölkerung strömten erst Arbeiter nach Berlin, schließlich Menschen aus allen Schichten und allen Teilen des Reiches. Die Märker hielten eher Distanz zur Metropole. Das hing mit der geringen Bevölkerungsdichte im Brandenburgischen zusammen, da war nicht viel abzugeben. Und wer aus der Landarbeit in die Industrie wollte, mußte schon früher nicht gleich nach Berlin. Die Havelländer konnten zum Beispiel nach Brandenburg, die Uckermärker nach Eberswalde. So bildeten sich dann auch Interessengegensätze heraus: In Berlin wählte die Arbeiterschaft SPD, auf dem Lande und in den kleineren Städten blieb man überwiegend konservativ, auch in der Weimarer Zeit. Und da die konservativen Sozial- und Herrschaftsstrukturen fortwirkten, hatten auch Gewerkschaften hier nur geringe Entwicklungschancen.

Es hat im Zuge der Revolution von 1918 nur wenig Aufstände von Landarbeitern gegen Gutsbesitzer gegeben. Die Autorität des adeligen »Vorarbeiters« blieb erhalten. Sie beruhte nicht auf Zwang, war vielmehr eine aus Erfahrung akzeptierte, eine freiwillig anerkannte Autorität.

Erst die Nationalsozialisten mit ihrem Funktionärssystem haben von der Landesebene bis hinunter in die Kreis- und die Ortsebene die Gewichte und Machtstrukturen verschoben. Der märkische Adel, der sich relativ schnell von Hitler distanziert hatte, spürte, daß er die Macht verlor, an den Rand geriet, und wurde auch dadurch in die Opposition gedrängt. In der Folge des 20. Juli 1944 kam es zu einem großen Aderlaß: fast jede zweite märkische Adelsfamilie war irgendwie in die gescheiterte Verschwörung gegen Hitler verwickelt. In Brandenburg können wir das heute an den angemeldeten Ansprüchen auf Eigentumsrückgabe erkennen: Viele sind eben nicht erst von den Kommunisten, sondern bereits als Regimegegner von den Nazis enteignet und von Haus und Hof verjagt worden.

Die Restvertreibung erfolgte dann durch die kommunistische Bodenreform, die ganz gezielt als Durchführung einer Revolution, Beseitigung einer feindlichen Klasse propagiert und praktiziert wurde. Die Enteignungs- und Verdrängungspolitik im gewerblichen Bereich und im Handel hatte denselben Effekt im bürgerlichen Mittelstand. Die über Jahrhunderte gewachsene Autorität in Dörfern und Landstädten ist damals ausgemerzt worden. Nach meinen Beobachtungen ist in den Jahrzehnten danach keine neue durchgängige Autorität herangewachsen. Nur punktuell gelang es neuen Leuten, sich Respekt zu verschaffen, nicht auf Grund von Macht, sondern von Leistung und von Führungsqualität. Das waren oft eben nicht die Parteisekretäre in den Dörfern, in der Regel auch nicht die Bürgermeister, relativ oft hingegen die »roten Barone«, die Vorsitzenden funktionierender Landwirtschaftlicher Produktionsgenossenschaften.

Die früheren Führungsschichten sind außer Landes gedrängt worden, die kommunistische hat versagt, ist unglaubwürdig geworden. Auf ältere demokratische Traditionen kann man sich nicht stützen – die Zeit der Diktaturen war zu lang. Die Wende und der demokratische Prozeß gaben Leuten, die bisher im Hintergrund lebten oder leben mußten, naturgemäß Chancen: Talente wuchsen nach. Doch dieser Prozeß muß viel stärker gefördert werden. Um funktionierende und stabile gesellschaftliche Verhältnisse zu erhalten, müssen Führungspersönlichkeiten eine Chance haben, sich heranzubilden, Fuß zu fassen und sich zu bewähren.

Für die Zukunft ist der Aufbau der kommunalen Selbstverwaltung in der überschaubaren Landschaft der Dörfer und Kleinstädte besonders wichtig. Die Bürgermeister und Landräte, die sich 1990 zur Wahl stellten und einfach anpackten, wo es erforderlich war, haben Bemerkenswertes geleistet. Bei der fälligen Verwaltungsreform muß Vorsorge getroffen werden, daß auch kleine Gemeinden von großen Verwaltungsgemeinschaften so unterstützt werden, daß sie eine Chance haben, aus ihrer Mitte einen ehrenamtlichen Bürgermeister oder eine Bürgermeisterin zu finden, sie als demokratisch gewählte Vertrauensperson aufzubauen und so ein Stück gesellschaftliche Autorität wachsen zu lassen.

Der deutsche Osten hat viele Menschen verloren. Erst die Nazis, dann die Kommunisten haben in den vierziger und fünfziger Jahren Begabungen und Führungskräfte vertrieben oder vernichtet. Man redet allgemein davon, daß Millionen von Bewohnern erst der sowjetisch besetzten Zone und dann der Deutschen Demokratischen Republik seit 1945 ihr Land verlassen haben. Aber es wird wenig unterschieden, wer es war, der wegging, und welche Folgen dieser wiederholte Aderlaß für unser Land gehabt hat. Während des »Dritten Reichs« mußte der jüdische Bevölkerungsteil aus Mitteldeutschland herausgehen, sofern er nicht in die Vernichtungsmaschinerie des Regimes geriet. Durch die Vertreibung oder Ermordung der Juden, deren Kreativität in Wirtschaft und Kultur Großes für Brandenburg geleistet hatte, wurde jene glückliche deutsch-jüdische Symbiose in Preußen, die für ganz Europa so fruchtbar geworden war, unwiederbringlich zerstört. Als die Rote Armee dann das Land eroberte, flohen die Aristokratie und große Teile des Bürgertums. Jedesmal war es der dynamischste Teil, der aus dem Lande gedrängt wurde oder es angesichts der Umstände »freiwillig« verließ. Erst gingen die Großunternehmer, dann die kleinen Fabrikanten und schließlich Hunderttausende von Facharbeitern und Handwerkern. Die Probleme unserer Landwirtschaft liegen zum einen darin begründet, daß Brandenburg bis auf kleine Flächen immer ein Land schlechter Böden war. Aber es wurden ja die Bauern aus dem Lande getrieben, als man den Boden kollektivierte. Man muß nur einmal die Reden aus der Gründungszeit der DDR nachlesen, um sich die Genugtuung in Erinnerung zu rufen, die die SED empfand, als die deutschen »Kulaken« das Land verließen, ganz nach dem Vorbild der Kulaken-Vernichtung in der Sowjetunion. Waren es dreihunderttausend, vierhunderttausend oder eine halbe Million selbständige Bauern, die Ost- und Mitteldeutschland in diesen Jahrzehnten verließen? Niemand hat sie genau gezählt; heute aber gibt es weite Gebiete, in denen kein einziger Angehöriger der alten Bauernfamilien noch ansässig ist, die das Land über Jahrhunderte prägten. Das sind Verluste, unter denen unser Land auch heute leidet – nicht nur die Beseitigung des Adels, jener Welt zwischen Friedersdorf im Oderbruch, wo die Marwitz' saßen, bis zu Schönhausen nahe der Elbe, dem alten Stammsitz des Geschlechts der Bismarck. Nicht nur »oben« hat der Sozialismus zugeschlagen, sondern auch »unten« – wenn auch diese Entleerung des Landes weniger spektakulär war als die Vertreibung der Oberschicht. Man hat es fast vergessen, aber in alten, längst vergilbten Zeitungen kann man es nachlesen: daß die Partei es dem Genossen Ulbricht zum Geburtstag meldete, daß wieder Dutzende von Gutshäusern abgerissen worden seien. Diese Verluste prägen das Land ebenso nachhaltig wie die allgemeine Bespitzelung, die das Leben selbst zersetzte.

Es wurden vor allem kreative, sensible, eigenwillig und individualistisch eingestellte Menschen durch das sozialistische System aus dem Land getrieben. Es waren die Sensiblen und Hochbegabten, die oft als erste die Einengung, Bevormundung und auch Verfolgung nicht mehr aushielten. Sie gingen, und sie fehlen uns. Wir brauchen Menschen, die Erfahrungen in Marktwirtschaft und Demokratie mitbringen, die anderen Mut machen und hier mitarbeiten wollen. Wir brauchen Menschen aus dem Westen Deutschlands, die mit uns Brandenburg aufbauen wollen, Menschen, die auf Dauer hier bleiben, die Neu-Brandenburger werden wollen. Meine Hoffnung ist, daß eine wirkliche Zuwanderung einsetzt und daß auch Alt-Brandenburger zurückkehren.

Noch weiß niemand, ob Rückkehrer eine größere Rolle spielen werden: Von einem Rückkehrerstrom, einer richtigen Rückwanderung gebürtiger Brandenburger in ihre Heimat kann bisher jedenfalls nicht die Rede sein. Im Regelfall kommen bisher selbst »Ausreiser« der letzten Generation, die im Westen Fuß gefaßt haben, nur zu Besuch oder um Eigentumsansprüche anzumelden. Anders steht es mit Familien, die schon zur Nazizeit enteignet wurden oder durch Bodenreform und andere Aktionen vor 1949 ihr Grundeigentum verloren haben. Vor allem der Landadel hofft auf Rückgabe der Güter; doch haben Einigungsvertrag und Bundesverfassungsgericht festgelegt, daß die von der sowjetischen Besatzungsmacht getroffenen Entscheidungen Bestand haben.

Vor dem Karlsruher Urteil vom Frühjahr 1990 waren diese Erwartungen hoch. Bei Besuchen war manch einer schon wieder wie der Eigentümer aufgetreten und hatte seine baldige Rückkehr angekündigt. Aus märkischen Dörfern habe ich mitunter gehört, daß die Nachfahren früher ansässiger Freiherren oder Grafen angesichts der Ungewißheit der wirtschaftlichen Zukunft, der Zusammenbrüche von Volksgütern und LPGen wie Erlöser erwartet wurden. In einem Dorf in der Prignitz bin ich einem alten Bauern begegnet, der ein Bild des alten Grafen gefunden und in seinem Wohnzimmer aufgehängt hatte. Der Platz war jahrzehntelang leer gewesen. Daneben hing der Trauspruch: »Befiehl dem Herrn Deine Wege!«

Überwiegend aber wurden Erwartungen und Hoffnungen früherer märkischer Großgrundbesitzer zurückhaltend vorgebracht, mit wohltuender Solidität und Seriosität. Nach dem Urteil des Bundesverfassungsgerichts stellt sich die Frage, wie weit ihr Interesse auch ohne Rechtsanspruch erhalten bleibt. Bei einer ganzen Reihe ist das offensichtlich der Fall. Sie wollen sich hier wieder niederlassen und versuchen, ihren alten Besitz zurückzukaufen. Ich unterstütze solche Bemühungen. Die Treuhand sollte diese Alteigentümer neben anderen Landwirten und Wiedereinrichtern ernsthaft berücksichtigen, insbesondere da, wo sich schon Formen der Zusammenarbeit mit den Ortsansässigen entwickelt haben und gemeinsam versucht wird, den Wiederaufbau des Dorfes zum Nutzen aller voranzubringen.

Ich denke an Familien wie die Hardenbergs, die Marwitz', die Arnims. Solche Familien sind ja meist weit verzweigt, und es findet sich in der Regel ein Sproß, der sagt: Ich probier' das. Es kommt hinzu, daß sich die Affinität zur Landwirtschaft oft in der »Fremde« erhalten hat. Viele haben das Fach studiert und betrieben, sind durch ihre westeuropäische Landwirtschaftserfahrung auch mit der EG-Problematik vertraut. Solche Leute kommen, bieten ihre Mitarbeit an, und es zeigt sich, daß es ihnen nicht in erster Linie um Rückerstattungsansprüche für früheres Eigentum geht, sondern vor allem um Engagement, Verantwortung für die Heimat. Eine jahrhundertelange Bindung ist bei diesen Menschen in vierzig Jahren nicht zerstört worden.

Wie aber werden solche Rückkehrer von den Menschen in den Dörfern angenommen? Nur im Ausnahmefall kennen sich diese Leute, kannten sich zumindest ihre Väter und Mütter. Oft genug hat ja die Bevölkerungsmischung der Nachkriegszeit diese alten Verbindungen abreißen lassen. Die Ansässigen fallen gegenüber den Rückkehrwilligen weder in alte Unterwürfigkeit zurück noch in Feindseligkeit, sondern verhalten sich im Regelfall offen, sind unbefangen oder einfach neugierig: Was werden die denn tun können?

In manchen Fällen gab es sogar sehr großen Erwartungsdruck. So hat etwa eine LPG die rückkehrwillige Familie mit ihren Hoffnungen völlig überfordert, mit ihrer Erwartung: jetzt kommt der Wundertäter; wir fünfundachtzig Arbeitskräfte unterstellen uns seinem Kommando, er kann gleich Vorsitzender der LPG werden und bringt dann alles in Ordnung. Der Mann aber verstand etwas von Landwirtschaft, rechnete die Sache durch und sagte: Ich kann sechzehn Arbeitskräfte brauchen. Natürlich kommt dann Enttäuschung auf, entstehen Abgrenzungen und Gegensätze. Viel Fingerspitzengefühl ist nötig. Doch in aller Regel ist die Bereitschaft der Leute gegeben, sich auf solche Rückkehrer einzulassen. Sie wächst dort, wo Wille zur Mitarbeit und zum Mitgestalten ist und Kenntnisse und Fähigkeiten eingebracht werden.

So entsteht wiederum soziale Nähe zwischen Eigentümer und wenig besitzender Landbevölkerung. Doch eine Restauration patriarchalischer Gesellschaftsformen wird nicht erfolgen. Und die überwiegend erst nach dem Krieg unter sowjetischer und SED-Herrschaft zerstörten Schlösser und Herrenhäuser, die einst das Gesicht vieler Dörfer prägten, werden wohl auch nicht wieder entstehen. Nach der Parzellierung des Landes in der Bodenreform und der Austreibung der früheren Eigentümer brauchte man die Herrensitze nicht mehr, und auch als in Form der LPGen die Güter gleichsam neu entstanden, bezog man die alten Gebäude nicht wieder, sondern errichtete für Mensch und Vieh die üblichen Plattenbauten und schrecklichen Betonbaracken.

Das war zunächst ideologisch motiviert. Auch ohne förmliche Anweisung glaubten viele, sie dürften nicht in die Lebensformen der Ausbeuter zurückfallen, schon gar nicht in deren ehemalige Häuser einziehen. Dazu kam aber, daß man in den fünfziger und frühen sechziger Jahren generell kein Bewußtsein für kulturhistorische Werte hatte. In Ost wie West waren Schrankwände angesagt, klopfte man Stuckdecken ab. Auch die LPG-Vorstände fanden Neubauten praktischer und angemessen. Die großen alten Räume, womöglich voll von alten Bildern, wollten sie nicht.

Diese Abkehr von der alten Gutsarchitektur war wohl Ausdruck einer Kulturwende. Mit den Jahren ging das meiste dahin: Von den Hunderten von Schlössern und Herrensitzen in Brandenburg sind viele verschwunden. Die alten Herren waren vertrieben, die neuen Dorfoberen aber wußten mit den Bauten nichts anzufangen. Mancherorts gab es noch Ruinen, ein paar Schutthaufen. Nicht einmal dreihundert dieser Anlagen sind insgesamt erhalten. Das hing auch mit der Nutzungsweise in den Nachkriegsjahren zusammen. Nicht Wert oder Schönheit einer Anlage, sondern ihre Nützlichkeit war ausschlaggebend, ob als Sitz für ein sowjetisches Kommando, als Standort für ein Lazarett oder als Heimunterkunft für Alte und Kinder. Später kamen Partei, Akademien, Verbände, die Armee oder die Staatssicherheit hinzu, die verbliebene Herrensitze nutzten und einigermaßen erhielten.

Die Liste der trotz allem glücklicherweise erhaltenen Schlösser und Herrensitze, für die nun nach neuen Aufgaben und nach Finanzierung gesucht wird, führt als besonders attraktive Beispiele Schloß Wiepersdorf im Niederen Fläming auf, die Schlösser Doberlug und Altdöbern in der Niederlausitz, die Wasserburg Plattenburg in der Westprignitz und Schloß Boitzenburg in der Uckermark.

Eine weitere ostdeutsche Tradition, die es zu nutzen gilt und die eine Bereicherung für das gemeinsame Deutschland bedeutet, ist der Protestantismus, in dem einige der positivsten Beiträge Preußens zur deutschen Geschichte wurzeln – etwa die Toleranz und die Orientierung der Bürger auf das Gemeinwohl.

Das ursprüngliche Preußen, später Ostpreußen genannt, war der erste evangelische Staat. Auf Rat Martin Luthers wandelte Hochmeister Albrecht, ein Hohenzoller, den unter polnischer Lehenshoheit stehenden Ordensstaat 1525 in ein erbliches Herzogtum um. Er selber und die ganze Kirche Preußens mit Bischof, Priestern und Gemeinden nahmen die Reformation an, die sich im damals noch nicht mit Preußen verbundenen Brandenburg erst eine halbe Generation später durchsetzte. Albrecht verstand sein Herzogtum als weltlichen Staat, ebenso wie das die Brandenburger Kurfürsten und später die preußischen Könige taten. Aber gleichzeitig war er theologisch engagiert, schrieb Choräle, die auch heute noch gesungen werden, und versuchte das Land seinem Glauben gemäß zu regieren.

Das tat auch ein Jahrhundert später der Große Kurfürst Friedrich Wilhelm. Seine tiefe Frömmigkeit half ihm, das zerrissene, vom Dreißigjährigen Krieg verheerte, wirtschaftlich am Boden liegende Brandenburg-Preußen durch Modernisierung des Staatswesens und Aktivierung des Gemeinsinns wieder in Schwung zu bringen. Er selber war ein von der Wahrheit seines Bekenntnisses überzeugter Calvinist. Gerade dieser eigene feste Standpunkt erlaubte ihm, die Gewissensbindung anderer zu respektieren und, seiner Zeit voraus, religiöse Toleranz zu einer der Grundbedingungen des Staates zu machen. Den erbitterten Streit zwischen Lutheranern und Reformierten in seinem Land entschied er nicht, legte aber den verfeindeten Parteien Friedenspflicht auf, die er mit staatlichem Zwang durchsetzte. Die von ihm aufgenommenen französischen Glaubensflüchtlinge, die Hugenotten, schützte er ebenso wie Katholiken und andere Gemeinschaften vor der Unduldsamkeit seiner Landsleute, die nicht selten durch Prügel zu Toleranz gezwungen werden mußten und diese erst im Laufe der Zeit auch verinnerlichten.

Friedrich II. hat im achtzehnten Jahrhundert die Toleranz zur Staatsdoktrin erhoben. Die Juden erhielten verbriefte Rechte, und selbst reichsrechtlich wegen ihrer Überzeugung verfolgte Sekten hat dieser König aufgenommen. Irrtümer in den Auffassungen wurden nicht geahndet, entscheidend war allein die Bereitschaft, am Aufbau des Landes ehrlich mitzuarbeiten. Toleranz aus Vernunft und Loyalität ohne Willfährigkeit schärfen den Blick des einzelnen für die Mitverantwortung am Ganzen.

Preußen ist Teil der brandenburgischen Geschichte, die uns auch vorgehalten wird. Dem können wir uns deshalb unbefangen stellen, weil wir dieses Preußen weder wiedererwecken können noch wollen. Brandenburg gab es vor Preußen und gibt es danach. Heute können wir der preußischen Geschichte wichtige Orientierungen entnehmen. So hat Preußen Maßstäbe für Rechtsstaatlichkeit und Rechtssicherheit gesetzt. Der

Aufklärer Friedrich II. trennte Justiz von Verwaltung, humanisierte das Strafrecht und setzte mit dem Allgemeinen Landrecht für die Preußischen Staaten auch für die Menschenrechte Zeichen, die in ihrer Zeit neben der amerikanischen Unabhängigkeitserklärung und den Erklärungen der Französischen Revolution Vorbildwirkung hatten.

Wir wissen aber auch, wo wir zu widerstehen hätten, sollten die Schatten Preußens uns einholen. Wir müßten widerstehen, wenn Militär und Rüstung zum Selbstzweck würden und Militarisierung die Gesellschaft erneut zu ergreifen drohte. Das haben zur DDR-Zeit gegen alle Widerstände die evangelische Kirche und christliche wie andere Friedensgruppen vorgemacht und damit Mut zur Freiheit geweckt. Wir würden auch zu widerstehen haben, wenn Osteuropa, insbesondere Polen, zum Objekt deutscher Politik und Anlaß deutscher Überheblichkeit würden.

Der preußischen Tradition, die evangelische Kirche für die Durchsetzung der Staatsräson in Anspruch zu nehmen, haben auch im Brandenburgischen Gemeinden und Pfarrer bereits in der Hitlerzeit zu widerstehen gelernt. Die Auseinandersetzung in der Bekennenden Kirche mit dem pervertierten Anspruch des Hitler-Staates erwies sich in vierzig Jahren DDR als hilfreich. Männer wie Kurt Scharf, Günter Jacob, Albrecht Schönherr, die der von der SED geforderten Anpassung widerstanden, ohne zum Rückzug ins private kultische Ghetto zu rufen, hatten ihre theologische Prägung in der preußischen Bekennenden Kirche erhalten. Sie fanden Schüler, die unter den Bedingungen der DDR den Weg einer Kirche suchten, die sich nicht unterwirft, vielmehr versucht, die Gesellschaft aktiv zu begleiten, solidarischer wie kritischer Partner der Menschen zu sein, auch wenn diese den zur Minderheit gewordenen christlichen Gemeinden nicht mehr angehörten.

Der Protestantismus in Preußen hatte immer mit den öffentlichen Angelegenheiten, mit Staat und Gesellschaft zu tun. Mit dieser Tradition haben sich die Kirche und ihre Basis kritisch auseinandergesetzt, als die Monarchie am Ende war und als die Diktaturen Hitlers und dann des Realsozialismus sie vor neue Herausforderungen stellten.

Die Protestanten sahen den Auftrag der Christen nicht an der Kirchentür enden, sondern verstanden ihre Bibel als eine Weisung in den Alltag der Welt. In der Monarchie hatten sich angesichts der sozialen Ungerechtigkeiten vor allem in den großen Städten Christen aufgemacht, um konkrete Hilfe zu organisieren. Im Unrechts- und Mordsystem Hitlers begriff die Bekennende Kirche, daß nicht der Staat, sondern nur Jesu Weisungen ihnen zeigen konnten, wo im Staat mitgearbeitet werden konnte und wo widerstanden werden mußte. Das Bevormundungs- und Unterdrückungssystem der SED forderte Christen heraus, für Gerechtigkeit und Menschenrechte, Frieden und die Erhaltung der Natur einzutreten.

Als Gorbatschow anfing, den allmächtigen Sozialismus in Frage zu stellen, formierten sich in der DDR ökumenische Gruppen und schließlich 1988/89 die Ökumenischen Versammlungen der Kirchen und Christen, um von der Basis aus ihre Fragen über den Zustand der Gesellschaft zu formulieren. Die Dokumente der Ökumenischen Versammlungen von Dresden und Magdeburg, die von der evangelischen und der katholischen Kirche sanktioniert wurden, wurden von der kirchlichen Basis als Handlungsanweisungen für die gesellschaftliche Veränderung verstanden. Diese Dokumente zu sozialen, ökonomischen, ökologischen, politischen und ethischen Fragen waren die geistige Grundlage des Umbruchs. Ohne zu übertreiben kann man wohl sagen, daß diese elf Dokumente mehr zum Fall der SED-Macht beigetragen haben als die Barmer Theologische Erklärung der Bekennenden Kirche zum Versuch der Beseitigung des Hitlersystems.

Heute wäre es außerordentlich wichtig, wenn die in der Auseinandersetzung mit der SED gewachsene Zusammenarbeit der Kirchen angesichts der Strukturkrise in neuer ökumenischer Partnerschaft fortgeführt werden könnte. Statt dessen muß befürchtet werden, daß evangelisch-katholisches Rivalitätsdenken aus dem Westen importiert wird und die Zusammenarbeit behindert. Die bitter nötigen, aber auch zeitaufwendigen, ja für viele lähmenden Vergangenheitsdebatten sowie die Schwierigkeit, sich im Systemwechsel zu positionieren, behindern den so dringend benötigten Dienst der Kirchen an der

Gesellschaft und verhindern möglicherweise, daß die Chancen genutzt werden, auch der westdeutschen Gesellschaft neue Impulse zu geben.

Wenn die Ostdeutschen sich so weit gefunden haben, daß sie nicht mehr nur mit den unmittelbar eigenen Angelegenheiten befaßt und völlig von ihren Problemen in Anspruch genommen sind, wird sich zeigen, daß sich die vereinigte Bundesrepublik Deutschland und ihre Gesellschaft in allen Lebensbereichen verändern wird. Sie wird reicher und vielseitiger werden. Östlicher wird sie mit geographischer Zwangsläufigkeit. Ob sie auch protestantischer wird, wie ein gern gebrauchtes Diktum meint, wird sich zeigen. Tatsächlich ist zunächst Ostdeutschland etwas katholischer geworden, als es der Tradition des Landes entspricht. In dem durchweg evangelisch-volkskirchlich bestimmten Gebiet der früheren DDR hat es seit der Reformationszeit nur zwei kleinere Flecken mit mehrheitlich katholischer Bevölkerung gegeben.

Die rabiate kommunistische Säkularisierung traf folglich vor allem die evangelischen Landeskirchen, deren Mitgliederzahl in vierzig DDR-Jahren von mehr als achtzig auf unter dreißig Prozent der Bevölkerung zurückging; der katholische Anteil sank von elf auf vielleicht vier Prozent. Während die evangelische Kirche sich auf Auseinandersetzung und Dialog mit der Staatsmacht einließ und sich in ihrem Umfeld dann die Opposition herausbildete und sammelte, die in der Wende erfolgreich wurde, hatte die katholische Kirche sich so weit wie irgend möglich aus der Öffentlichkeit herausgehalten. Nach dem Ende der SED-Herrschaft aber ermutigten katholische Pfarrer die Gläubigen zu politischer Aktivität unter den neuen Bedingungen. Die bis dahin als SED-abhängige Blockpartei strikt gemiedene CDU wurde bevorzugtes Betätigungsfeld der politisch engagierten Katholiken, während die evangelischen Christen und ihre Freunde, die sich seit Ende der siebziger Jahre in Friedens-, dann Umwelt- und Menschenrechtsgruppen engagiert hatten, ihre politische Heimat eher bei den in die politische Minderheit geratenen Bürgerbewegungen und auch in der SPD fanden. Vier der fünf neuen Bundesländer sind CDU-regiert. Ihre ersten Ministerpräsidenten waren alle katholische Christen. Diese Personalkonstellation ist wohl eher

Zufall – zumal inzwischen drei von ihnen Westimporte sind –, sie ist aber ein Zeichen dafür, daß die politische Relevanz der Katholiken in dieser Landschaft zugenommen hat.

Insgesamt sind, gemessen an ihrem Bevölkerungsanteil, die Christen beider Konfessionen in Parlamenten und politischen Institutionen überrepräsentiert. Der Grund liegt auf der Hand. Die SED, die vierzig Jahre lang geherrscht hat, ist politisch diskreditiert. Sie hatte sich dem Atheismus verbunden. Kirchenmitgliedschaft galt als Karrierehemmnis auch bei Leuten, die nicht zur SED gehörten. Christen sammelten sich vornehmlich in der Opposition, im Personalreservoir der neuen politischen Kräfte, die mit der SED nichts zu tun hatten. Pfarrer, Mitglieder von Synoden, kirchliche Mitarbeiter und andere aktive Christen zogen Vertrauen auf sich und brachten politisch notwendige Fähigkeiten ein: Sie konnten kontrovers diskutieren, Diskussionen leiten, mit Menschen unterschiedlicher Meinung umgehen.

Hieraus erklärt sich, daß sowohl in der SPD und bei der neueren Mitgliedschaft der CDU als auch in den Bürgerbewegungen der Anteil engagierter und praktizierender Christen höher ist als im Durchschnitt der Bevölkerung. Im brandenburgischen Landtag haben fast ein Drittel der Abgeordneten erste Erfahrungen mit demokratischer Zusammenarbeit in den Kirchen gesammelt. Wenn ich bei meinen Sonntagsbesuchen als Ministerpräsident in brandenburgischen Städten und Dörfern am Gottesdienst teilnehme, sind Landräte, Bürgermeister und örtliche Politiker nicht nur dabei, sondern singen die Liedverse kräftig mit: Sie kennen sich in der Kirche aus.

Die SED hatte demokratische Techniken nicht gelehrt oder kultiviert. Der Alltag der Demokratie führt jetzt zu deren weiter Verbreitung. Man wird folglich erwarten können, daß bei den nächsten Wahlen das Feld der Kandidaten auch in religiöser Hinsicht stärker dem Bild der Gesamtbevölkerung entsprechen wird. Dann wird das öffentliche Leben der östlichen Bundesländer nicht protestantischer und nicht katholischer, sondern wohl wieder weltlicher werden.

Im Antagonismus fest verbunden: Deutsche Teilung, deutsche Rollen

Für mich gab es niemals einen Zweifel, daß die Deutschen zusammengehören. Das liegt sicher auch an der Generation, der ich angehöre, habe ich doch schon bewußt das eine Deutschland in seiner Niederlage miterlebt. Die Teilung Deutschlands hat meine Familie auseinandergerissen: Mein Bruder und meine Vettern fanden sich in der amerikanischen und britischen Besatzungszone wieder, ich mich zusammen mit meiner Mutter in der sowjetischen.

In der Zeit der Trennung ließ mich ein Bild aus der Geschichte nicht los, das mir wie eine Allegorie der deutschen Teilung erschien und ständige Warnung blieb: Das germanische Volk der Goten wurde in der Zeit der Völkerwanderung in die Ostgoten und die Westgoten getrennt. Beide Teilvölker waren mit den beiden damaligen Hauptmächten verbündet: Die Ostgoten waren Vasallen der Hunnen, die Westgoten hatten sich mit dem Weströmischen Reich verbunden. Beide Weltmächte waren verfeindet und trafen im Jahre 451 zu einer großen Schlacht auf den Katalaunischen Feldern zusammen. Es heißt, dies sei die größte und blutigste Schlacht jener Zeiten gewesen, und sie soll dort am härtesten gewesen sein, wo sich die Ost- und die Westgoten gegenüberstanden. Denn sie spielten die Rollen nur zu gut, die ihnen die Geschichte zugewiesen hatte.

Wir Deutschen in West und Ost dürfen nicht vergessen, daß auch wir von 1945 bis 1990 im Ost-West-Konflikt zwei gegensätzliche und doch zusammengehörende Rollen zu spielen hatten. Da läßt sich schwer rechten, wer nun tapferer gewesen ist. Es ist wahrlich nicht verwerflich, wenn man auf die Westseite getreten ist und alle seine Chancen genutzt hat. Die Westdeutschen brauchen kein schlechtes Gewissen zu haben, weil sie sich Wohlstand, Demokratie und Freiheit schaffen konnten. Andererseits darf aber auch nicht unterschwellig als fragwürdig, vielleicht sogar als verdächtig angesehen werden, wer nicht dem Sowjetimperium entfloh. Die Ostdeutschen müssen sich nicht als *Der Doofe Rest* empfinden, weil sie unter den Bedingungen, die in ihrer Heimat herrschten, ihr Leben gelebt haben.

Die Deutschen beider Hemisphären waren ihren jeweiligen Systemen zugeteilt und Objekt in einer welthistorisch vorgegebenen Situation. Die Deutschen in der DDR mit ihrer Existenz im von Moskau verordneten Realsozialismus waren genauso der ostdeutsche Teil des Status quo wie die Bundesrepublik mit ihrer vorbehaltlosen Westbindung der westdeutsche.

Wie inzwischen deutlich geworden ist, waren beide deutsche Teilstaaten nicht nur Ergebnis der durch den zweiten Weltkrieg geschaffenen Weltkonstellation, sie waren in ihrer Sonderexistenz auch vom Fortbestehen des Ost-West-Gegensatzes abhängig. In dem Augenblick, da dieser beendet wurde, gab es weder für die Deutschen noch für ihre Nachbarn im Westen wie im Osten, die Franzosen wie die Polen, überzeugende Argumente dafür, die deutsche Teilung aufrechtzuerhalten. Im Grunde hatten sie all die Jahrzehnte über schärfer als die Deutschen selber gesehen und im Bewußtsein gehalten, daß die beiden deutschen Teilstaaten aufeinander bezogen waren, also zusammen in den Blick genommen werden mußten. Denn ihr Antagonismus war ihnen als Folge des vom ungeteilten Deutschland über Europa gebrachten Krieges verordnet worden. Er band sie im Gegensatz zusammen. Weder die DDR noch die alte Bundesrepublik konnten je für sich aus dieser Konstellation ausscheren. Ihre gegensätzlichen Rollen bedingten einander.

Im Alltag der deutschen Zweistaatlichkeit konnte man das vergessen, in der alten Bundesrepublik leichter als in der DDR. Die Präambel des Grundgesetzes machte es zwar dem westlichen Staat zur Pflicht, die Einheit und Freiheit Deutschlands zu vollenden. Sie kennzeichnete damit den von Bonn aus regierten Staat als Teil, als unvollkommen, als ergänzungsbedürftig. Doch Bürger, Verwaltungen und Medien gewöhnten sich daran, von Deutschland zu sprechen, wenn sie ihren Teilstaat meinten, und dies oft eben nicht nur aus dem praktischen Grund der Verkürzung, sondern weil die Trennung vom östlichen Deutschland irgendwann nicht mehr als Verlust, als Mangel empfunden wurde. So vergaßen manche Bundesbürger, daß auch sie nur eine deutsche Teil-Rolle zu spielen hatten.

Umgekehrt tilgte die SED 1974 den letzten Hinweis in der DDR-Verfassung auf Teilhabe ihres Staates an der deutschen Nation. Man wollte die Ostdeutschen vergessen machen, daß sie Teil eines größeren Deutschland waren. Viele Ostdeutsche aber fühlten den Verlust alltäglich und physisch. Die Mauer grenzte sie ab, zerschnitt auch die alte Hauptstadt. Über Fernsehen und Radio, durch Besuche von Verwandten und Freunden kam das buntere, freiere, reichere Leben der Westdeutschen – wie aus DDR-deutscher Sicht alle Bundesbürger genannt wurden – ins Haus und machte ihnen schmerzlich deutlich, daß sie für den von ganz Deutschland geführten und verlorenen Krieg den höheren Preis zu zahlen hatten.

Daraus erwuchs das Gefühl, auf die materiellen Zuwendungen aus Westdeutschland einen Anspruch zu haben, privat wie politisch. Selbst die SED beteiligte sich daran, so sehr sie sonst alles »Gesamtdeutsche« ablehnte. Walter Ulbricht machte in den sechziger Jahren eine propagandistische Rechnung auf, wonach von der DDR 73 Milliarden D-Mark mehr an Reparationen für den verlorenen Krieg hatten erbracht werden müssen als von der Bundesrepublik. Auch das förderte das Gefühl des Zu-kurz-gekommen-Seins der Ostdeutschen, das Empfinden, mehrfach benachteiligt zu sein: Man mußte die Kriegsfolgen bezahlen, war außerdem eingesperrt und hatte keine Chance, sich zu entfalten.

Seit dem 3. Oktober 1990 zerfällt Deutschland nicht länger in einen Osten und einen Westen, die sich feindlich gegenüberstehen. Noch ein Jahr zuvor hatte sich das niemand richtig vorstellen können. Niemand war vorbereitet auf die Aufgaben der deutschen Vereinigung. Die Politiker waren es nicht, die in Bonn nicht und die in der DDR schon gar nicht. Die meisten Deutschen hatten hüben wie drüben die deutsche Zweistaatlichkeit längst als unabänderlich und selbstverständlich hingenommen. Politische wie private Diskussionen hatten sich während der letzten beiden Jahrzehnte immer weniger um die Vereinigung der beiden Staaten gedreht, als vielmehr die Bestimmung des Verhältnisses zwischen ihnen erörtert und in diesem Zusammenhang die Veränderung, die Humanisierung des politischen Systems der DDR.

Gegenüber der Bundesrepublik hatten die Kommunisten ihrerseits schon lange nicht mehr die Forderung erhoben, daß sie sich ändern sollte. Die Diskussion der Anfangsjahre über Neutralität und Bündnisfreiheit eines vereinigten Deutschland war seit langem kein Thema mehr. Trotz des im Grundgesetz verankerten Zieles, die nationale Einheit wiederzuerlangen, war klar, daß Freiheit und Frieden für die meisten Menschen im Westen Vorrang vor der Einheit hatten. Und beides, Freiheit wie Frieden, sicherte die Einbindung ins westliche System, und zwar in politischer, in wirtschaftlicher und in militärischer Hinsicht. Hätte man wahrscheinlich schon in den siebziger, auf jeden Fall in den achtziger Jahren die Westdeutschen gefragt, ob sie die Zugehörigkeit zu West-Europa für die Vereinigung mit den Ostdeutschen preisgeben würden – die Antwort wäre, wie Meinungsumfragen zeigten, eindeutig ausgefallen. Wer wollte ihnen das verdenken? Aber man darf sich auch nicht wundern, daß die Thüringer, Sachsen oder Brandenburger allmählich das Gefühl hatten, abgeschrieben zu sein. Wie man aus Hamburg lieber nach Frankreich und aus München eher nach Italien fuhr, so fühlte man sich im Grunde auch im Lebenszuschnitt mittlerweile mehr der atlantischen Weltzivilisation verbunden als jener alten Region, die einmal das gemeinsame Deutschland gewesen war.

Das Lebensgefühl der Deutschen in der DDR wurde von der Grunderfahrung bestimmt, einer Macht ausgeliefert zu sein, die ihre Herrschaft sichert und darin von außen nicht gestört wird. Das gilt jedenfalls für die Ostdeutschen, die heute älter als vierzig Jahre sind. Wer im Lande blieb, war damit auch genötigt, die Teilung Deutschlands zu verinnerlichen. Und die nach dem Mauerbau heranwachsende Generation kannte es ohnehin nicht anders.

Mehr als drei Millionen Menschen haben das heutige Ostdeutschland zwischen der Gründung und dem Ende der DDR verlassen: Juden und Aristokraten, Bauern und Handwerker, Intellektuelle und Bürger. Das Land ist ausgeblutet. Nazis und Kommunisten haben nacheinander das gleiche Geschäft betrieben und gleichsam Enthauptungsschläge gegen die Führungskräfte geführt. Dennoch, das Land ist ja nicht menschenleer geworden. Die Verluste an Führungskraft wären von der jeweils nachwachsenden Generation ausgeglichen worden, wenn nicht das System gerade das verhindert hätte. Über Jahrzehnte ist dafür gesorgt worden, daß sich neue, gestaltende, individuell kreative Persönlichkeiten nicht entfalten konnten. Damit ist Integrationskraft verlorengegangen, die uns heute an allen Ecken und Enden fehlt.

Die Personalpolitik der SED war darauf ausgerichtet, Schlüsselpositionen mit verläßlichen Leuten zu besetzen. In der Industrie zum Beispiel galt, daß vom Hauptabteilungsleiter aufwärts SED-Zugehörigkeit Voraussetzung war. In der Regel kam, mindestens bei »Reisetätigkeit West«, die Berichtspflicht zur Staatssicherheit hinzu, was zu darüber hinausgehenden Verpflichtungen führen konnte. Für diese Menschen ist es heute, auch wenn sie gut qualifiziert sind, schwierig, Menschen zu führen. Besonders wenn diejenigen, die geführt werden sollen, wissen: Dieser Mann hat uns noch drei Tage vor der Wende erklärt, den Sozialismus in seinem Lauf hält weder Ochs noch Esel auf. Man kann verstehen, daß Unruhe entsteht, wenn ausgerechnet diese Leute auch nach der Wende wieder auf die Füße fallen, jetzt einen sicheren Arbeitsplatz haben und inzwischen als Geschäftsführer 18 000 D-Mark im Monat verdienen.

Vom Produktionsarbeiter bis zum Abteilungsleiter mußte man in der Regel nicht Parteimitglied sein. Viele sind bewußt auf dieser Stufe geblieben, weil sie nicht in die SED wollten und es ablehnten, sich »goldene« Ketten anlegen zu lassen. Menschlich gesehen bringen sie heute die besseren Voraussetzungen zur Menschenführung mit. Im Rückblick ist es ein folgenschweres Versäumnis, daß nicht gleich von Beginn des Jahres 1990 an systematisch die Leute der dritten Reihe gefördert und als Hauptabteilungsleiter, Geschäftsführer und Direktoren eingesetzt wurden. Nur so hätten sie von Anfang an Erfahrung und Qualifikation erwerben können. Statt dessen blieben in der Regel die Leute am Drücker, die alle Welt heute »alte Seilschaften« nennt.

Viele alte SED-Genossen sitzen ja noch auf ihren Stühlen –

oder kehren gar in die Chefetage zurück. Denn die Leute, die sich zu DDR-Zeiten nicht anpaßten, sind in aller Regel nicht nur fachlich weniger qualifiziert, sondern sie werden auch heute nicht alles tun, was man von ihnen verlangt. Das gefällt auch manchem neuen Eigentümer oder Manager aus dem Westen nicht. Sie sehen sich ihre Betriebsangehörigen an und kommen zu dem Schluß: Die Leute, die sich damals um des Berufes willen für die Partei entschieden haben, sind qualifiziert. Heute sind sie wegen ihrer Vergangenheit erpreßbar. Man könnte sie also sofort entlassen, wenn sie nicht spuren, was aber kaum geschieht, denn niemand ist so emsig und pflichtbewußt wie diese »Altgenossen«. Ich höre immer wieder Loblieder nach der Melodie: Nirgends gibt es so devote und eifrige Menschen, die einem jeden Wunsch von den Augen ablesen. Auch unter den neuen Mächtigen zieht manch einer den früheren Genossen dessen Opponenten vor.

Mit demokratischer Kultur hat das nichts zu tun. Doch es gibt keine rechtliche Handhabe. Die Frage ist, wieweit sich die Arbeiterschaft das gefallen läßt. Wenn sich Leute an mich wenden, sage ich: Geht zu euren Betriebsräten und Gewerkschaften und wehrt euch. Einmischen kann und soll der Staat sich hingegen durch eine bewußte, offensive Förderung von Talenten, um der systembedingten Verhinderung des Nachwachsens von Gestaltungs- und Führungskräften zu begegnen; das gilt sowohl in der Treuhand wie für die Politik.

Der ständige Aderlaß, den Ostdeutschland erlitten hat, ist West- und Süddeutschland zugute gekommen. Ebenso wie die Deutschen aus den heute polnischen, russischen oder tschechischen Gebieten haben die Flüchtlinge und Übersiedler aus der DDR zum Wirtschaftswunder der Bundesrepublik beigetragen. Im Westen Deutschlands taten sie, was ihnen im Osten versagt blieb: sie richteten ihr Leben nach eigenen Vorstellungen ein, strebten nach Erfolg und genossen Meinungs- und Bewegungsfreiheit. Im Rheinland und in Württemberg, in Schleswig-Holstein und in Bayern sind sie sehr schnell integriert worden.

Im Millionenheer der Flüchtlinge der fünfziger Jahre hat es gewiß viele gegeben, die ihre Westwanderung als Zwischenstation ansahen und auf Wiedervereinigung und Rückkehr in ihre Heimat setzten. Die Errichtung der Mauer hat ihnen diese Perspektive buchstäblich verbaut. Sie wurden auch in ihrer inneren Einstellung voll und ganz zu Bürgern des westlichen deutschen Staates. Und wer es später schaffte, sich den Weg in den Westen zu bahnen, tat diesen Schritt, weil er weder auf die Wiedervereinigung noch auf eine positive Entwicklung der DDR mehr Hoffnungen hatte. Er votierte für den westlichen Teil Deutschlands.

Soweit sich das bisher übersehen läßt, regt sich heute, nach der Vereinigung, bei kaum einem dieser früheren DDR-Bürger der Wunsch nach Rückwanderung. Aus der innerdeutschen Wanderung in den Jahren der Teilung bleibt so den alten Bundesländern ein dauerhafter Gewinn. Die ostdeutschen Länder werden noch lange brauchen, bis der Substanzverlust aus vier Jahrzehnten ausgeglichen ist. Dazu ist auch eine Umkehrung der innerdeutschen Wanderungsbewegung nötig. Es müssen nicht die gleichen Menschen sein, die einst gegangen sind, die heute zu uns kommen. Wie im Mittelalter und zur Zeit des Großen Kurfürsten nach der Zerstörung Brandenburgs im Dreißigjährigen Krieg sollen die willkommen sein, die in Ostdeutschland ihre Chancen sehen. Sie werden bei uns heimisch werden und uns bereichern.

Um die Aufgaben in den östlichen Bundesländern bewältigen zu können, müssen wir im Westen massiv um Leute werben, die Erfahrung mitbringen. Sie werden einfach gebraucht, trotz der gängigen, aber kurzsichtigen Kritik an den »Wessis«. Im Land Brandenburg haben wir durchgängig mit Leuten aus den alten Bundesländern, die zu uns gekommen sind, die Erfahrung gemacht, daß sie innerhalb weniger Wochen die besten Vertreter unserer Sache werden, wenn sie verantwortungsvolle Aufgaben erhalten. Es gibt zum Beispiel keinen entschlosseneren Anwalt brandenburgischer Interessen in Bonn als den Justizminister Hans Otto Bräutigam, der aus dem Bonner Auswärtigen Dienst zu uns gekommen ist. Auch durch solche Beispiele können Talente bei uns lernen, um für die Zukunft selbst in diese Aufgaben hineinzuwachsen.

Solche Menschen werden auch zur Überwindung der noch immer fortbestehenden inneren Grenzen beitragen, die interessanterweise offensichtlich eher geographisch als lebensgeschichtlich bedingt sind. Wer seinen Wohnsitz und seinen Lebensschwerpunkt verlegt, von Ost nach West oder von West nach Ost, wechselt nach meiner Beobachtung auch seine innere Zugehörigkeit, jedenfalls dann, wenn er sich voll seiner Aufgabe am neuen Ort widmet. Das ist bei den Pionieren so, die uns in Brandenburg und Sachsen, in Thüringen und Mecklenburg, in Anhalt und in Vorpommern dabei helfen, auf die Beine zu kommen. Sie stellen sich auf die Stimmungslagen, die Denk- und Meinungsmuster im Osten ein und teilen sie bald. Aber auch den umgekehrten Fall habe ich schon beobachtet, selbst an ostdeutschen Bundestagsabgeordneten, deren Arbeitsort nun Bonn ist. Sie integrieren sich, passen sich so sehr dem Bonner Klima, der Bonner Wert- und Vorstellungswelt an, daß sie Schwierigkeiten haben, wieder mit der Denkweise der Leute zu Hause zurechtzukommen, wenn sie zum Wochenende heimgefahren sind und die Wähler an ihre Haustür klopfen.

Die jeweiligen Erfahrungen und die unterschiedlichen Rollen, die uns Deutschen fünfundvierzig Jahre lang vorgegeben waren, sind Geschichte geworden. Jetzt ist es wichtig, uns selber und einander klarzumachen, welche Rolle man jeweils gespielt hat, zu spielen hatte. Wenn nun das jeweilige Verhalten der Deutschen Ost und West auf dem Prüfstand liegt, ist zu bewerten, ob deutsche Menschen in der Zeit der Trennung trotz der historisch erzwungenen gegensätzlichen Rolle das ihnen Mögliche getan haben, um den Zusammenhalt der Deutschen zu sichern und auszubauen.

Während wir Ostdeutschen daran gemessen werden, wie weit wir uns vom Sowjetsystem haben vereinnahmen lassen, müssen sich die Westdeutschen die Frage gefallen – und danach beurteilen – lassen, wie intensiv und phantasievoll sie ihre Freiheit genutzt, also das ihnen Mögliche getan haben, um den Zusammenhalt zu fördern und dazu beizutragen, daß die Deutschen beisammenbleiben. Sie müssen natürlich auch daran gemessen werden, wieweit sie Möglichkeiten genutzt haben, Erleichterung unter den gegebenen Bedingungen hier zu schaffen; man wird fragen müssen, ob die Politik die jeweils möglichen Mittel gefunden und genutzt hat, auf den anderen

Staat einzuwirken – von der Anwendung wirtschaftlicher und politischer Druckmittel über die finanzielle Förderung von Projekten, die den Menschen im Osten halfen, bis zum Gut-Zureden.

Vorhandene Bindungen zu erhalten, zu pflegen und zu intensivieren sowie jede Möglichkeit zu nutzen, neue Verbindungen zu knüpfen, war in allen Phasen der deutschen Nachkriegsgeschichte eine der wichtigsten Aufgaben der Kirchen. Den evangelischen Landeskirchen kam dabei naturgemäß eine besondere Rolle zu, da mit Ausnahme des thüringischen Eichsfeldes und des sorbischen Gebietes um Bautzen das gesamte Gebiet der sowjetischen Besatzungszone und späteren DDR traditionell evangelisch war. 1948 wurde es noch von allen Seiten als positives Signal begrüßt, daß die Landeskirchen in Eisenach, also im sowjetischen Besatzungsgebiet, ihre Föderation als Evangelische Kirche in Deutschland (EKD) konstituierten.

Als ich 1959 in den kirchlichen Dienst trat, war es noch eine Selbstverständlichkeit, daß die staatliche Teilung den übergreifenden Zusammenhalt der Kirche nicht in Frage stellen durfte. Im Gegenteil, die durch Deutschland gezogene Systemgrenze forderte die Kirche heraus, sich selber in den Dienst des Verbindunghaltens zu stellen, und das war nach Lage der Dinge mit vielfältiger Hilfe von West nach Ost verbunden. Neben finanziellen Zuschüssen wurde erhebliche Material- und Ausrüstungshilfe geleistet: Von der Motorisierung der Amtsträger über die Ausstattung von Krankenhäusern bis zu kirchlichen Neubauten, womit nicht nur Gotteshäuser, sondern auch Altenheime, Kinderhorte und Krankenstationen gemeint sind. Die Hilfe der Westkirchen sicherte den Kirchen in der DDR die finanzielle Unabhängigkeit vom Staat und versetzte sie in die Lage, neue Aktivitäten zu beginnen. Der Freiraum, den wir errangen, wurde so materiell gesichert, uns wurde möglich, ihn zu gestalten. Ein herausragendes Beispiel hierfür sind die in den achtziger Jahren entstandenen, mit westlicher Hilfe finanzierten kirchlichen Jugendtagungsheime.

Zusätzlich zu den Kontakten auf der Ebene der Gesamtkirche war ein Netz von besonderen West-Ost-Partnerschaften von Landeskirchen, Gemeinden und diakonischen Einrichtungen und Verbänden geschaffen worden. Im Berliner Konsistorium – der Verwaltungs- und Leitungszentrale der Evangelischen Kirche in Berlin-Brandenburg – erlebte ich die Alltagsaufgabe des Verbindunghaltens besonders intensiv mit, denn diese Landeskirche umfaßte infolge der Spaltung Berlins als einzige zwei politisch gegensätzlich organisierte Gebiete. Da eine plötzliche Abschottung der Grenze, über die immer wieder spekuliert wurde, die Funktionstüchtigkeit ihrer Gremien massiv gefährden würde, schuf sie sich 1959 vorsorglich eine Rechtsgrundlage dafür, im Trennungsfall von einem Tag auf den anderen in zwei selbständigen Regionen handlungsfähig zu bleiben. Im August 1961 wurde daraus bittere Notwendigkeit. Der Leitgedanke war, die theologisch gegründete Einheit und damit die Identität der Berlin-Brandenburgischen Kirche durch organisiertes Auseinanderrücken zu bewahren.

Diese Flexibilität hat sich bewährt. Die Evangelische Kirche Berlin-Brandenburg arbeitete in Ost und West mit selbständigen Leitungen. Als Kirche aber war sie nicht getrennt, sondern sowohl Teil der Evangelischen Kirche in Deutschland (Bundesrepublik) als auch Teil des Bundes der Evangelischen Kirchen in der DDR. Für den Zusammenhalt der Kirchen und der Deutschen erwies es sich dabei als außerordentlich hilfreich, daß die Bischöfe des Ost- und Westteils der Evangelischen Kirche in Berlin-Brandenburg, Albrecht Schönherr und Martin Kruse, über längere Zeit zugleich Vorsitzende der Gesamtkirche Ost beziehungsweise West waren.

Kirchliche Dienstreisen in die Bundesrepublik blieben noch lange Zeit eine Ausnahme. Meine erste Reise nach dem Mauerbau konnte ich 1965 mit einer diakonischen Delegation nach Westfalen unternehmen, wo uns ein sehr flexibles Diakonisches Werk unterstützte. Es war die Zeit, als die SED begriff, daß die diakonische und karitative Arbeit der Kirchen in der DDR unverzichtbar waren. So gab es denn hier eher die Bereitschaft, Reisen in die Bundesrepublik zu gestatten.

Mit der Gründung des Kirchenbundes 1969 wurden die evangelischen Kirchen in der DDR auch Mitglied des Weltkirchenrates. Die DDR mußte die Katholiken nach Rom und uns nach Genf reisen lassen, dem Sitz des Ökumenischen Rates der Kirchen. Sie wollte ja schließlich selbst in die internationalen staatlichen Zusammenschlüsse, vor allem die UNO, aufgenommen werden.

Wenn wir den Ökumenischen Rat der Kirchen in Genf besuchten, konnten wir auf der Rückreise in Bonn Station machen. Das war vom Staat so nicht vorgesehen, denn das Ausreisevisum bestimmte neben dem Zielort auch die Grenzübergangsstelle. Für die Schweiz war das der Flughafen Schönefeld, von dem aus die Reise über Prag nach Genf führte. Mich reizte die schnelle Verbindung Genf-Frankfurt-Berlin mit Landung auf dem Flughafen Tempelhof im Westteil der Stadt. Man mußte diesen Weg zumindest versuchen, man durfte nur niemanden vorher um Erlaubnis fragen. Es gelang. Ich wurde mit dem Ausreisevisum über Schönefeld problemlos am Bahnhof Friedrichstraße wieder in die DDR zurückgelassen. Ein neuer Weg war erkundet. Die Rückreise aus der Schweiz führte von nun an immer häufiger über Bonn, bis nach dem Grundlagenvertrag zwischen beiden deutschen Staaten auch die kirchlichen Dienstreisen in die Bundesrepublik einfacher wurden.

Zur Erweiterung der Reisemöglichkeiten trug auch die statusbewußte katholische Kirche wesentlich bei. Sie erzwang mit Hinweis auf den Vatikan für ihre Oberen die Genehmigung befristeter Visa zur mehrmaligen Ausreise. Dieses Visum berechtigte innerhalb eines bestimmten Zeitraumes – später war es immer ein Jahr gültig – zur Ausreise ohne besonderen Antrag im Einzelfall. Diese Regelung war vergleichbar mit der Reisemöglichkeit für Rentner. Aus Proporzdenken gegenüber den Kirchen wurden solche Visa auch Leuten der evangelischen Kirche zugestanden. Das begann wohl 1983. Wir bekamen die mit Visum versehenen Reisepässe ausschließlich durch die Behörde des Staatssekretärs für Kirchenfragen. Die Möglichkeit, einen solchen Paß zu erhalten – nicht alle nutzten sie –, hatten die fünf Mitglieder des Vorstandes des Kirchenbundes und einige leitende Leute der einzelnen Landeskirchen. Zunächst wollte der Staatssekretär, daß der Paß wieder abgegeben wurde, nachdem er benutzt worden war, auch wenn ein längerfristiges Ausreisevisum des dafür zuständigen Innenministeriums zur mehrfachen, also nicht beschränkten Nutzung eingestempelt war. Mit anderen habe ich das abgelehnt und auch die Forderung zurückgewiesen, wenigstens jedesmal vorher mitzuteilen, wann und wo wir über die Grenze wollten. Das immer wieder zu hörende Gerücht, die Kirchenvertreter hätten nach jeder Reise einen Bericht abzuliefern gehabt, schriftlich oder mündlich, ist natürlich Unsinn. Die mit Kirchenfragen betrauten Staatsvertreter haben ein solches Verlangen nicht einmal vorzubringen gewagt. Keiner von uns hätte unter solcher Bedingung einen Paß angenommen.

Unser Hauptziel war es dann, die Reisemöglichkeiten für möglichst viele kirchliche Mitarbeiter und Laien zu erweitern. Darum gab es ein ständiges Tauziehen mit der Macht. Denn das Sekretariat des Kirchenbundes hatte alle evangelischen Reiseanträge gegenüber der Regierung zu vertreten. Immer wieder und mit langsam wachsendem Erfolg versuchten wir, den Anteil der Laien bei kirchlichen Dienstreisen zu vergrößern. Oft mußte um jeden einzelnen gerungen werden. Besonders kämpfte man um die Teilnahme an den Deutschen Evangelischen Kirchentagen in der Bundesrepublik. Das waren schließlich vor allem Laien-Veranstaltungen. Hier konnten wir auch damit drohen, daß niemand aus der kirchlichen Leitungsebene reist, wenn die Laien keine Genehmigung erhielten, also zum Beispiel ein Ingenieur aus Frankfurt an der Oder, ein Arbeiter aus Leipzig, eine Ärztin aus Magdeburg, ein Landwirt aus dem Mecklenburgischen. Verärgert rief einmal Hans Weise, Hauptabteilungsleiter beim Staatssekretär für Kirchenfragen, einem kirchlichen Verhandlungspartner zu: »Stolpe gibt wohl keine Ruhe, bis nicht alle einen Paß haben!« Ich empfand das als großes Lob.

Doch zurück zu meinen eigenen Reisen. In Bonn saß Bischof Hermann Kunst als Bevollmächtigter der EKD am Sitz der Bundesregierung, der, was öffentlich nie bekanntgemacht wurde, gleichzeitig eine wesentliche Rolle in der Verbindung zum Kirchenbund spielte. Kunst war ein außerordentlich erfahrener Mann, der mit heißem Herzen und vielen wichtigen Beziehungen bis hin nach Moskau auch ständig bemüht war, die Ost-West-Beziehungen der Kirchen zu festigen und auszubauen. Wie ich sah auch Bischof Kunst die Kirchenbeziehungen als Hebel zur Verbesserung der gesamten deutsch-deutschen Beziehungen an. Als Hermann Kunst aus Altersgründen

1977 ausschied, fand ich in seinem Nachfolger Bischof Heinz-Georg Binder einen gleichgesinnten und entschlossenen Partner. Bischof Binder war zudem noch besonders in der internationalen ökumenischen Arbeit engagiert.

Meine erste amtlich genehmigte Bonnreise habe ich zu einer internationalen kirchlichen Veranstaltung unternommen, bei der Binder eine Funktion hatte. Mit der entsprechenden Einladung konnte ich offiziell zu ihm fahren. Von nun an sahen wir uns regelmäßig in Bonn, erst in Abständen von einem Jahr, zu Beginn der achtziger Jahre zunächst etwa halbjährlich, und von Mitte der achtziger Jahre an etwa alle drei Monate.

Der kirchliche Besuchsverkehr aus dem Westen nach Ost-Berlin, den die DDR Ende der sechziger Jahre nahezu stranguliert hatte, war wieder voll in Gang gekommen, seit das Berlin-Abkommen in Kraft war. Und er dehnte sich dann auf das ganze Land aus, auch Gemeindereisen zur Partnerschaftspflege wurden zahlreicher. Immer wieder tauchten auch westliche Politiker bei uns auf, zunächst Leute, die wie Richard von Weizsäcker und Erhard Eppler kirchliche Funktionen hatten. Auch die erste Reise von Johannes Rau, dem Ministerpräsidenten von Nordrhein-Westfalen, in die DDR fand auf Einladung der Kirche statt. Ich beantragte auf örtlicher Ebene die Einreise für ihn, der ehrenamtlich Mitglied der rheinischen Kirchenleitung war, sicherte das aber bei Klaus Gysi, dem Staatssekretär für Kirchenfragen, ab.

Der Staatssekretär gab dann am Ende von Johannes Raus Besuch im Gästehaus der Regierung einen Empfang für den bundesdeutschen Ministerpräsidenten. Das war ein Novum; zum ersten Mal war ein Kontakt zwischen SED-Staat und einer Landesregierung der Bundesrepublik zustande gekommen. Später war bei den bald häufigen DDR-Reisen westdeutscher Ministerpräsidenten keine Hilfe der Kirche mehr nötig. Sie wurden von der Ständigen Vertretung vorbereitet, und da meist auch wirtschaftliche Interessen berührt waren, gab es auch von dieser Seite Unterstützung. Doch die meisten Besucher kehrten »bei Kirchens« ein und nutzten die Möglichkeit, mit politisch nicht vorprogrammierten Normalbürgern ins Gespräch zu kommen, was wir gerne vermittelten.

Meine Westreisen als Sekretariatsleiter des Kirchenbundes

bis 1981, dann als Präsident des Berlin-Brandenburgischen Konsistoriums und auch weiterhin für den Kirchenbund, in dessen Vorstand ich gewählt worden war, dienten letztlich alle dem Ziel, Erleichterungen für die Menschen im Ost-West-Verhältnis zu erreichen, speziell natürlich für die Menschen in der DDR. Es ging um Verabredungen für das gemeinsame kirchliche Vorgehen, um staatliche Maßnahmen im Interesse der Kirche und auch um gemeinsame kirchliche Bemühungen zur politischen Gestaltung des Verhältnisses von Bundesrepublik und DDR. In diesem Zusammenhang erwies es sich als sinnvoll, daß diese Gespräche nicht nur zwischen Binder und mir liefen, sondern daß auch dessen politische Partner in Bonn sich direkt beteiligten.

An manchen Tagen traf ich dann in Bischof Binders Amtszimmer, am Tulpenfeld, ganz nah zu allen Bonner Stellen gelegen, im stündlichen Wechsel Politiker und hohe politische Beamte – mitunter acht an einem Tag, deren Besuch er arrangiert hatte. Wir führten intensive Gespräche zur Situation der DDR, den Hoffnungen und Sorgen der Menschen. Ich fand außerordentlich engagierte Gesprächspartner, quer durch alle Parteien.

Mich beeindruckte bei allen die Selbstverständlichkeit, mit der sie sich trotz aller anderweitigen Belastungen der deutsch-deutschen Aufgabe stellten. Das machte Mut, nicht nachzulassen. Besonders überraschte mich die Sachkunde, ja geradezu die Identifizierung mit unseren Problemen bei den Frauen und Männern im innerdeutschen Ministerium. Hier konnten mit verantwortlichen Beamten auch ganz konkrete Verabredungen getroffen werden.

Gute Gespräche führte ich mit den Ministern des Kanzleramtes, Manfred Schüler, Gunter Huonker und Wolfgang Schäuble. Aber auch viele Bundestagsabgeordnete erwiesen sich als kundige und stets interessierte Gesprächspartner, die dann auch nach Ost-Berlin kamen. Zu ihnen gehörte immer wieder Jürgen Schmude, der wie kein zweiter die Befindlichkeit der Menschen in der DDR kannte. Überragend im deutsch-deutschen Geschäft war Herbert Wehner, zutiefst davon überzeugt, daß die Deutschen zusammenbleiben und wieder zusammenkommen werden, »denn Blut ist dicker als Wasser«. Beeindruckend und erstaunlich auch die Detailkenntnis der sonst recht unterschiedlichen Kanzler Helmut Schmidt und Helmut Kohl. Beide haben auf ihre Weise und zu ihrer Zeit Entscheidendes für das ganze Deutschland geleistet. Als der Regierungswechsel von Schmidt zu Kohl kam, gab es bei uns die Sorge, daß sich das ungünstig auf die deutsch-deutschen Möglichkeiten auswirken könnte. Da unsere gemeinsamen Interessen keine Verständigungsschwierigkeiten zuließen, kam es jedoch nicht dazu, und wir arbeiteten mit Kohls Mannschaft ebenso eng zusammen wie vorher mit Schmidts Leuten.

Meinen Gesprächspartnern in der Bundesrepublik war an regem deutsch-deutschem Kontakt gelegen. Sie dachten über neue Möglichkeiten nach, solche Kontakte zu festigen und weiter zu intensivieren, auch über das, was man abseits des rein Staatlichen anpacken könnte. Es ging um materielle Hilfen, aber auch um alle Möglichkeiten, Menschen über die Grenze hinweg miteinander in Verbindung zu bringen, darunter natürlich auch Politiker, die etwa Einladungen zu unseren Kirchentagen erhielten.

Ich war natürlich interessiert daran, an der Quelle zu erfahren, wie Bonner Politiker die jeweilige Situation und die Entwicklung einschätzten, und sie wollten wissen, welche Erwartungen man aus der Situation in der DDR an die Bonner Politik hatte. Heute habe ich den Vorteil, aus diesen Jahren sehr viele Leute schon zu kennen, mit denen ich jetzt politisch zu tun habe. Es entwickelte sich ein Verhältnis, in dem Respekt und Vertrauen wuchsen; Parteipolitisches spielte keine Rolle. Wir erläuterten in Bonn die Stimmungslage der in der DDR lebenden Menschen. Als Kirche konnten wir uns darüber ja einen etwas besseren Überblick verschaffen, als es sonst möglich war. Natürlich versuchten wir uns auch ein wenig in der Interpretation von Interessenlage und Politik der SED, wenn das auch immer etwas von Astrologie an sich hatte. Denn an die Leute im Politbüro kam man eigentlich gar nicht heran. Nicht einmal ihre jeweilige Ressortzuständigkeit wurde je öffentlich bekanntgegeben.

In Ost-Berlin wiederum machte ich von den Informationen und Eindrücken Gebrauch, die ich zuvor in Bonn erhalten oder gewonnen hatte. Damit meine ich nicht nur, daß ich die zuständigen Männer der Kirchenleitung informierte, sondern daß ich auch den Vertretern des Staates Hinweise gab, wie man bestimmte Dinge in der Bundesrepublik sah. Dafür war dann auch der Abteilungsleiter für Kirchenfragen des SED-Zentralkomitees zu sprechen, Willi Barth, in den letzten Jahren Rudi Bellmann. Wir akzeptierten, wie gesagt, keinerlei Berichtspflicht, und man hat auch nicht versucht, mich nach jeder Reise abzufragen. Aber es gab Situationen, in denen ich Interesse hatte, Dinge den Entscheidungsträgern zu Hause ins Bewußtsein zu bringen, weil vielleicht etwas bewegt werden, Fortschritte erzielt werden konnten. Zum Beispiel hielt ich es für wichtig, zu erzählen, was Bundeskanzler Helmut Schmidt von Erich Honecker an menschlichen Erleichterungen nicht nur im deutsch-deutschen Bereich, sondern auch in der DDR selbst erwartete, wenn er die DDR besucht. Und umgekehrt konnte man im Vorfeld des Honecker-Besuches in Bonn, an dem dem SED-Generalsekretär so viel lag, mit dem Argument, dies und jenes wird in Bonn erwartet, wenn sich Türen öffnen sollen, viel bewirken. Im übrigen gingen meine Bonner Gesprächspartner natürlich davon aus, daß ich geeigneten Gebrauch von ihren Mitteilungen mache. Für manche von ihnen war ich ja nur deshalb interessant, weil sie wußten, daß ich mit Genossen des Zentralkomitees rede.

Für den routinemäßigen Kontakt mit den Kirchen hatte sich die DDR ein Nadelöhr geschaffen: alles mußte über den Staatssekretär für Kirchenfragen und seine Behörde laufen. Den dahinterstehenden SED-Sekretär bekamen nur ganz wenige in besonders ernsten Fällen zu Gesicht. In den siebziger Jahren war das Paul Verner, zuständig für Sicherheit und Armee, außerdem für Kirchenfragen. Verner hatte eine starke Position im Politbüro, er setzte sich selbst gegenüber Honecker durch. Ich habe das beim Grundsatzgespräch zwischen Staat und Kirche am 6. März 1978 selber erlebt. Wie in der Vorbereitungsphase war auch beim Gespräch selber Verner im Grunde der Bestimmende, stärker als Honecker. Er hörte eine ganze Weile zu, aber wenn ihm etwas nicht paßte, riß er das Gespräch an sich.

Nach Verners Ausscheiden übernahm Werner Jarowinsky, SED-Sekretär für Handel und Versorgung, die Kirchenfragen im Politbüro. Honecker teilte das Imperium Verner auf, er wollte keinen so starken Mann mehr neben sich. Wir Kirchenleute versuchten ja immer, etwas in Bewegung zu bringen, wenigstens in kleinen Schritten, nicht nur bei den Reisemöglichkeiten. Aber über Jarowinsky konnte man nur wenig anstoßen. Da Honecker in die Kirchenfragen ohnehin hineinregierte, hielt Jarowinsky sich ziemlich zurück.

Also mußten wir versuchen, an andere Leute aus dem Politbüro heranzukommen, Hermann Axen, Günter Mittag, Joachim Herrmann, Kurt Hager, Egon Krenz, Günter Schabowski. Doch offiziell, in ihren Büros, waren die für unsereinen nicht zu sprechen. So gewöhnte ich mir an, diplomatische Empfänge konsequent zu nutzen. Von den Botschaftern konnte man erfahren, welche der Größen – meist nur für eine Stunde – erwartet wurde. Wenn man dann – möglichst vom gastgebenden Botschafter vorgestellt – ein Politbüromitglied ansprach, konnte man mitten im Getümmel plötzlich intensive Gespräche führen. Botschaftspersonal und DDR-Funktionäre waren sehr diszipliniert, niemand wagte dazwischenzutreten.

Bei solchen Gelegenheiten ging es weniger darum, die SED-Oberen nach ihrer Meinung zu fragen. Was sie sagen würden, konnte man im »Neuen Deutschland« lesen – daran hielten sie sich bis zum Schluß. Es ging mehr um den Versuch, ihnen zu sagen, in welchen konkreten Punkten man sich Bewegung wünschte, um dann aus ihren Reaktionen einzuschätzen, was gehen würde und was nicht.

Einmal habe ich mit Hermann Axen fast eine Stunde lang über die Bildungslücken der DDR-Schulabsolventen infolge ihrer totalen Unkenntnis der biblischen Geschichten diskutiert. Wir waren uns völlig einig. »Aber es ist schwer, das unseren Ideologen beizubringen«, seufzte er zum Schluß.

Ein anderes Mal biß ich bei Joachim Herrmann auf Granit. Er war der unumschränkte Medienzar der Republik, prüfte sogar den Wortlaut der Nachrichtensendungen. Ich versuchte ihm eine offenere Medienpolitik nahezubringen, und verwies ihn auf die Tatsache, daß immer mehr DDR-Bürger sich ihre

Informationen aus den West-Medien holten. Herrmann verwies prompt auf Prag 1968. Auch da habe alles mit liberaler Medienpolitik angefangen, und schließlich sei eine Konterrevolution daraus geworden. Die Meinungshoheit aufzugeben, wäre der erste Schritt zum Verlust der Macht, erklärte er. Mich mochte er ohnehin nicht, da ich seiner Meinung nach jede Gelegenheit nutzte, um in den westlichen Medien zu Wort zu kommen.

Ein Rätsel blieb mir bis zum Schluß mein pommerscher Landsmann Günter Mittag. Einerseits stand er immer hart und klar neben Erich Honecker. Andererseits bekam ich mehrmals direkt von ihm heiße Tips, wie kirchliche Investitionsvorhaben weiter bewegt werden könnten. Er und noch deutlicher Frank-Joachim Herrmann, Honeckers Kanzleichef, signalisierten mir von Ende 1987 an, daß der Generalsekretär nicht mehr bereit war, sich mit der evangelischen Kirche einzulassen, unsere Verbesserungs- und Reformforderungen nicht mehr ertragen könne.

Erich Mielke bin ich nur ein einziges Mal bei einem Staatsempfang – für Leonid Breschnew – ganz kurz begegnet. Ich wollte mich vorstellen. »Was wollen Sie, Herr Stolpe?« kam er mir zuvor. Dann ging er weiter. Zu gern hätte ich versucht, ihm sein aufwendiges Sicherheitssystem auszureden.

Im Gespräch mit den meisten anderen Politbüromitgliedern ließ sich dagegen bei solchen Gelegenheiten auch etwas zu ihrer Interessenlage über das rein Kirchliche und das rein InnerDDRliche hinaus in Erfahrung bringen. Mir war es wichtig, über die Beziehungen zur Bundesrepublik und die Möglichkeiten zu sprechen, die Kontakte auszuweiten. Reisepläne des Bundespräsidenten spielten da zum Beispiel eine Rolle. Karl Carstens wollte das Lutherjahr 1983 dazu nutzen, in die DDR zu kommen. Aber am Ende war das dem Politbüro doch zu heiß, die Hardliner sahen darin schon so etwas wie den Anfang einer Bonner Machtübernahme. Immerhin, den im Kirchentagspräsidium aktiven Regierenden Bürgermeister von Berlin, Richard von Weizsäcker, haben wir als Redner auf den Marktplatz von Wittenberg bekommen, ebenfalls 1983, beim Kirchentag im Lutherjahr.

Aus der gesamten Zeit dieses kirchlichen, ins Politische hineingreifenden deutsch-deutschen Zusammenwirkens kann ich mich an keinen Vorgang erinnern, bei dem westliche Gesprächspartner versucht hätten, eine Art Vormundschaft über uns auszuüben, oder daß man Gesprächsbereitschaft und Hilfe an DDR-kirchliches Wohlverhalten im Sinne westlicher Vorstellungen geknüpft hätte. Ich erlebte große Bereitschaft zuzuhören und eine manchmal vielleicht sogar etwas zu große Zurückhaltung im Urteil. Nach meinem Empfinden zeigten die Leute im Westen ein Stück schlechtes Gewissen, daß sie, überspitzt formuliert, auf der Sonnenseite saßen, während wir armen Schweine bei den Russen und vor allem den Kommunisten leben mußten. Dies Gefühl, gleichsam jemanden im Knast zu besuchen oder mit einem zu reden, der Urlaub auf Ehrenwort hatte, brachte große Zurückhaltung bei der Beurteilung von Situationen und auch in der Einschätzung von Entscheidungen mit sich. Das ging so weit, daß sehr oft nicht mehr ausgesprochen wurde, was man wirklich dachte. Erst wenn Gesprächspartner aus dem Osten sich im Westen öffentlich zu Fragen etwa der Rüstungs- und Friedenspolitik so äußerten, daß ein solches Votum als Einmischung in westliche politische Diskussionen, als Parteinahme für eine Seite gewertet werden konnte, die dann das moralisch so schwergewichtige Votum der sich gegen kommunistische Vereinnahmung wehrenden Kirche in der DDR auf ihre Waagschale legte, war die Schmerzgrenze erreicht.

Ich habe diese Erfahrung selbst gemacht, als ich im November 1984 als offizieller Gast bei der EKD-Synode in Lübeck-Travemünde im Namen des Kirchenbundes ein Grußwort sprach. Mir lag damals daran, über die Grenze hinweg einen breiteren öffentlichen Dialog zur Frage der Nation und der Aufgabe der beiden deutschen Staaten in Gang zu bringen. Ich machte vor der Synode Vorschläge, die deutlich über die offizielle Linie hinausgingen. Aber ich äußerte mich auch kritisch zu Rüstungs- und Raketenfragen, was viele Synodale erbitterte. Ich hatte in einem innerwestdeutschen Streit Partei ergriffen. Die Zurückhaltung mir gegenüber verflog. Dies Erlebnis hat mir gezeigt, welch großes Defizit an wirklichem Gedankenaustausch und echtem Meinungsstreit wir hatten.

Und genau darunter leiden auch jetzt Kirche und Gesellschaft im heute vereinten Deutschland. Die meisten Menschen in der Bundesrepublik verstanden es nicht, wenn die Kirchen in der DDR sich zuweilen so äußerten, daß ihre Position mit der Honeckers übereinzustimmen schien. Man hielt das für Konzessionen an die Staatsmacht, die nichts weiter zum Ziel hatten, als sich das Leben etwas zu erleichtern. Daß manches auch zum Westen hin kritische Wort zu Themen wie Gerechtigkeit und soziale Frage, zur christlichen Friedensethik und zu Abrüstungsfragen gesagt wurde, weil die Ostkirchenvertreter das auch wirklich glaubten, wurde im Westen nie verstanden. Nicht alles, was wir sagten, kam aus unserer bedrängten Lage in einem atheistischen Staat, und weder damals noch heute darf man das als wohlfeilen Opportunismus interpretieren.

Vielleicht war es im Deutsch-Deutschen überhaupt typisch, nicht nur im Rahmen der Kirchen, auch in den Familien und in sonstigen Beziehungen, daß es persönlichen Zusammenhalt und nationale Bindung gab (wenn die auch meist so nicht genannt wurde), während politische Differenzen ausgeklammert wurden. Beiden Seiten war der Zusammenhalt so wichtig, daß man sich nicht mit Streitgesprächen über weltpolitische, kirchenpolitische oder moralische Details belasten wollte. Für den kirchlichen Bereich brachten einige das später auf die Formel der gegenseitigen Nichteinmischung im Interesse der Gemeinschaft.

Vom westlichen Standpunkt aus formuliert lautete das kirchenpolitische deutsche Agreement während der Teilung: Wir arbeiten zusammen, wir helfen euch, wir sind unsererseits interessiert, den Zusammenhalt sicherzustellen. Wir machen euch dabei keine Vorschriften. Wir geben euch nicht öffentlich ungebetene Ratschläge, wie ihr mit Honecker oder sonst jemandem umgehen sollt. Wir nehmen Rücksicht auf euch in eurer unfreien politischen Situation. Bitte berücksichtigt ihr dafür die unsere in der freien Gesellschaft. Wenn ihr in unsere politische Debatte eingreift, können wir nicht kritisch antworten, ohne euch vielleicht zu schaden und die Zusammenarbeit zu gefährden.

Die Zeit, da solche Rücksichten um des höheren Gutes willen, deutsch-deutsche Bindung zu erhalten, nötig waren, ist glücklicherweise vorbei. Jetzt kommen Meinungsunterschiede, Gegensätze, auch Entfremdungen zum Vorschein, die in den Jahrzehnten, in denen wir uns von beiden Seiten auf den Zusammenhalt konzentrierten, nicht erkannt oder bewußt in die zweite Reihe gestellt, dann auch vergessen wurden. Dies nüchtern zu sehen, den Meinungsstreit, wo das nötig ist, auszutragen, nicht aber sich seine Rollen und Positionen der Vergangenheit nun gegenseitig moralisch vorzuhalten, ist von entscheidender Bedeutung für die politische Kultur in unserem Lande und für dessen Zukunftsgestaltung durch die gemeinsame Anstrengung aller Deutschen.

Gegenwärtig aber herrscht etwas anderes vor. Verborgene und freundlich zurückgehaltene Differenzen, Meinungen und Vorurteile werden nun lauthals verkündet. Aus den geduldigen Schwestern und Brüdern, die der kommunistischen Diktatur widerstanden und sich schließlich so mutig selbst befreiten, sind nun die einfältigen, habgierigen und wehleidigen Ossis geworden. Das eine Bild ist so falsch wie das andere. Es ist höchste Zeit, sie zurechtzurücken.

Zuweilen drängt sich der Eindruck auf, daß Ostdeutschland für das politische Bewußtsein vieler Westdeutscher eine größere Bedeutung hatte, als es noch DDR hieß. Denn solange die DDR existierte, war die deutsche Frage offen und die Bundesrepublik durch Geschichte und Verfassung gehalten, sich politisch mit ihr auseinanderzusetzen. Die Teilung Deutschlands, greifbar in der Existenz des Mauerstaates, der zudem West-Berlin umschloß, zog kontinuierlich die politische Aufmerksamkeit Bonns und vieler Bundesbürger auf sich. Die DDR war häufig auch bei innenpolitischen Auseinandersetzungen präsent. Deutsch-deutsche Politik ließ sich vielfältig instrumentalisieren, nicht nur in Wahlkämpfen.

Damit ist es jetzt vorbei. Ostdeutschland spielt in Bonn politisch keine Rolle mehr. Damit verkenne ich nicht die einmalige finanzielle und organisatorische Anstrengung, den ostdeutschen Ländern und der Wirtschaft dort auf die Beine zu helfen, die Renten zu erhöhen, das gesamte Netz der sozialen Versorgung auf die neuen Bundesländer auszudehnen und die staatlichen Institutionen funktionsfähig zu machen, von den Finanzämtern über die Verwaltungs- und Arbeitsgerichte bis hin zu der Behörde des Sonderbeauftragten der Bundesregierung für die personenbezogenen Daten des ehemaligen Ministeriums für Staatssicherheit. Weder den größten Finanztransfer der Weltgeschichte, in dem bisher etwa 150 Milliarden D-Mark von West nach Ost flossen, noch die Leistung der 25 000 Fachfrauen und Fachmänner, die allein 1991 in die neuen Bundesländer kamen, um dort mitzuhelfen, schätze ich gering. Als politischer Faktor jedoch tritt Ostdeutschland für das allgemeine Bewußtsein sichtbar in den alten Bundesländern nicht in Erscheinung, es sei denn, jemand nimmt gelegentlich wahr, daß die ostdeutschen Länder im Bundesrat aufgrund gemeinsamer Interessenlage übereinstimmend handeln.

Wenn zum Beispiel beim Steuerstreit Brandenburg vom Bund zur Mithilfe gedrängt und andererseits von den anderen SPD-geführten Ländern zur Parteidisziplin aufgefordert wird, denken beide Seiten in ihren hergebrachten bundesdeutschen Politik-Kategorien. Wenn dann Brandenburg auf bundespolitische Auseinandersetzungen wenig Rücksicht nimmt, ist dem Spielverderber der Platz zwischen den Stühlen sicher. Das Land Brandenburg wird ein Störer in der jahrzehntelang eingeübten Bundespolitik sein, wenn es seine eigenen Interessen im Auge hat.

Im Bundestag werden von der Öffentlichkeit als spezifisch ostdeutsch nur die beiden Gruppen Bündnis 90 und PDS wahrgenommen, die Fraktionsstärke nicht erreicht haben und vielleicht in den nächsten Bundestag nicht wieder einziehen werden, weshalb sie jetzt schon von vielen als unerheblich angesehen werden. Die großen Bundestagsfraktionen haben je für sich ihre ostdeutschen Mitglieder in die Bonner Disziplin genommen und damit häufig unkenntlich gemacht. Sie wurden auf die vorhandenen Arbeitsgruppen verteilt, und dort machen ihnen Experten klar, wieviel sie noch zu lernen haben und daß die Tagesordnung nicht von einer Minderheit von Greenhorns bestimmt wird.

Ähnlich wie im Bundestag sieht es überall in den Zentralen von Politik und Gesellschaft aus. Die Ostdeutschen sind zwar mit dabei, im zweiten oder dritten Glied. Sie spielen aber keine nach außen erkennbare eigene Rolle. Das gilt erst recht für die zentralen Verwaltungen, die gesamte Bonner Bürokratie, in der man nach Ostdeutschen mit der Lupe suchen muß. Wo sollen sie auch herkommen? Die deutsche Einheit erscheint hier als zusätzliche Verwaltungsaufgabe, nicht aber als ein Faktum, das Anlaß gibt, das eigene Denken zu erneuern, die eigene Praxis zu überprüfen, die seit langem feststehende Tages- und Prioritätenordnung des politischen Tagesgeschäfts zu verändern.

Die Bürokratie hat es schwer, sich auf die andere Wirklichkeit im Osten einzustellen. Sie hält sich lieber an Vorgaben und Richtlinien und ist irritiert, wenn das Leben sich nicht danach richtet. Bei ihr Verständnis dafür zu wecken, daß Situation und Rahmenbedingungen der ostdeutschen Landwirtschaft andere Lösungen erfordern, als sie den Zielvorstellungen entsprechen, die Bauernverbandspräsident Freiherr von Heeremann Landwirtschaftsminister Ignaz Kiechle erläutert, ist noch sehr viel mühsamer, als sich im SPD-Vorstand zu Wort zu melden und zu erzählen, daß das Leben doch auch noch andere Facetten besitzt, als es routinemäßig in Bonn erdachte Tagesordnungen ausdrücken.

Die großen Parteien haben ihre Führungsgremien aufgefüllt und je ein ostdeutsches Mitglied auf die zweithöchste Stufe gestellt. Aber mit diesem symbolischen Akt ist keineswegs zwangsläufig auch eine Neubestimmung der Hierarchie der politischen Werte, der politischen Aufmerksamkeit verbunden. Die Grundstimmung, die ich in der SPD erlebe, scheint sich mir nicht wesentlich von der vor der deutschen Einheit zu unterscheiden. Es gibt Grundüberzeugungen zur nötigen Zukunftsgestaltung des Landes. Doch dabei haben die meisten die Verhältnisse des vertrauten Teils der Bundesrepublik vor Augen. Die rauhe Wirklichkeit des Ostens muß fast überall gleichsam quer von der Seite zusätzlich auf die Tagesordnung gedrückt werden. In den anderen Parteien sieht es nicht anders aus.

Der Bundesregierung mußte erst deutlich gemacht werden, daß nach der formalen Einheit in Staat, Wirtschaft und Währung zusätzliche Anstrengungen nötig sind, um die soziale Katastrophe im Osten zu verhindern. Außerdem mußte und muß im Hinblick auf den Auftrag der Treuhandanstalt immer wieder für die Beachtung des zwingenden Zusammenhangs von Privatisierung und Sanierung mit der Sozial- und Industriepolitik im Osten gestritten werden. Weitere Beispiele lassen sich in der Sozial- und Wirtschaftspolitik in großer Zahl anführen. Wirkungsvoll ist das gemeinsame Handeln der Ostländer. Erst damit kann Aufmerksamkeit in Bonn erreicht werden. Das wird auf Jahre hinaus nötig bleiben.

Daß es sowohl in Bonn als auch in Karlsruhe, dem Sitz des Bundesverfassungsgerichts, in Kassel, dem Sitz des Bundesarbeitsgerichts, oder in Berlin, dem Sitz des Bundesverwaltungsgerichts, wenig oder gar keinen Thüringer, Sachsen oder Brandenburger in einflußreichen Positionen gibt, notiere ich ohne Klage als Ausdruck der Wirklichkeit. Drei Faktoren sind für diese Wirklichkeit bedeutsam. Zunächst einmal: Die Bevölkerung Ostdeutschlands stellt nur rund ein Fünftel der Gesamtbevölkerung Deutschlands. Als es die DDR noch gab, standen sich zwei deutsche Staaten gegenüber. Da minderte ihre geringere Bevölkerungszahl das politische Gewicht des Faktors DDR nicht. Das ist jetzt anders. Zum zweiten ist es eine zwangsläufige Folge der Vereinigung durch den staatsrechtlichen Akt des Beitritts, daß die Institutionen der alten Bundesrepublik die Kompetenz für das vereinte Deutschland erhielten, und die waren naturgemäß westlich besetzt. Es dauert bis zu einer Generation, bis sich das ausgleichen wird. Auch ist jetzt schon zu spuren, wie die alten Bundesländer um ihren Besitzstand kämpfen. Baden-Württemberg kämpft um seine Bundesbehörden, Hessen will die seinen nicht für ostdeutsche Länder opfern, und Bonn hat ohnehin alles getan, möglichst viele Bundesministerien am Rhein zu behalten. Drittens aber wird hier ein lange nachwirkender Schaden sichtbar, den die vierzig Jahre DDR den ostdeutschen Ländern eingebracht haben: Die Beseitigung und Verdrängung der Eliten, der gestaltenden Kräfte.

Zu den gegenseitigen Enttäuschungen der Deutschen Ost und der Deutschen West nach der Vereinigung gehört, daß der jeweils andere so wenig über die eigene Lebenswirklichkeit weiß. Plakativ gesagt lebten die Westbürger in der Vorstellung, daß die Ostbürger morgens am Westradio und abends am Westfernseher hingen und damit die westliche Gesellschaft, ihre Lebens- und Spielregeln, westlichen Lebensstil bereits vollkommen verinnerlicht hätten. Es fehlten ihnen eigentlich nur noch Freiheit und Geld, um so wie man selber zu sein. Die Ostbürger schlossen umgekehrt von dem Interesse und der Bereitschaft, zuzuhören und zu verstehen, die sie an westlichen Korrespondenten, regelmäßig zu Besuch kommenden Westverwandten oder eben auch westlichen Kirchenleuten erlebt hatten, auf eine entsprechende Orientierung in der ganzen alten Bundesrepublik.

Falsche Bilder auf beiden Seiten. Fernseh- und reale Lebenswelt sind zwei verschiedene Dinge. Und die Schicht der Bundesbürger, die genügend Begegnungsmöglichkeiten und Kenntnisse hatte, um ein differenziertes Bild von den Lebensbedingungen und -einstellungen der DDR-Bürger zu haben, war selbst im Bereich der Kirche relativ dünn. Insgesamt überwogen die Klischeevorstellungen vom jeweils anderen, die sich an der eigenen Lebens- und Denkwelt bildeten. Hüben wie drüben machte man sich zuwenig klar, wie weit sich die Deutschen in den fünfundvierzig Jahren nicht nur getrennt, sondern in eben gegenläufig durchlebter Nachkriegszeit voneinander entfernt haben. Es waren fünfundvierzig Jahre, in denen beide Systeme in entgegengesetzte Richtungen marschierten, so daß ihr historischer Abstand eigentlich neunzig Jahre beträgt. Das konnten gleiche Sprache, die Zugehörigkeit zur gleichen Nation, zähes Festhalten an menschlichen Bindungen und Verbindungen zwar überbrücken, aber nicht aufheben. Es gilt nun, sich die Auswirkungen bewußt zu machen, um die Leistung zu erkennen, die noch nötig ist, um nach der staatlichen Vereinigung auch die innere Einheit zu gewinnen – Einheit natürlich nicht im Sinne von Uniformität.

Dabei ist ohne Larmoyanz festzustellen, daß der größte Teil dieser Aufgabe wiederum von den Ostdeutschen bewältigt werden muß, die mit der Trennung von westlicher Tradition und Lebensart, mit dem Kommunismus und seinem Unterdrückungs- und Mangelsystem bereits die Hauptlast der Kriegsfolgen zu tragen gehabt haben. Gewiß, auch die Altbundesbürger haben nicht nur größere finanzielle Lasten zu tragen, sie werden auch einiges dazu- und umlernen, eine neue Identität entwickeln müssen. Doch grundsätzlich gilt, daß eben die frühere DDR der Bundesrepublik Deutschland beigetreten ist, deren Gesetze und Normen nun für das Ganze gelten.

Die Kenntnisse, die man braucht, um die Steuererklärung auszufüllen, die Einordnung der eigenen Arbeitsleistung im Tarifsystem zu überprüfen, die richtige Autoversicherung auszuwählen oder was immer es an Alltagsdingen auch sei, sind relativ leicht zu erwerben. Die ostdeutschen Buchhandlungen haben die marxistische Pflichtlektüre durch Ratgeber und Sachbücher aller Art ersetzt. Die eigentlichen Schwierigkeiten liegen im Bereich der Lebenserfahrung, der gesellschaftlichen Prägungen. Hier gibt es Unterschiede zwischen West und Ost, die das gegenseitige Verstehen erschweren.

Die alte Bundesrepublik ist voll und ganz in die westeuropäisch-nordamerikanische, freiheitliche, demokratische und rechtsstaatliche Gemeinschaft und in die Wettbewerbsgesellschaft eingebettet. Für Westdeutsche ist es selbstverständlich, daß Erfolg nur haben kann, wer sich zur Geltung bringt. Sie präsentieren sich offensiv und selbstbewußt und rechnen damit, daß der andere es auch tut. Das gilt für das Wirtschafts- und Berufsleben ebenso wie für die Politik und den Wettstreit der Parteien; recht besehen gilt es sogar im kulturellen Bereich. Gleichzeitig wissen die Westdeutschen, daß es Regeln gibt, deren Einhaltung man nötigenfalls einklagen muß, aber eben auch kann. Im Staat haben sie die Erfahrung gemacht, daß Machtwechsel möglich ist, daß er sich nach Regeln vollzieht und weder die vertraute Wertewelt zum Einsturz bringt noch die eigene Existenz verunsichert.

Dieses fertige Gebäude der westlichen Demokratie steht jetzt vor dem früheren DDR-Bürger, der sich in dieser Welt von einem Tag zum anderen zurechtfinden soll. Das westdeutsche Lebensgefühl aber hat sich in der Nachkriegszeit auch erst in einem längeren Prozeß herausgebildet. Die Bundesrepublik entstand unter der Anleitung und dem Schutz der Westmächte. Die Marktwirtschaft und ihre soziale Basis, die sie erst so dauerhaft und über Jahrzehnte hinweg lebensfähig gemacht hat, brauchte lange Jahre, um sich herauszubilden.

Zunächst blieb das ursprüngliche Zwei-Zonen-Wirtschaftsland und dann die junge Bundesrepublik zum Beispiel vom freien Weltmarkt weitgehend abgeschirmt; fünf Jahre lang konnte sie den eigenen Binnenmarkt entwickeln. Auch der politische Grundkonsens der Bundesrepublik, also die Entscheidung für die Westbindung und damit für Freiheit vor nationalstaatlicher Einheit, ist erst in einem schwierigen und langwierigen politischen Prozeß gemeinsamer geistiger und seelischer Besitz der Westdeutschen geworden. Das Verhältnis von Kapital und Arbeit, die Gesetzgebung zur Mitbestimmung, der Generationenvertrag zur Alterssicherung – dies und vieles andere ist Ergebnis von kontroversen Diskussionen und langwierigen Entwicklungsprozessen.

An all dem haben die Ostdeutschen nicht teilgenommen, nicht teilnehmen können, das meiste davon haben sie nicht einmal wahrgenommen. Der Zug der Geschichte fuhr sie in die andere Richtung. Während die Bundesrepublikaner die Erfahrung machten, daß die nicht auf die Verteilungsgerechtigkeit ausgerichtete Marktwirtschaft doch den Wohlstand aller hob, wurden die DDR-Bürger der Herrschaft des Planes unterworfen mit der Folge, daß der Mangel gerecht auf alle verteilt wurde, mit Ausnahme derjenigen, die am daneben wuchernden Privilegiensystem partizipierten. Während die Deutschen im Westen, die ja auch aus der Diktatur kamen, sich schrittweise die ihnen angebotene Demokratie aneigneten und sie gestalteten, machten die Deutschen im Osten ihre grundlegenden Erfahrungen mit der nicht kontrollierten, nun kommunistischen Macht. Zunächst einmal wurde das Blutsystem der Gestapo ziemlich nahtlos von dem der sowjetischen Geheimpolizei, der GPU, abgelöst. Leute, die man als Nazis verdächtigte oder politischer Gegnerschaft im Auftrag des Klassenfeindes beschuldigte, wurden in den ersten Nachkriegsjahren abgeholt, in Gefängnisse und Hungerlager gesteckt, nach Sibirien transportiert. Über die Todesopfer, deren Zahl in die Zehntausende geht, sind, wie wir heute wissen, meist nicht einmal Akten geführt worden.

Kaum war die DDR als »antifaschistisch-demokratischer« Staat gegründet, wurde seine Verfassung von innen her ausgehöhlt, die SED, der die Sowjets im Zweifel sowieso die Vormacht gesichert hätten, entpuppte sich als stalinistische Kaderpartei und betrieb im Namen der Arbeiterklasse, die damit gleichzeitig entmachtet wurde, die Revolution von oben. Die Reste der über Nazizeit und Krieg hinweggeretteten bürgerlichen Werteordnung wurden beseitigt, die Schichten, die sie bewahrt hatten, diskriminiert und außer Landes gedrängt. Während die Demokratie im Westen von der Gewaltentrennung zwischen Exekutive, Legislative und Rechtsprechung lebt und als Regulativ politische Mandate in Wahlen grundsätzlich nur auf Zeit vergibt, mußten die DDR-Deutschen lernen, daß im Zweifel *alles* Staat war, daß die Macht keinem durchschaubaren Kontrollsystem unterworfen war, kein auch sie bindendes Recht anerkannte und jeden Winkel der Gesellschaft zu durchdringen suchte. Wahlen wurden zur Farce, eigene Überzeugungen zu äußern war gefährlich. Keine einzige Erfahrung konnte die Hoffnung stützen, daß dies alles nur eine Übergangsphase sein würde. Die DDR-Bürger mußten sich mit der Einsicht arrangieren, daß die sich auf die Interessen des Kreml gründende Macht nicht zu beseitigen war.

Wer sich informieren wollte, mußte zwischen den Zeilen lesen oder auf westliche Funkmedien setzen. Die Medien des eigenen Landes waren nicht nur auf politische Uniformität getrimmt, sondern sahen auch die problemorientierte politische Information nicht als ihre Aufgabe an, widmeten sich statt dessen dem Selbstlob des Systems. Ich kann mich nicht daran erinnern, daß sich seit dem Mauerbau ein einziger DDR-Gewaltiger je einem Interview in den Medien des eigenen Landes gestellt hätte. Nur die seltenen Interviews in ausländischen Organen, die der Selbstdarstellung der DDR – etwa im Vorfeld von Staatsbesuchen – dienten, wurden dann auch zu Hause pompös nachgedruckt.

In diesem System des auf Kontrolle der Regierten statt der Regierenden beruhenden »real existierenden Sozialismus«, wie man sich zur Abgrenzung gegen emanzipatorische sozialistische Bestrebungen nannte, wurden, wie ich nachträglich erfuhr, doch auch die Regierenden kontrolliert. Als ich im Herbst 1990 das Büro des Ministerpräsidenten in der Potsdamer Heinrich-Mann-Allee bezog, in dem vorher der Vorsitzende des Rates des Bezirks Potsdam, Herbert Tzschoppe, gesessen hatte, ein linientreuer SED-Mann, aber einer der vernünftigsten unter ihnen, machte ich eine Entdeckung: Seine Telephonanlage, die ich heute noch benutze, funktionierte anfangs nicht zu meiner Zufriedenheit. Der Ton war schwach, da saß, so schien mir, noch ein weiterer Stromverbraucher drin. Und siehe da, die Überprüfung ergab, daß in Tzschoppes Telephonkasten eine auf Dauerbetrieb geschaltete Abhöranlage für den ganzen Raum installiert war. Sein Zimmer war gleichzeitig Beratungsraum gewesen, so wie mein Büro heute auch als Kabinettsaal der brandenburgischen Landesregierung dient. Außerdem gab es eine Direktschaltung in die Berliner Normannenstraße, die Zentrale der Staatssicherheit. Man konnte also dort den Sitzungen des Rates des Bezirks und den Besprechungen Tzschoppes lauschen, an seinen Telephongesprächen teilnehmen oder sich das Ganze auch später vorspielen lassen. Diese Bespitzelung galt dem eigenen Staatsapparat, dem eigenen hochgestellten Genossen, der seinerseits ja wiederum berichtspflichtig war.

Den Überwachungsirrsinn in dieser Potenz haben wohl nur wenige normale Ostdeutsche für möglich gehalten – auch ich nicht, obwohl ich immer mißtrauisch war; denn ich bin ja ein »gelernter DDR-Bürger«. DDR-Bürger hatten gelernt oder, wie die jüngeren, es nie anders kennengelernt, daß sich Vorsicht empfiehlt, daß man sich besser nie exponiert, möglichst noch nicht einmal im ganz privaten Kreis. Man gewöhnte sich daran, gewisse Dinge nur im Freien auszusprechen, wo man sicher sein konnte, daß keine Abhörapparate die Gespräche überwachten.

Nicht nur wegen der Allgegenwart der Staatssicherheit gehörte diese Vorsichtshaltung zum Habitus des DDR-Bürgers. Sich zu profilieren, durch eigene Vorstellungen, durch Initiativen, Engagement für Veränderungen hervorzutreten, brachte auch sonst meist nichts ein außer Ärger und auch Isolierung. Eigeninitiative war unerwünscht. Sie hatte gesellschaftlichen Stellenwert nur als jene »schöpferische Initiative«, mit der die Beschlüsse der Partei in die Tat umgesetzt werden sollten. Gewiß, Wettbewerb war gefordert, aber bitte schön sozialistischer, das heißt: im regulierten Kollektiv. Und auch der sozialistische Wettbewerb, der das Stimulans der Konkurrenz in der

Marktwirtschaft ersetzen sollte, versandete, denn stets wurden alle Prämien aufgeteilt. Alle achteten darauf, daß nicht etwa ein Kollektiv wirklich vorpreschte, das hätte wiederum nur unbequeme Folgen gehabt. Die »Hennecke-Bewegung« der fünfziger Jahre, nach dem Vorbild des sowjetischen Genossen Stachanow organisiert, hatte eine bleibende Erfahrung gezeitigt: Spitzenleistung bringt nichts ein, führt nur zur Normerhöhung für das Kollektiv.

Die Haltung des vorsichtigen Abwartens, die der DDR-Bürger zur Überlebenskunst entwickelt hat, geht auch auf das von der SED diktierte Informationssystem zurück. In klaren Worten meldeten die Zeitungen nur Unwichtiges. Das auf Sicherheit bedachte Regime der alten Herren haßte Veränderungen. Am liebsten waren ihm die vorausplanbaren Ereignisse wie propagandistisch zu nutzende Jubiläen oder Parteitage, deren Ergebnis bereits feststand, lange bevor sie begannen. Und auch solche Ergebnisse wurden nicht präzise formuliert, sondern mußten aus eher andeutenden Wendungen in überlangen Texten herausgefiltert werden. Dabei konnte man sich in der Bewertung irren. Besser war es also abzuwarten, wie der Wind sich drehte, und dann sich selber in seine Richtung zu stellen.

Westliche Besucher in der DDR haben immer wieder versucht, durch Vergleiche von Preisen und Einkommen einen Gradmesser für den Lebensstandard ihrer Freunde zu erhalten, um Ost-West-Vergleiche anstellen zu können. Oft habe ich Verwunderung darüber gehört, daß es sich bei so geringen Löhnen und Gehältern doch so relativ gut leben lasse. Und daß, nach der Währungsumstellung vom 1. Juli 1990 und der Halbierung der Sparguthaben, doch so viel D-Mark im Lande war, daß die Ostdeutschen den westlichen Automarkt zeitweise leerfegen konnten, jedenfalls bei den Gebrauchtwagen, haben viele Westdeutsche nicht verstanden. Die Verwunderten übersahen dabei, daß zum Beispiel die Ausbildung der Kinder ihre Eltern nichts kostete, im Normalfall alle Mitglieder einer Familie verdienten oder Stipendien erhielten, daß die Urlaubsreisen, die man machen konnte, sehr billig, teure Konsumgüter hingegen kaum zu haben waren. Sie hatten auch das Prämiensystem nicht einkalkuliert, das die Lohneinkünfte anreicherte, und sie waren der westlichen Gewohnheit verfallen, den sozialen Stellenwert an Einkommen und Konsum zu messen. In Wahrheit hatte die DDR ja keine Geldwirtschaft. Geld, das war eine Art Bezugsscheinsystem, mit dem der Mangel verteilt wurde. Geld war jedenfalls zum Leben weniger wichtig als Beziehungen, zwischenmenschliche wie auch berufliche und politische.

Dem Staat, der Politbürokratie aller Ebenen, konnten die DDR-Bürger nicht beikommen. Es gab kein Regulativ durch Wahlen und Verwaltungsgerichte. An deren Stelle trat das Eingabewesen, das aber wiederum politisch gesteuert wurde. Eingaben konnten zwar Erfolg haben, aber niemand wußte, welcher Prozentsatz von Eingaben überhaupt bearbeitet wurde. Politisch mißliebige Briefe blieben im Regelfall ohne Antwort, es sei denn, die Staatssicherheit trat in Aktion.

Als Ausgleich dafür verhielt sich der Staat wie eine Art fürsorglicher Übervater. Der Arbeitsplatz war sicher. Wer einmal eine Wohnung hatte, verlor sie nie wieder. Die Renten waren karg, aber jeder erhielt sie und konnte damit auskommen. Kinderkrippen und -gärten, Schulspeisung und dergleichen erlaubten es den Frauen, erwerbstätig zu sein. Der DDR-Bürger mußte sich nicht kümmern, die Betriebe sorgten von sich aus dafür, daß er bekam, was ihm zustand. Initiative war nicht nötig. Anpassungsfähigkeit und Genügsamkeit waren gefragt. Man mußte abwarten können. Klugheit führte ihn nicht zum Erfolg, sondern zu Vorsicht.

Natürlich ist das lediglich die Beschreibung eines Entwicklungstrends. Jeder einzelne verarbeitet die Bedingungen, unter denen er aufwächst und lebt, auf eigene Weise. Hinzu kommt, daß die prägenden Erfahrungen und Einstellungen auch generationsabhängig sind. Die Älteren haben sich bis zum Ende oft von ihren frühen Erfahrungen mit der Macht bestimmen lassen, die, wenn es hart auf hart kommt, brutal zuschlägt. Die später Geborenen und von Kindheit an auf Anpassung Trainierten erlebten aus eigener Anschauung nicht so sehr das kettenrasselnde, sondern das bevormundende, aber auch fürsorgliche und Sicherheit bietende System. »Man wußte, woran man war«, klagte mir 1991 ein junger Arbeitsloser sein Leid. Diese Generation tut sich oft sogar schwerer mit der für sie neuen Welt der Bundesrepublik Deutschland als andere, die die Wende unmittelbar als Befreiung erlebten.

In der Tat wird vom Alt-Bundesbürger eine vergleichbare Umstellung nicht verlangt. Aber das heißt nicht, daß er ohne etwas zu tun schon seelisch im gemeinsamen Deutschland Fuß gefaßt, seine politischen Urteilskriterien schon der neuen Wirklichkeit angepaßt hätte. Die Notwendigkeit, sich umzustellen, sich darauf einzurichten, daß die Gesamtsituation sich verändert hat, wird ja nicht empfunden. Man hat sich mitgefreut, daß die Ostdeutschen frei wurden, daß die Ostdeutschen gleichsam »heim ins Vaterland« gekommen sind. Damit aber ändert sich dies Vaterland.

Die Bonner haben das zu spüren bekommen, oder sie werden es noch. Für mich war der Bundestagsbeschluß zum Umzug nach Berlin ein erstes größeres Signal der Bereitschaft, sich neu zu orientieren, die neue Position Deutschlands in Europa zu bejahen und dafür auch bisherige Gewohnheiten und Bequemlichkeiten zur Disposition zu stellen. Die zähe Folgediskussion, die eine teilweise Rücknahme des Beschlusses auf dem Verwaltungswege erstrebte, zeigte, wie schwierig und langwierig der Erneuerungsprozeß am Rhein tatsächlich ist.

Ich halte den Umzug nach Berlin nicht nur aus historischen Gründen und wegen der häufig wiederholten feierlichen Bekenntnisse für Berlin als Hauptstadt Deutschlands für nötig und richtig. Mir scheint, daß sich Berlin vor allem deshalb als Parlaments- und Regierungssitz empfiehlt, weil es in dieser Stadt oder von ihr ausgehend am ehesten zur inneren Vollendung der deutschen Einheit kommen kann. Berlin hat als einzige deutsche Stadt die Teilung am eigenen Leibe gespürt. Und Berlin ist das einzige Bundesland, das als solches die Aufgabe der Wiedervereinigung zu bewältigen hat. In Berlin begegnen sich beide deutschen Lebenssphären, beide historischen Erfahrungsbereiche der letzten fünfundvierzig Jahre ganz konkret. Man kennt einander besser, urteilt differenzierter. In Berlin besteht am ehesten die Chance, daß die beiden weiterhin voneinander unterschiedenen, ja sich auch gegeneinander abgrenzenden deutschen Empfindungs-, Fühl- und Denkbereiche sich miteinander verbinden, eine Symbiose eingehen und am Ende vielleicht miteinander verschmelzen.

Noch ist das nicht der Fall. Bisher gibt es auch in Berlin noch keine richtig funktionierende gesamtstädtische öffentliche Meinung. Geschäftsleute, die ihre Waren an den Mann und die Frau bringen wollen, und auch Journalisten haben einen Riecher für so etwas. Mich hat stutzig gemacht, daß es jedenfalls bis Anfang 1992 noch zu keiner West-Ost-Fusion von Tageszeitungen oder politischen Wochenzeitungen gekommen ist. Die überregionalen Blätter aus Frankfurt, München, Hamburg und Bonn versuchen, im ihnen früher verschlossenen Ostdeutschland Fuß zu fassen, und haben sich allenfalls finanziell an Ostblättern beteiligt, während die übriggebliebenen privatisierten und entideologisierten einstigen großen DDR-Blätter sich weiter auf das alte Verbreitungsgebiet konzentrieren.

Auch in Berlin selbst hat es keine städtische Zeitungsfusion gegeben. Natürlich berichten alle über Themen aus dem ganzen Deutschland oder der ganzen Stadt und versuchen, wie etwa die Berliner Zeitung (Ost) oder der (West-) Berliner Tagesspiegel Leser auch im anderen Teil zu gewinnen. Doch auch sie finden ihre Abonnenten weiterhin überwiegend im angestammten Bereich, selbst hier trennt sich die Lesergemeinde nach wie vor nach Ost und West. Allein im Bereich der Boulevardpresse war der Bildzeitung ein wirklicher Einbruch in den ostdeutschen Markt gelungen, auf dem es solche Blätter bisher nicht gegeben hatte. Doch Burdas Gegengründung Super, überwiegend von westlichen Journalisten speziell nach den angenommenen Bedürfnissen der Ostdeutschen aufgemacht, teilte die Nation schnell auch auf diesem Markt wieder.

Tatsächlich also leben wir noch in getrennten oder doch zu wenig miteinander verbundenen Feldern des Denkens und Fühlens. Gelegentlich kommt wohl so etwas wie ein Gesamtmeinungsbild zustande, wenn der Bundespräsident bestimmte Aussagen zu Grundfragen der deutschen Existenz macht. Doch das wird leider zu wenig umgesetzt, greift noch nicht genug ins Leben ein. Auch vor dem Fernsehschirm beim Gewinn der Fußballweltmeisterschaft oder in der Freude über olympische Goldmedaillen wird die Nation eins.

Realer, die eigene Position herausfordernder hat sich wohl das mit dem Namen Hoyerswerda verbundene deutsche Negativerlebnis ausgewirkt. Die Anstifter und Übeltäter von Hoyerswerda, die die Ausländer unter zustimmendem Gemurmel von Teilen der Bevölkerung aus der Stadt vertrieben, saßen zwar im Osten, aber Begleit- und Folgetaten, blutige Überfälle auf Asylantenheime in großer Zahl hat es leider auch im Westen gegeben, wo zudem noch extrem rechte Parteien erhebliche Stimmengewinne bei Landtagswahlen verzeichnen konnten. Mit einem Male hatten die Deutschen ein Thema, bei dem sie alle gleich schlecht aussahen, in den eigenen Augen wie in denen des Auslandes. An einer sehr unangenehmen Stelle erreichte die Deutschen so etwas wie existentielle Gemeinsamkeit. Die im Westen konnten sich der Betroffenheit nicht mit dem Hinweis entziehen, es sei eine Angelegenheit der Ostdeutschen. Und die im Osten sahen sich zur Korrektur ihres Selbstbildes genötigt, daß sie gegen derartige Entgleisungen gefeit seien, ganz anders als die nach alter DDR-Doktrin für Faschistisches besonders anfälligen Westdeutschen. Diese erschreckende, ernüchternde Erfahrung gemeinsamer Betroffenheit war heilsam.

Die Deutschen in Ost und West mußten zumindest diese Erfahrung zusammen machen: Sie haben sich weiter auseinandergelebt, als es beim Fall der Mauer schien. Der historische Abstand der zweimal fünfundvierzig Jahre gegenläufiger Erfahrung ist seelisch nicht innerhalb weniger Monate zu überbrücken. Vor den Deutschen liegt hier eine Generationenaufgabe.

Kirche im Sozialismus

Meine Lebensgeschichte ist eng mit der evangelischen Kirche verbunden. Sie hat mich geprägt. In ihrem Dienst habe ich die Menschen in Ostdeutschland kennengelernt, in allen Teilen des Landes, in vielen Schichten der Bevölkerung. Im Wirken der Kirche für die Menschen des Landes habe ich auch politische Erfahrungen gemacht und Einsichten gewonnen, die mich bestimmen. Danach werde ich heute gefragt, davon will ich berichten.

Den Menschen im Osten ist das sozialistische System regelrecht übergestülpt worden. Sie konnten sich nicht wehren, denn die Siegermacht Sowjetunion stand hinter alledem. Wer sich nicht ausdrücklich unterwarf oder den Verhältnissen anpaßte, hatte bis 1961 die Möglichkeit, über die »grüne Grenze« in den Westen auszuweichen.

Die meisten der siebzehn Millionen, die trotz politischer Unterdrückung im Lande blieben, setzten ihre Hoffnung auf die baldige deutsche Wiedervereinigung. Während der, wie sie hofften, kurzen Zeit des Überwinterns suchten viele für ihre innere Emigration die Gemeinschaft Gleichgesinnter in den Kirchengemeinden. Die Kirche, selber von den Kommunisten weltanschaulich und politisch bekämpft, war in den fünfziger und auch noch in den sechziger Jahren für die nun zum Klassenfeind gerechneten Menschen bürgerlicher und bäuerlicher Herkunft so etwas wie eine Fluchtburg, ein Schutzraum. Großen Teilen der Arbeiterschaft hingegen war sie gleichgültig, oder sie galt ihnen, wie zunehmend vor allem der unter realsozialistischen Bedingungen heranwachsenden Intelligenz, als rückständig und nicht mehr relevant.

Ich habe das am eigenen Leibe erfahren. Als ich mich 1959 anschickte, als Jurist in den Dienst der evangelischen Kirche zu treten, haben mich Kommilitonen und Professoren ehrlich und offen bedauert: Ich sei doch noch ein junger Mensch, eigentlich ganz normal und vernünftig, was wollte ich denn in einem aussterbenden Unternehmen, was würde ich anfangen, wenn es in wenigen Jahren mit der Kirche vorbei wäre?

Als bald nach der Gründung der DDR die SED mit ihrer Revolution von oben gemäß der marxistisch-leninistischen Ideologie die kaum verhüllte Alleinherrschaft übernahm, überzog sie das Land für einige Jahre mit einer Welle primitiver atheistischer und antiklerikaler Propaganda. Das verstärkte natürlich die Ablehnung, mit der die Kirchen und sehr viele Christen dem SED-Staat begegneten, was Walter Ulbricht und seine Genossen wiederum als Bestätigung dafür nahmen, daß die Kirchen Agenturen, Fünfte Kolonne des westlich-imperialistischen Klassenfeindes seien. So wurde die Religionsfreiheit zunehmend eingeschränkt und wichtige, in der ersten DDR-Verfassung eigentlich garantierte Wirkungsmöglichkeiten und Rechte der Kirchen wurden immer weiter beschnitten. Der Religionsunterricht wurde aus den Schulräumen verdrängt. Die Kirchen erhielten außerhalb ihrer eigenen Räume und Einrichtungen keine Öffentlichkeit. Seelsorge und Gottesdienste in Gefängnissen, Krankenhäusern, staatlichen Altenheimen wurde unmöglich gemacht oder administrativ sehr erschwert. Die Kirchensteuer, die vorher mit Hilfe des Staates berechnet und eingezogen worden war, wurde privatisiert und rechtlich den Spielschulden gleichgestellt.

1952/53 kam es zu einem Höhepunkt im staatlichen Kampf gegen den »Klassenfeind« in Gestalt christlicher Jugendlicher, die sich in der evangelischen Jungen Gemeinde trafen. Scharenweise wurden die jungen Leute aus den Oberschulen hinausgeworfen. Ich selber hatte Glück, weil ich noch ein Jahr zu jung war. Die zwölften Klassen wurden in manchen Schulen geradezu leergefegt; die SED jagte den besten Teil eines ganzen Abiturientenjahrgangs aus dem Lande; die Relegierten gingen meist in den Westen, zumal nach West-Berlin. Wir in der elften Klasse konnten bleiben, wurden aber auch abgemahnt: Wir saßen mit großen Ohren in der Aula und erlebten, wie die Schüler der zwölften Klassen aus der Schule gewiesen wurden, ohne jede Rechtsgrundlage, nur auf Grund der Behauptung: Ihr geht zur Jungen Gemeinde. Die Junge Gemeinde ist eine Kampforganisation des Imperialismus gegen die Arbeiterklasse. Also geht ihr zum Klassenfeind. Dann habt ihr in der Schule des sozialistischen Staates nichts zu suchen!

Die Kirchen protestierten energisch. Und es zeigte sich, daß

Ulbricht den Bogen überspannt hatte. Die Regierung mußte im Juni 1953 – kurz vor dem Aufstand – zurückstecken, junge Christen aus den Gefängnissen lassen und die Schulverweise rückgängig machen. Dennoch war die kirchliche Jugendarbeit schwer getroffen, und sie hat lange gebraucht, um sich von diesem Schlag zu erholen. Doch dies war nur ein Vorspiel gewesen. Die eigentliche Niederlage brachte der Staat den evangelischen Kirchenleitungen erst in den Jahren danach bei.

Im fast durchweg protestantischen Gebiet der DDR wurden noch Anfang der fünfziger Jahre fast alle Kinder mit vierzehn Jahren konfirmiert. Der Konfirmation setzte die SED von 1954 an die Jugendweihe entgegen, auf die die Vierzehnjährigen in sogenannten sozialistischen Jugendstunden – dem Gegenstück zum Konfirmandenunterricht – vorbereitet wurden. Die Kirche nahm den Fehdehandschuh auf und erklärte, wer sich für den atheistischen Gegenritus entscheidet, kann nicht konfirmiert werden.

Offiziell war die Jugendweihe freiwillig, faktisch aber versuchten Schulen und Betriebe, es den Eltern zur Pflicht zu machen, ihre Kinder dazu anzumelden. Und die Kombination von Drohung und Lockung hatte Erfolg. In wenigen Jahren hatte die Jugendweihe die volkskirchliche Konfirmation verdrängt. Die Entscheidung der Eltern für die Jugendweihe statt der Konfirmation ihrer Kinder beruhte meist nicht auf Überzeugung, sondern entstand aus Vorsicht und Opportunismus, um sich und den Kindern nicht die Karriere zu verderben. Auch als die Landeskirchen in der Praxis das schroffe Entweder-Oder aufgaben und auch Jugendgeweihte zur Konfirmation zuließen, stiegen die Konfirmandenzahlen nicht wieder an. Es hatte sich gezeigt, daß die Kirche im Konflikt mit der Macht nicht auf die Zivilcourage breiterer Schichten bauen konnte.

Auch als mit dem Mauerbau von 1961 den Ostdeutschen, die mit dem Regime und seiner Vorstellung von einer sozialistischen Gesellschaft nicht einverstanden waren, der Fluchtweg nach Westen versperrt war, wuchs der Wille zum Widerstand nicht. Dem ersten Schock folgte ein neuer Realitätssinn. Die meisten kamen zu der Einsicht, daß sie sich nun wirklich mit ihrem Leben in der DDR einrichten, sich mit den Gegebenheiten arrangieren mußten. Es gab keine Bereitschaft mehr zum Konflikt; erst zwei Jahrzehnte später, in der zweiten Hälfte der siebziger und in den achtziger Jahren, wurde allmählich aus der inneren Emigration wieder so etwas wie stiller Widerstand, der aber bis in das Jahr der Wende hinein immer noch nur einen Bruchteil der Bevölkerung erfaßte. Wer das Verhalten der Kirchen in der DDR verstehen will, muß sich dies vor Augen halten.

Die evangelische Kirche kam aus dem Erbe der Bekennenden Kirche gegen Hitler. Sie fühlte sich an die Barmer Theologische Erklärung von 1934 gebunden. Deren Kerngedanken sind: Jesus Christus steht über der Macht der Welt, und: Der Auftrag Jesu an die Kirche gilt für alle Lebensbereiche. Das ist das Verbot, sich auf den innerkirchlichen Kult zurückzuziehen. Das ist das Gebot zur Einmischung in die Gesellschaft.

Eine Reihe führender Frauen und Männer aus der Bekennenden Kirche bestimmten in diesem Sinne den Weg der evangelischen Kirchen in der DDR: Kurt Scharf, Günther Jacob, Johannes Jänicke, Siegfried Ringhandt, Gottfried Noth, Inge Becker, Albrecht Schönherr, um nur einige zu nennen. »Kirche für andere« war das Vermächtnis des evangelischen Märtyrers Dietrich Bonhoeffer. Genau das aber wollte die SED nicht. Die Kirche sollte sich auf ihre Angelegenheiten beschränken. Das Kirchen-Wunschbild der SED war an der domestizierten Orthodoxen Kirche Rußlands orientiert: liturgische Gottesdienste für alte Leute, und wenn sich Angehörige der jüngeren Generationen am kirchlichen Leben beteiligten, sollte das hinter den Kirchenmauern geschehen und möglichst wenig in der Öffentlichkeit sichtbar werden, vor allem nicht in den beruflichen und gesellschaftlichen Alltag hineinwirken.

Ende der fünfziger Jahre hörte die lautstarke antichristliche Propaganda auf. Die SED wollte nun die Kirchen zu einer Parteinahme für die DDR und ihren Sozialismus bringen. Der kritiklose Beifall der Kirchen war gefragt. Walter Ulbricht versuchte, die bisherige Unterdrückung der Christen durch die Ausrufung einer »sozialistischen Menschengemeinschaft« zu kaschieren, in der die gemeinsamen humanistischen Werte Christen und Marxisten verbinden sollten. Doch das war eine Farce. Dieser Worthülse standen die demütigenden Erfahrungen der meisten Christen gegenüber. Ulbricht gewann zwar den thüringischen Landesbischof Moritz Mitzenheim als öffentlichen, propagandistisch nutzbaren Gesprächspartner, doch der isolierte sich damit von den anderen Bischöfen. Tatsächlich blieb es bei der doppelten Gegnerschaft von Partei und Staat gegenüber den Kirchen. Ihre Lehre wurde als unwissenschaftlich und abergläubisch bekämpft, sie waren politischer Gegner, man behandelte sie weiter als »Fünfte Kolonne des Imperialismus«.

Einen propagandistischen Hebel dazu bot der gesamtdeutsche Zusammenschluß der evangelischen Landeskirchen in der EKD. Der Partei war es ein Dorn im Auge, daß die Kirche in ihrem Organisationsbereich die staatliche Teilung Deutschlands ignorierte. Die evangelische Kirche dokumentierte damit die Fortdauer der Bindung beider Teile Deutschlands aneinander, und sie ließ sich nicht in den ideologischen Antagonismus einbinden. Schon drei Jahre vor dem Mauerbau erklärte deshalb die DDR-Führung die EKD zu einer westlichen, NATO-hörigen Organisation, erkannte die Zuständigkeit von deren Gremien auf ihrem Gebiet nicht mehr an und brach die Beziehung zur EKD und ihrem Bevollmächtigten bei der Ost-Berliner Regierung, Propst Heinrich Grüber, abrupt ab. Damit hatten die acht östlichen Landeskirchen keine gemeinsame Vertretung mehr gegenüber dem Staat, der nun versuchte, sie gegeneinander auszuspielen.

Um dem entgegenzuwirken, wurde die bereits 1946 von Bischof Otto Dibelius in der sowjetischen Besatzungszone und Berlin begründete Ostkirchenkonferenz als Konferenz der Evangelischen Kirchenleitungen (KKL) in der DDR aktiviert. Sie richtete eine Geschäftsstelle ein, deren Leitung mir 1962 übertragen wurde. Damit wurde ich Briefträger zwischen Kirche und Regierung, während für die innere Kooperationsstruktur der Landeskirchen in der DDR und für ihre Ost-West-Gemeinschaft die EKD-Organe zuständig blieben. Beide arbeiteten natürlich Hand in Hand.

Trotz massiver Behinderung und ständiger politischer Angriffe auf die EKD haben wir die rechtliche und organisatorische Einheit der deutschen evangelischen Kirchen mit viel Mühe bis 1969 durchgehalten. Als aber die SED der DDR 1968 eine sozialistische Verfassung oktroyierte und gleichzeitig alle staatliche Macht nutzte, um die Ost-West-Kommunikation in der EKD gänzlich lahmzulegen, mußten wir wohl oder übel erkennen, daß die Einheit nicht mehr dem Festhalten an Bindungen dienen, sondern diese sogar gefährden konnte. Deshalb entschlossen wir uns zur Gründung eines Bundes der Evangelischen Kirchen in der DDR bei gleichzeitigem Erlöschen der EKD-Struktur.

Der Kirchenbund konnte von Außenstehenden als Abspaltung von der nun auf das Territorium der alten Bundesrepublik beschränkten EKD interpretiert werden, als politische Unterwerfung, Verrat an der Einheit. Tatsächlich aber diente er dazu, unter den von der politischen Macht gesetzten Bedingungen Bindungen zu erhalten, zu pflegen und womöglich zu stärken. Die Verfassung des Kirchenbundes legte das auch ausdrücklich in einem Bekenntnis zur Fortsetzung der »besonderen Gemeinschaft der ganzen evangelischen Christenheit in Deutschland« fest. Die Partei und der Staat wollten das nicht hinnehmen. Sie strebten eine Gleichschaltung der einzelnen Landeskirchen in der DDR an und wollten kein Schutzbündnis. Sie forderten nun eine Unterwerfung der Kirche durch den Verzicht auf das Bekenntnis zur besonderen Gemeinschaft, wozu wir unter keinen Umständen bereit waren. Wir haben dieser Forderung, ebenso wie dem Versuch des Staates, den Bund zu zersplittern, konsequent getrotzt. 1971 gab die SED ihre Blockadepolitik schließlich auf und erkannte den Kirchenbund offiziell an.

Was nach dem Mauerbau unter EKD-Auspizien zunehmend unmöglich gemacht worden war, kam in den siebziger Jahren in Gang, um in den Achtzigern fast selbstverständlich zu werden: ein regelmäßiger Kontakt zwischen den Kirchen in beiden Teilen Deutschlands. Auch Reisen von östlichen Kirchenleuten nach Westen wurden nun genehmigt. Das hatte drei Wirkungen: die vorhandenen Bindungen wurden neu belebt; den Gemeinden und der kirchlichen Diakonie in der DDR wurde praktisch geholfen; im Bereich der staatlichen Beziehungen zwischen Bundesrepublik und DDR wurden alle Wege beschritten, um die starre Abgrenzung aufzuweichen und sie schließlich durch eine Politik menschlicher Erleichterungen erträglich zu machen.

So weit aber war man Anfang der sechziger Jahre noch lange nicht. Mit dem Mauerbau hatten der Kreml und die SED-Spitze demonstriert, daß sie die Existenz der DDR notfalls mit Gewalt zementieren wollten. Die westliche Welt hatte das hingenommen. Ostdeutsche, die sich mit den politischen Verhältnissen zu Hause nicht abfinden wollten, konnten nun nicht länger auf Abhilfe durch die deutsche Vereinigung setzen. Zwangsläufig richteten sich die Hoffnungen der Menschen nun nicht mehr darauf, die DDR abzuschaffen, sondern sie zu verändern. Und das hatte, wenn überhaupt, nur Aussicht *mit* der SED oder mit ihrer Duldung, nicht aber gegen sie. Offene Opposition gefährdete jedwede Erleichterung im Alltäglichen. Außerdem fehlte für eine Opposition seit der Niederschlagung des Aufstandes vom 17. Juni 1953 jede Basis; wir in der Kirche hatten zudem unsere Erfahrungen in der Auseinandersetzung um Konfirmation und Jugendweihe gemacht.

Doch gänzlich war die Konfliktbereitschaft nicht geschwunden. Und im DDR-Sozialismus, der sich auf eine immer wieder beschworene politisch-moralische Einheit des Volkes stützte, reagierten die Mächtigen sehr sensibel auf Abweichungen selbst kleiner Gruppen oder einzelner. Daß sich damit etwas bewirken ließ, war eine weitere wichtige Erfahrung.

Als eine der Lehren aus dem Krieg hatte die evangelische Kirche in Deutschland darauf bestanden, daß der einzelne das Recht auf Militärdienstverweigerung aus Gewissensgründen besitze, und hatte bekundet, Verweigerer nach Kräften zu schützen. Im Grundgesetz der Bundesrepublik wurde dieses Recht verankert, noch bevor es die Bundeswehr gab. Als 1962 auch die DDR die allgemeine Wehrpflicht einführte, wurde die Kirche bei der Regierung vorstellig, um eine Regelung für Verweigerer zu erreichen, denn hier gab es kein in der Verfassung oder sonst gesetzlich verankertes Recht auf Kriegsdienstverweigerung. Der kirchliche Vorstoß hatte zunächst keinen Erfolg. Im Sozialismus dienten die Soldaten ja dem Frieden, hieß es, und die Wehrpflichtigen wüßten das und nähmen diesen Friedensdienst auf sich. Doch es gab junge Menschen, die unter Berufung auf die christliche Lehre dem Einberufungsbefehl nicht folgten, obgleich die Kirche die Verweigerung nicht propagiert hatte, und dafür sogar Gefängnisstrafen auf sich nahmen. Es war keinesfalls eine Massenbewegung, aber die Standfestigkeit der wenigen Dutzend machte Eindruck. Als Reaktion erließ die DDR 1964 eine Verordnung über waffenlos dienende Baueinheiten. Das entsprach zwar nicht dem Verlangen der Kirche nach einem gesetzlich verankerten zivilen Ersatzdienst, aber der Staat kam der Kirche doch einen deutlichen Schritt entgegen.

Ohne die Opfer- und Konfliktbereitschaft derer, die lieber ins Gefängnis gingen, als sich an Waffen ausbilden zu lassen, wäre die im Ostblock damals einmalige Bausoldatenregelung nicht erreicht worden. Die jungen Männer, die in den Baueinheiten gedient haben und damit berufliche und gesellschaftliche Nachteile auf sich nahmen, lernten in der Auseinandersetzung, ihre Überzeugung aktiv mit Argumenten zu vertreten. Sich wehren und ihren Standpunkt argumentativ verteidigen mußten auch die Wehrpflichtigen, die als Totalverweigerer selbst den Dienst in den Baueinheiten ablehnten, oder die zwar bereit waren, den Dienst dort zu leisten, aber das geforderte Gelöbnis verweigerten. Zu letzteren gehörte Rainer Eppelmann, der dafür wie die anderen Verweigerer auch eine mehrmonatige Gefängnishaft auf sich nahm. Viele der früheren Bausoldaten trafen sich auch nach Ende ihrer Dienstzeit immer wieder zu jährlichen Friedensseminaren. Sie bildeten den Kern der unabhängigen Friedensbewegung, die Ende der siebziger Jahre in der Kirche und in ihrem Umfeld heranwuchs.

Auch in einem anderen langjährigen Konflikt mußte die Partei schließlich nachgeben. Streitpunkt mit Staat und Partei waren die kirchlichen Jugendfreizeiten, Bibelrüsten genannt. Wäre es nach dem SED-Staat gegangen, hätten sie möglichst gar nicht stattfinden sollen, und wenn es sich schon nicht ganz vermeiden ließ, dann durften sie nur eine Woche dauern und sollten ohne Baden und sonstige Freizeitvergnügungen vor sich gehen. Die jungen Menschen, so forderte die Partei, müßten den ganzen Tag über der Bibel sitzen. Die Bibelrüsten sollten offenbar möglichst unattraktiv sein.

Die DDR war dadurch in keiner Weise gefährdet, die Kirche sollte nur von der Jugend ferngehalten werden. Dasselbe galt für andere kirchliche Jugendveranstaltungen, auf denen nach dem Willen der Partei für Fröhlichkeit kein Platz sein sollte.

Doch viele Pfarrer und die Jugendlichen wollten und durften darauf nicht verzichten.

Die Kirche erkannte die Einschränkungen nicht an, stärkte den Jugendpfarrern den Rücken, auch wenn sie Geldstrafen zahlen mußten. Sie konnte in dieser Sache standhaft sein, weil die Jugendlichen in Konfirmanden- und anderen Gruppen, die sich nach den Einbrüchen der fünfziger Jahre noch und nun sogar wieder in größeren Zahlen zur Kirche hielten, nicht einsehen wollten, warum sie nicht auch Ferientage miteinander verbringen durften, und den Einladungen zu Frei- oder Rüstzeiten folgten. Die Regierung hatte solche kirchlichen Jugendfahrten für genehmigungspflichtig erklärt. Wir waren nur bereit, sie den Behörden mitzuteilen. Doch die Mitteilung wertete die staatliche Seite als Antrag auf Genehmigung, und die gar nicht gestellten Anträge wurden reihenweise abgelehnt.

In den kirchlichen Erholungs- und Freizeitheimen – zum Teil waren das in Eigeninitiative umgebaute verlassene Pfarrhäuser oder ohne Genehmigung erweiterte Barackenbauten – erschienen Inspektoren der Gesundheitsbehörden, erklärten sie für hygienisch untragbar und forderten, die Veranstaltung müsse sofort beendet werden. Tags darauf rückte dann die Polizei mit Lastautos an, um die Jugendlichen nach Hause zu verfrachten. Wenn solch eine Konfrontation drohte, waren wir vom Konsistorium gefragt. Mehrere Sommer lang waren der damalige Berlin-Brandenburgische Propst Siegfried Ringhandt und ich immer wieder Tage und Nächte mit dem Motorrad unterwegs, um möglichst noch vor der Polizei vor Ort zu sein. Wir sahen unsere Aufgabe nicht darin, den Konflikt zu vermeiden. Wohl aber wollten wir die Zuspitzung und damit die gewaltsame Konfliktlösung verhindern.

Darum ging es auch bei den vielen mühsamen Verhandlungen zwischen Kirche und Staat um Auslegung und Anwendung der Veranstaltungsverordnung von 1971. Damit versuchte der Staat – unmittelbar nach der offiziellen Anerkennung des Kirchenbundes – erneut, uns in das Ghetto einer Kultkirche zurückzudrängen, fernab von jedem Bewegungsspielraum in der übrigen Gesellschaft. Den Kampf um die Jugendbibelrüstzeiten empfanden wir als Weichenstellung. Uns ging es darum, unsere Position nicht nur zu behaupten, sondern möglichst weiteres Terrain für die Jugendarbeit und sonstige kirchliche Aktivitäten zu gewinnen. Um in Richtung des strategischen Ziels Millimeter für Millimeter vorwärts zu kommen, mußten auch verschlungene Verhandlungspfade gegangen werden. Wir konnten und wollten uns mit der völligen gesellschaftlichen Ausgrenzung nicht abfinden. Wir wollten nicht gleichsam sozialistisches Freiwild bleiben, das stets mit dem Argument »Kampf dem Klassenfeind« gejagt und jeder Willkür ausgesetzt werden konnte. So stand unsere Auseinandersetzung mit dem Staat immer auf Messers Schneide. Der Balanceakt zwischen der Unbedingtheit – mit der Gefahr des Verbots – und der Anpassung an das Mögliche – mit der Gefahr des Opportunismus – prägte unsere gesamte Arbeit. An mancher nachträglichen Mißdeutung sehe ich, wie schwer es für den Historiker sein muß, vergangene Zeiten und Konflikte zu verstehen.

Wir sagten uns, mit dem Stigma des Klassenfeindes können wir in diesem Lande überhaupt nichts erreichen, weder für die Institution Kirche noch für die Menschen, die sich zu ihr bekannten, und erst recht nicht für eine allgemeine Veränderung, die allen Menschen mehr Rechte und mehr wirkliche Mitbestimmung bringt. Das war für mich und andere das entscheidende Motiv für die 1968/69 getroffene Entscheidung, den rechtlich-organisatorischen Verbund in der EKD zugunsten eines auf das Gebiet der DDR beschränkten Zusammenschlusses der Landeskirchen aufzugeben.

Es wuchs also die Überzeugung, daß wir versuchen mußten, die Institution Kirche in der DDR aus dem doppelten Gegensatz zur Macht herauszuführen. Die SED legitimierte den DDR-Sozialismus aus der marxistisch-leninistischen Ideologie. Die erhob einen totalen Wahrheitsanspruch und kannte keine Kompromisse. Dem konnte und kann sich der christliche Glaube nicht unterwerfen. So war klar, daß der weltanschauliche Gegensatz bestehen bleiben würde. Weltanschaulich würden wir also der Gegner bleiben. Aber es mußte doch möglich sein, zu erreichen, daß wir nicht dauerhaft als Ersatz-Klassenfeind herhalten mußten. Der wirkliche Klassenfeind im Sinne der Marxisten saß ja nicht im Lande. Sie sollten jedoch ihre Wut zum Beispiel auf die ständig angegeiferten Herren Abs und Adenauer, die weit weg am Rhein saßen und an die sie nicht herankamen, nicht an uns auslassen. Zudem waren Opfer der Auseinandersetzung ja in aller Regel nicht die Leute in Bischofsämtern, Kirchenleitungen und Konsistorien, sondern die christlichen Normalbürger, vor allem die jungen Leute, denen man die Zukunfts- und Bildungschancen beschnitt. Sie wurden in der Kaderakte als gesellschaftlich unzuverlässig abgestempelt, nur weil sie sich zur Kirche hielten. Das wollten wir überwinden.

Es ging also darum, zu einer Art politischem Burgfrieden zwischen sozialistischem Staat und christlicher Kirche zu kommen, wie er in Teilbereichen bereits praktiziert wurde. Ursprünglich hatte die SED der Kirche nur Gottesdienst, Seelsorge und bestenfalls kirchlichen Unterricht, die Christenlehre, zugestehen wollen. Die Partei beanspruchte grundsätzlich jede soziale Tätigkeit als staatliche Aufgabe. Die umfangreiche Sozialarbeit der evangelischen Diakonie und der katholischen Caritas wurden deshalb zunächst, wo immer möglich, eingeengt. Die Bahnhofsmission zum Beispiel mußte ganz aufgegeben werden. Doch in Wirklichkeit war der Staat auf die Anstalten und Heime der Kirchen angewiesen. So konnte schon in den sechziger Jahren der Freiraum für die diakonische und karitative Arbeit gefestigt und später sogar ausgebaut werden. Die hohe Einsatzbereitschaft, die Leistungsfähigkeit und die Wirtschaftlichkeit der konfessionellen Einrichtungen waren nicht zu ersetzen. Schließlich wurden dort mehr als vierzig Prozent der schweren Pflegefälle versorgt. Größere Investitionen wurden von den westdeutschen Kirchen finanziert und brachten der DDR sogar noch Valuta. Die Parteiführung fand sich mit diesem erweiterten Betätigungsfeld der Kirchen ab. Die Ideologen trösteten sich wohl mit der Tatsache, daß vor allem Behinderte und Alte betreut wurden, also ihrer Meinung nach eine aussterbende Generation.

Ende der sechziger Jahre wollte die SED erreichen, daß die DDR allgemein anerkannt würde, international ebenso wie von den eigenen Bürgern. Deshalb forderte sie, daß die Kirchen ihre grenzübergreifenden Organisationsformen aufgaben. Wir hingegen wollten uns nicht auf den religiösen Innenraum beschränken lassen. Wir wollten, daß der Staat, auch wenn er sich sozialistisch definierte und seine Gesellschaftspolitik entsprechend ausrichtete, die Institution Kirche als einen auch gesellschaftlich relevanten Faktor akzeptierte und respektierte. Wir wollten, daß die der Kirche zugehörenden Menschen »mit ungekränktem Gewissen« – so eine öfter gebrauchte Formulierung – im Lande leben, arbeiten und ihre staatsbürgerlichen Rechte wahrnehmen konnten.

Als Walter Ulbricht Anfang 1968 den Entwurf für eine neue, nunmehr sozialistische DDR-Verfassung zur »Volksaussprache« stellte, berieten die evangelischen Bischöfe im Kloster Lehnin darüber und machten in einem Brief an Ulbricht ein Friedensangebot. Dieser »Brief aus Lehnin« vom 15. Februar 1968 war unter meiner Mitwirkung in der Hauptsache von Johannes Hamel und Siegfried Ringhandt formuliert worden, zwei wegen ihrer eindeutigen, festen Haltung gegenüber den Zumutungen der SED in der ganzen Kirche bekannten und geschätzten Theologen.

Er enthielt einleitend eine Erklärung der unterzeichneten sieben evangelischen Bischöfe (der achte, Mitzenheim, hatte an der Beratung nicht teilgenommen und nicht unterschrieben): »Als Staatsbürger der Deutschen Demokratischen Republik und als Christen gehen wir davon aus, daß nach dem durch deutsche Schuld begonnenen Krieg nun auf dem Boden der deutschen Nation zwei deutsche Staaten bestehen. Wir erstreben die geordnete Zusammenarbeit und die Annäherung der beiden deutschen Staaten, damit wir Deutsche den Frieden fördern und die menschlichen Beziehungen, insbesondere zwischen den Familienangehörigen, wieder voll zu ihrem Recht kommen. Als Staatsbürger eines sozialistischen Staates sehen wir uns vor die Aufgabe gestellt, den Sozialismus als eine Gestalt gerechteren Zusammenlebens zu verwirklichen. Als Christen lassen wir uns daran erinnern, daß wir es weithin unterlassen haben, ›die Sache der Armen und Entrechteten gemäß dem Evangelium von Gottes kommendem Reich zur Sache der Christenheit zu machen‹.« Der letzte Satz enthält ein Zitat aus der Darmstädter Erklärung des Bruderrates der Bekennenden Kirche von 1947.

Das Friedensangebot in diesem genau überlegten und sorgfältig formulierten Text bestand darin, daß ausdrücklich auf die Zweistaatlichkeit Deutschlands Bezug genommen und auf dieser Grundlage unsere Position in dem Staat, in dem wir lebten, positiv beschrieben worden ist. Dabei haben wir nicht etwa, wie das jetzt manchmal dargestellt wird, die Verwirklichung des Sozialismus zur Sache der Kirche erklärt, sondern dies vielmehr mit Bedacht den staatsbürgerlichen Aufgaben zugerechnet, denen die Kirche eine Richtung weist: das Zusammenleben der Menschen gerechter gestalten. Ich habe das nicht als Anpassungs-, sondern als Offensivformel verstanden, und bin darin mit vielen kirchlichen Mitstreitern einig geblieben: Indem wir die DDR als sozialistischen deutschen Staat akzeptieren, wollen wir ihn verändern. Es ging uns damals und später mit der Kurzformel »Kirche im Sozialismus« nicht um eine ideologische oder gar theologische Rechtfertigung dieses SED-Sozialismus, wohl aber um das volle Hineingehen in die uns vorgegebene Wirklichkeit dieser Gesellschaft. Wir wollten sie nicht unterminieren. Wir wollten ihr nicht entfliehen. Wir wollten uns aber von ihr auch nicht ausgrenzen und diskriminieren lassen.

Die Partei- und Staatsführung ist auf dies Friedensangebot damals jedoch nicht eingegangen, das Lehniner Papier hat zunächst nichts bewirkt. Ulbricht hielt sich an den Thüringer Bischof Mitzenheim. Auch die dann folgende rechtliche Verselbständigung der östlichen Landeskirchen im Bund der Evangelischen Kirchen hat zunächst überhaupt nichts geändert. Wir wurden als gesellschaftliche Kraft nicht akzeptiert und behandelt wie eh und je. Erst die neue Ostpolitik der Regierung Brandt in Bonn brachte die Dinge wieder in Bewegung.

Wir waren durch die Situation innerhalb des Landes befangen, haben nicht immer gleich die Zusammenhänge begriffen. Wir verstanden erst etwas später wirklich, daß das Staat-Kirche-Verhältnis in der DDR ein Element in einem europäischen Veränderungsprozeß war, der durch die sozialliberalen Aktivitäten aus Bonn in Gang gekommen war. Die Anerkennung des Kirchenbundes am Ende der Ära Ulbricht war eines der frühen Zeichen dafür, daß man in Ost-Berlin die Notwendigkeit zur Neuorientierung zu erkennen begann. Es folgte Ulbrichts Sturz durch Honecker, dann der Weg nach Helsinki, und erst im Gefolge der KSZE-Schlußakte von Helsinki zeigte sich die SED bereit, sich auf eine Politik des Burgfriedens mit der evangelischen Kirche einzulassen. Das wurde in einem Gespräch Honeckers mit dem Vorstand des Kirchenbundes am 6. März 1978 manifestiert, als dessen Sekretariatsleiter ich daran teilnahm.

Vom bequemen Ideal der auf den Gottesdienst beschränkten russischen Orthodoxie als Modell einer Kirche im Sozialismus hatte sich die SED angesichts der deutschen protestantischen Wirklichkeit schon ziemlich früh trennen müssen. Doch auch nach der Gründung des Kirchenbundes versuchte man noch, uns auf das Vorbild der ungarischen Protestanten festzulegen. In Verhandlungen mit der Leitung der evangelischen Kirche am 10. November 1970 warb Hans Seigewasser, damals Staatssekretär für Kirchenfragen, für die Haltung der ungarischen Lutheraner. Deren Bischof Kaldy habe die entschlossene Unterstützung der Kirche für die Entwicklung zum Sozialismus zugesagt und erklärt, daß Antikommunismus Unglaube und Gottlosigkeit sei. Die Antwort unserer Kirche war die Erklärung, nicht Kirche *für* den Sozialismus und nicht Kirche *gegen* den Sozialismus, sondern Kirche *im* Sozialismus zu sein.

Die komplizierten Überlegungen, die zu dieser Position führten, die in der Folgezeit oft in der Kurzformel »Kirche im Sozialismus« zusammengefaßt wurden, sind immer wieder sinnentstellend wiedergegeben worden. Deshalb will ich an dieser Stelle die mißverständliche Kurzformel durch den Wortlaut der entsprechenden Passage aus dem Bericht der Konferenz der Kirchenleitungen für die Synode des Kirchenbundes in Eisenach 1971 ergänzen. Es hieß dort nach der Feststellung, daß in der DDR eine evangelische Mehrheitskirche zum ersten Mal in der Geschichte dem Sozialismus marxistisch-leninistischer Prägung begegne, den zu verwirklichen sich der Staat zur Aufgabe gesetzt habe, und dem Hinweis auf die nachwirkenden Belastungen des bisherigen Verhältnisses von Kirche und SED: »Eine Zeugnis- und Dienstgemeinschaft von Kirchen in der Deutschen Demokratischen Republik wird ihren Ort genau zu bedenken haben: *In* dieser so geprägten Gesellschaft, nicht *neben* ihr, nicht *gegen* sie. Sie wird die Freiheit ihres Zeugnisses und Dienstes bewahren müssen. Denn sie ist durch ihren Auftrag allein an den gebunden, der als der menschgewordene Wille Gottes zur Rettung seiner Kreatur zu uns kam.« Ausdrücklich zu formulieren, daß die Kirche keine Zeugnis- und Dienstgemeinschaft *für* den Sozialismus sein könne, war uns in Eisenach gar nicht in den Sinn gekommen. Das ergab sich selbstverständlich aus Geschichte und Kontext.

Die in dem Slogan »Kirche im Sozialismus« zusammengefaßte Ortsbestimmung des Kirchenbundes war also eine Absage an die Vereinnahmung durch den Staat, aber auch eine Absage an den Kampf gegen den Staat. Das war vor allem der Anspruch auf ungehinderte Tätigkeit der Kirche auch in einer sozialistischen Gesellschaft. Nicht Rußland und nicht Ungarn, sondern die Barmer Erklärung konnte unser Modell sein. Die evangelische Kirche in der DDR mußte, wenn sie sich treu bleiben wollte, über Predigt, Seelsorge und Diakonie hinaus vor allem in drei Aufgabenfeldern Freiräume erhalten: Jugendarbeit, Eintreten für benachteiligte und bedrängte Bürger im Lande und Erhalt der Gemeinschaft mit den evangelischen Kirchen in Westdeutschland.

Man kann die evangelische Kirche in der DDR getrost an der Bekennenden Kirche messen. Denn auch die Bekennende Kirche hat nicht den direkten Kampf gegen Hitler geführt, sondern im System ihre geistliche Freiheit, ihren Freiraum, behauptet. Auch sie konnte Mißverständnisse nicht vermeiden. Jedes Urteil, das von der konkreten Situation absieht und Wertungen vom sicheren Boden heutiger Verhältnisse aus vornimmt, kann nur in die Irre gehen. Vielleicht wäre statt des moralischen Zeigefingers ein Durchspielen von Varianten hilfreich: Wie hätte man es bei gleichen Vorgaben anders machen können?

Wir hatten nach unserer Überzeugung keine Wahl. Die Aufgabe war klar: Die drei genannten Freiräume mußten errungen werden. Wir gingen dabei davon aus, daß auf alle absehbare Zeit mit dieser Macht gelebt werden mußte. Illusionslos und doch nicht auf die Macht fixiert, sondern in innerer Freiheit und ohne eigene Machtmittel mußte man versuchen, Boden zu gewinnen, in kleinen Abschnitten die Möglichkeiten der Kirche zu erweitern und damit das Land zu verändern, die Bedingungen für die Bevölkerung zu verbessern.

Das gelang im Gefolge der Schlußakte von Helsinki mit dem Gespräch vom 6. März 1978. Obgleich nach der staatlichen Anerkennung des Kirchenbundes Fortschritte erzielt wurden, prägte die Konfrontation weiterhin das Verhältnis Staat-Kirche. Doch Honecker war interessiert daran, sie abzubauen. So wurde die politische Gegnerschaft offiziell beendet, die weltanschauliche blieb bestehen. Es gelang, bei Wahrung der Eigenständigkeit der Kirche zu Absprachen zu kommen, die auch einen Handlungsauftrag enthielten. Gradmesser für das Staat-Kirche-Verhältnis sollte die Situation des einzelnen Christen »vor Ort« sein. Partei und Staat haben das zwar nie richtig umgesetzt, aber die Kirche nutzte die Chance, aus ihrem »Schutzraum für Rückständige« einen Freiraum für Menschen zu machen, die sich mit den Gegebenheiten der Gesellschaft auseinandersetzten, die Dinge im Lande verändern wollten.

Solche Freiräume bot zunächst vor allem die kirchliche Jugendarbeit. Da, wo evangelische Jugendgruppen aktiv waren, wo es Treffpunkte für Jugendliche gab und wo Jugendpfarrer oder Diakone mit Initiative tätig waren, fanden sich mehr und mehr auch junge Leute ein, die von Haus aus keine Kirchenbindung hatten, sich aber von der freien Atmosphäre angezogen fühlten und darin Chancen erkannten. Die Friedensgruppen, die Ende der siebziger Jahre aktiv wurden, umfaßten neben Jugendlichen und jungen Erwachsenen mit christlicher Motivation auch viele mit vorrangig politischem oder anderem Antrieb, darunter auch eigenständig denkende Marxisten, die mit der Partei in Konflikt geraten waren.

Zu den Friedensgruppen kamen ökumenische Dritte-Welt-Gruppen, Gruppen, die sich konkret um Umweltprobleme kümmerten, dann Menschen- und Bürgerrechtsgruppen, Frauen für den Frieden und andere. Zum Teil waren sie gar nicht im Schoß oder im Umfeld der Kirche entstanden, fanden aber den Weg zu ihr, weil nur die evangelische Kirche – und auch sie nur in einer Minderzahl ihrer Gemeinden und auch nicht an jedem Ort – bereit und in der Lage war, Räume und organisatorische Hilfen zur Verfügung zu stellen – vom Telephon über Vervielfältigungsgeräte bis zur Tagungsorganisation. Die Umweltgruppen verbanden sich zum kirchlich firmierenden Netzwerk Arche, Delegierte der Friedensgruppen trafen sich in den achtziger Jahren Jahr für Jahr – jeweils unter der Schirmherrschaft einer Landeskirche – unter dem Motto »Konkret für den Frieden«. In Berlin stellten die hier aktiven Gruppen sich jährlich einmal öffentlich auf Kirchengelände als Friedenswerkstatt dar.

Das ging nicht ohne Konflikte, aber trotz mancher Bedenken gewährte die Kirche, gewährten einzelne Kirchengemeinden und Pfarrer solchen Gruppen dadurch Schutz, daß sie ihre Tätigkeit zur kirchlichen Aktivität erklärten. Nur die Kirche war wegen ihrer durch Honecker im März 1978 abgesicherten Sonderstellung dazu in der Lage. Sie konnte sich auch, unterstützt von westlichen Medien, gegenüber den Behörden einschließlich des Ministeriums für Staatssicherheit konkret für Inhaftierte aus solchen Gruppen verwenden, ihre Freilassung und die Einstellung von Ermittlungsverfahren erreichen.

Da es zu meinem kirchlichen Auftrag gehörte, diesen Freiraum zu sichern, habe ich im Laufe der achtziger Jahre immer häufiger mit solchen Schutz- und Konfliktfällen zu tun gehabt. Ich war entschlossen, alle Aktivitäten zu fördern, die zu mehr Meinungs- und Reisefreiheit, zur Ausweitung und Sicherung der Bürger- und Menschenrechte beitrugen. Es konnte vorkommen, daß ich, wegen der Abhörgefahr, bei Gesprächen mit Vertretern solcher Gruppen in meinem Büro offiziell nein zu bestimmten Vorhaben sagen mußte, ihnen gleichzeitig aber einen Zettel zuschob, auf dem meine wahre Meinung stand: Machen Sie das so!

Mitunter habe ich wohl auch geholfen, ohne das zu wissen. Jens Reich hat ein Erlebnis aus dem Jahre 1987 geschildert: »Wir kamen von einer Protestandacht in Gethsemane und gingen die Stargarder hinab zur Pappelallee. Plötzlich tauchten ein paar Geheime in Zivil auf und stürzten sich auf einen jungen Mann, der dreißig Meter hinter uns ging, zerrten ihn in einen Hauseingang und wollten ihn offensichtlich in einen Kleinbus verfrachten, der langsam auf der anderen Straßenseite heranrollte. Wir blieben stehen und drehten uns um, unschlüssig, wie wir handeln sollten ... Der junge Mann, mit erhobenen Armen gegen die Hauswand gelehnt, drehte sich plötzlich um und rief uns ganz schnell zu, bevor sie ihn hindern konnten: Mein Name ist Dieter Schütze, sagt Stolpe Bescheid, die wollen mich fertigmachen! Ein halblautes Kommando, und die Greifer ließen von ihrem Opfer ab, stiegen mit ärgerlichen Gesichtern in ihr Auto und verschwanden.«

Der Freiraum, den wir schufen und verteidigten, wirkte anziehend auf Menschen, die erkannten, daß in der Kirche etwas getan wurde, was Sinn für das Ganze machte. Dort wurden Meinungen artikuliert, Erfahrungen und Erlebnisse zusammengetragen, die sonst unter dem Teppich blieben. Von dort wurden Anfragen, Erwartungen, Mahnungen an den Staat gerichtet. Dort wurde einfach ein Stück Hoffnung transportiert, die Verhältnisse zu verbessern. Das haben die Menschen als wichtig empfunden, zumal wir die Schlußakte von Helsinki ständig aus der Tasche zogen und damit auch den Funktionären gegenüber argumentieren konnten, während darüber innerhalb der Partei bestenfalls in vertraulichen, aber einflußlosen Zirkeln diskutiert werden konnte.

Daß solche Freiräume im Bereich der Kirche möglich wurden, war an sich schon eine Veränderung der DDR. Sie paßten nicht ins System der realsozialistischen Gesellschaft. Die Partei tolerierte die kirchlichen Freiräume, hütete sich aber, sie in irgendeiner Form in die Gesellschaft zu integrieren. Das wäre ja auf eine Preisgabe der Allzuständigkeit der SED-Führung für alles, was die Partei unter Sozialismus verstand, hinausgelaufen. Sie hätte damit eingeräumt, daß der einzelne Bürger kompetent und berechtigt war, den real existierenden Sozialismus kritisch zu analysieren, Fehler des Systems offen anzusprechen und Verbesserungen einzufordern.

Hier war die SED außerordentlich empfindlich. Wir bekamen das zu spüren, als Heino Falcke, einer unserer hervorragenden theologischen Denker, heute Propst zu Erfurt, 1972 einen Vortrag bei der Bundessynode in Dresden hielt. Er sprach davon, daß die christliche Hoffnung dort trage, wo die sozialistische Gesellschaft enttäusche, so daß das sozialistische Ziel der größeren Gerechtigkeit entstellt oder unkenntlich werde, und folgerte: »Unter der Verheißung Christi werden wir unsere Gesellschaft nicht loslassen mit der engagierten Hoffnung eines verbesserlichen Sozialismus.« Daß die Kirche von der Notwendigkeit sprach, den Sozialismus zu verbessern, nahm die SED uns so übel, daß sie schlagartig die sich gerade etwas positiver entwickelnden Beziehungen Staat-Kirche für Monate einfror. Es gab harte Auseinandersetzungen zwischen Kirche und Staat, aber auch innerhalb der Kirche, die viele erschreckt, auch verschreckt haben. Die Vorstellung vom »verbesserlichen Sozialismus« wurde nicht zum deklarierten Ziel kirchlichen Handelns in der Gesellschaft. Die Institution Kirche vermied fortan bis in die späten achtziger Jahre möglichst Begriffe, die als Formeln für eine Gesamtkonzeption politischer Reformen hätten ausgelegt werden können. Wir alle stimmten jedoch darin überein, daß wir die Freiheit, etwas an den konkreten Einzelbedingungen zu ändern oder, da wir selber nichts ändern konnten, solche Änderungen einzufordern, nur gewinnen konnten, wenn wir die Grundstrukturen der Macht akzeptierten, nicht indem wir sie in Frage stellten.

Der Burgfrieden zwischen Staat und evangelischer Kirche, der im Gespräch mit Honecker am 6. März 1978 besiegelt worden war, hat nicht bis zum Ende der DDR gehalten. Und solange er galt, war der Burgfrieden nie spannungsfrei. Gewiß, die SED wollte Beziehungen entwickeln, die von gegenseitigem Vertrauen getragen wurden, und durch regelmäßige Gespräche zwischen Staat und Kirche Konflikte von vornherein vermeiden. Der Staatssekretär Klaus Gysi hat das 1981 einmal öffentlich so formuliert: »Wir wünschen ein Verhältnis, das kooperativ-konstruktiv ist dort, wo wir übereinstimmen, und das dort, wo wir nicht übereinstimmen, sozusagen Tolerierung der staatlichen Entscheidungen ist, wo es solche gibt.« Unter der »Tolerierung« staatlicher Entscheidungen durch die Kirche verstand die Partei vor allem, daß die kirchliche Seite Konflikte nicht in die Öffentlichkeit bringen sollte.

Das ging natürlich nicht. Denn wir sahen in dem Burgfrieden vom 6. März 1978 nicht die Pflicht zur Konfliktvermeidung, sondern ein Instrument zur Konfliktregulierung. Der Konflikt betraf ja stets Menschen in ihrem Alltagsleben: die Kinder in der Schule etwa; die christlichen Eltern, die man aus den Schulgremien heraushalten wollte; die wehrpflichtigen und anderen Bürger, die den Dienst in der Armee ablehnten und Unterschriften für Petitionen sammelten, damit endlich ein Zivildienst, ein »Sozialer Friedensdienst« eingerichtet würde; die jungen Leute, die nicht mehr glauben wollten, daß die SS20-Raketen des Warschauer Vertrages sozialistische Friedenswerkzeuge, die Pershings der NATO hingegen imperialistische Kriegsinstrumente seien, und die deshalb mit dem Aufnäher »Schwerter zu Pflugscharen« auf die Straße gingen.

Burgfrieden, das hieß für mich und viele andere in der Kirche, daß wir auf eine politische Auseinandersetzung im Grundsätzlichen verzichten wollten. Die Kirche sollte gleichsam neutral bleiben, sich auf keine der beiden Seiten im »internationalen Klassenkampf« schlagen; und die staatliche Macht sollte dies akzeptieren. Ich erinnere mich, wie ich diese Position 1976 westlichen Journalisten einmal so erläuterte: Wir wollen nicht das Trojanische Pferd der Konterrevolution sein, aber auch nicht der Transmissionsriemen der Partei.

Burgfriedenspolitik der Kirche konnte und sollte nicht Friedhofsruhe bedeuten. Der Burgfrieden war für die SED als Konsequenz von Helsinki möglich und nötig geworden. Wir zogen daraus den Schluß, ihn für die Realisierung der KSZE-Ziele zu nutzen. Wir drängten nun beständig auf Veränderungen bei den Themen, die im Korb Drei von Helsinki gebündelt waren, also in den humanitären Fragen und bei den Menschenrechten.

Wir haben uns zum Beispiel ständig darum bemüht, die Aussagen von Helsinki und die internationalen Verpflichtungen, die die DDR eingegangen war, etwa mit der Unterzeichnung der internationalen Konvention über die Menschenrechte, als verbindliche Auslegungsregeln ins DDR-Recht hineinzuholen. 1985 wurde ein Strafrechtsänderungsgesetz erlassen, das eine Verschärfung im Punkt Meinungsfreiheit bedeutete. Wir haben gewarnt und auf den verschiedenen Ebenen Gesprächsmöglichkeiten genutzt, um Juristen und Funktionäre davon zu überzeugen, daß die DDR diesen Paragraphen, wenn überhaupt, nur unter Zugrundelegung der eigenen Verpflichtungen im Rahmen der Menschenrechtskonvention mit der darin enthaltenen Definition zur Meinungsfreiheit anwenden dürfte. Auch die Menschenrechtskonvention zur Religionsfreiheit haben wir immer wieder ins Gespräch gebracht.

Ein weiteres Ziel unseres zähen Bemühens war es, Bewegung in die Frage der Versammlungsfreiheit zu bringen.

Konkret untermauert wurden solche meist nicht laut in die Öffentlichkeit posaunten Forderungen durch die Praxis der Gruppen und kirchlicher Einrichtungen. Auf kirchlichem Gelände fanden zum Beispiel Versammlungen statt, in denen jeder seine Meinung frei äußern konnte; die evangelischen Wochenzeitungen versuchten mit Erfolg, ihren Spielraum zu erweitern und der Partei vorzuführen, wie verantwortlich genutzte Meinungsfreiheit aussieht.

Aber da, wo nicht Institutionen oder Gruppen handeln konnten, sondern zunächst der einzelne gefordert war, wurde es schwierig. Zwischen 1975 und 1987 habe ich überall im Lande Hunderte von Vorträgen zum Thema Menschenrechte gehalten. Ich hatte immer die DDR-Verfassung dabei, dazu die Gesetzblätter mit dem Text der von der DDR unterzeichneten Konventionen. Bei diesen Vorträgen blieb ich nicht allgemein, sondern sprach die konkreten Probleme an, mit denen die Leute in ihrem Alltag konfrontiert waren. Immer spielte die Schulfrage eine Rolle. Es gibt eine sehr konkrete UNO-Konvention gegen die Diskriminierung im Bildungswesen, ein für die Auseinandersetzung um die Rechte der Schüler und Eltern sehr nützliches Dokument, denn auch die hatte die DDR unterschrieben.

Ich pflegte bei solchen Veranstaltungen stets zu sagen: Es ist kompliziert, diese Rechte auch wirklich in der DDR zu erhalten. Denn in diesem Lande werden alle Gesetze und auch die KSZE- und UNO-Dokumente unter sozialistischem Vorzeichen ausgelegt. Aber wir haben Möglichkeiten, uns dagegen zu wehren. Ich riet immer, sich zunächst kundig zu machen, da man dadurch bereits einen Vorteil gegenüber den Funktionären der Volksbildung hatte, denen die internationalen Verpflichtungen, die die DDR eingegangen war, nicht geläufig waren. Wer kundig ist, so lautete mein Credo, kann sich wehren. Nachdem die DDR sich international gebunden hat, sind wir Bürger geradezu verpflichtet, diese Rechte im Inland auch einzufordern, sonst wird daraus nie etwas. Außerdem habe ich stets geraten, sich im Konfliktfall mit der Kirchengemeinde abzusprechen. Sollte der Pfarrer nicht Bescheid wissen, stünden der Superintendent und in Zweifelsfällen auch die Juristen im Konsistorium zur Verfügung. Wir würden dann gemeinsam beraten, wie man sich mit internationalem Recht gegen Bedrängnisse im Inland wehren könne. Denn das sei zwingende Auslegungsregel für das nationale Recht.

Viel Erfolg habe ich mit diesen Versuchen, den Menschen Mut zu machen und sie zum Einfordern ihrer Rechte zu bringen, zunächst nicht gehabt. Man war dankbar für unsere Rechtsauskünfte und die konkreten Ratschläge im Einzelfall, aber im Ernstfall trauten sich die meisten nicht, davon Gebrauch zu machen. Die von den vielfältigen Drangsalierungen Betroffenen wehrten sich letzten Endes doch nicht, sondern meldeten Diskriminierungen und Übergriffe gleich der Kirche mit dem Hinweis: Ihr müßt das wissen, ihr müßt dagegen etwas tun! Aber in acht von zehn Fällen fügten sie hinzu: Nennt unsere Namen nicht! Das war mein Kummer in den siebziger Jahren bis in den Anfang der Achtziger. Es dauerte lange, bis sich dann doch zunehmend mehr Menschen entschlossen, sich selber vorzuwagen.

Das Klima änderte sich allmählich, lange vor der Wende – dazu hat der Aufbruch in Polen beigetragen: »Solidarnosc« war auch für die Ostdeutschen ein Signal zum Aufbegehren. Vor allem junge Leute wurden immer mutiger und wollten ein Signal in der Wehrdienstfrage setzen: Schwerter zu Pflugscharen war das erste öffentlich stark beachtete Zeichen dieses neuen zivilen Ungehorsams. Zunächst war das zwar für uns Ältere schockierend, und viele fürchteten eine Zuspitzung. Aber dies Zeichen hat doch auch bei vielen Erwachsenen zu einer neuen kritischen Sicht der Dinge geführt, die sich nun sagten: Man muß nicht gerade mit Aufnähern herumlaufen, und man muß nicht unbedingt auf der Straße demonstrieren, aber man muß vielleicht doch deutlicher die Wahrheit sagen und sich nicht mehr alles gefallen lassen. Obgleich der Funke der freien Gewerkschaftsbewegung aus Warschau und Danzig nicht auf die DDR-Bevölkerung übergesprungen ist, hat doch auch der Mut der Polen im August 1980 dazu beigetragen, daß sich unter braven Christen die Ansicht verbreitete, man könne und müsse wohl doch mehr tun, als nur zuzusehen und in der privaten Nische zu schimpfen. Das wirkte sich bei den Kirchentagen aus, vor allem bei den sieben Kirchentagen im Lutherjahr 1983, dann 1987 in Berlin, 1988 wieder in einer Reihe anderer Städte. Es war von erheblicher Bedeutung, daß dort Tausende beisammen waren und Menschen in dieser Öffentlichkeit zu sagen begannen, was sie wirklich dachten.

Im Rückblick mag dies als listige Doppelstrategie erscheinen: Wir klammerten in der Burgfriedenspolitik die Machtfrage aus und akzeptierten damit faktisch das diktatorische Herrschaftssystem, gleichzeitig aber förderten wir die selbständige Meinungsbildung, wiesen die Menschen auf ihre Freiheitsrechte hin und ermunterten sie, sie einzufordern. Wir hätten also vielleicht abwarten können, bis sich aus der Summe der Veränderungen im kleinen die Frage nach der Legitimation der Macht im ganzen von selber stellte. Doch so weit haben wir nicht gedacht, sondern von 1985 an zunehmend darauf gewartet, daß die Nötigung zur Demokratisierung des DDR-Systems sich aus der Veränderung im Gesamtsystem durch die Reformen Gorbatschows ergebe.

Heute diskutiert man nun darüber, ob es richtig war, daß die evangelische Kirche darauf verzichtet hat, die Frage nach der Legitimation der Macht im Staate zu stellen. Auch die katholische Kirche hat diese Frage nicht gestellt, sie hat sogar darauf verzichtet, die Auseinandersetzung über Einzelfragen zu führen, wenn sie nicht direkt betroffen war. Wäre es richtiger gewesen, neben dem weltanschaulichen auch den grundsätzlichen politischen Konflikt auszutragen? Darüber gehen die Meinungen auseinander. Darüber muß man streiten dürfen. Ich selber bin gerade im Rückblick überzeugt davon, daß eine kirchliche Politik, die sich ins offene Feld hineinbewegte und dadurch auch Leute ermunterte und mitnahm, eine der Voraussetzungen dafür war, daß in der DDR Kritik in doppelter Richtung wuchs: Die einen sahen, wie unzureichend die Verhältnisse waren, und entschlossen sich, zu gehen: denn hier ändert sich nichts. Die anderen sahen, wie unzureichend die Verhältnisse waren, und entschlossen sich, zu bleiben: denn hier muß etwas geändert werden, und das geschieht nur, wenn wir es in die Hand nehmen. Beide Konsequenzen haben zusammen bewirkt, daß der Partei die Macht entglitt. Ohne sie, das ist meine Überzeugung, hätte sich nichts bewegt.

Entzauberung der Macht: Vom Umgang mit der Vergangenheit

Heute, nach dem Zusammenbruch des Sowjetimperiums und dem schnellen Heimfall der DDR ins westliche Deutschland, scheinen die Sieger der Geschichte die konsequenten Antikommunisten, die Abwarter und Überwinterer zu sein. Diejenigen dagegen, die sich mühten, innerhalb der DDR – an deren schnelles Ende niemand glaubte – für Veränderung zu arbeiten, sind verschlissen, wirken zwielichtig, vielleicht sogar unbrauchbar für eine gesamtdeutsche Zukunft. Aber was wäre geworden, wenn nicht immer wieder versucht worden wäre, auch aus der trostlosesten Lage noch das jeweils Bestmögliche für die Menschen in der DDR herauszuholen? Beim Evangelisten Matthäus heißt es: »Siehe, ich sende euch wie Schafe mitten unter die Wölfe; darum seid klug wie die Schlangen *und* ohne Falsch wie die Tauben.« Ich habe versucht, mich daran zu halten.

Wenn jetzt die Akten durchforstet werden, das Verhalten vieler Ostdeutscher auf dem Prüfstein liegt, die Vergangenheit aufgearbeitet werden soll, kommt es mir darauf an, daß aus möglichst vielen Beiträgen zur Durchleuchtung und Entzauberung der vergangenen Macht und der mit ihr gemachten Erfahrungen ein differenziertes Bild entsteht. So sehr Schuld im strafrechtlichen Sinne festgestellt und Urteile gesprochen werden müssen, so sehr ist doch jedermann bewußt, daß die Gerichte uns bei der eigentlichen Aufgabe wenig helfen können, Maßstäbe, Kriterien für die Beurteilung politischen Mitmachens zu geben.

Die einzige Möglichkeit, mit der Vergangenheit ins reine zu kommen, ist, daß jeder sich seiner eigenen Geschichte stellt, sich fragt, an welcher Stelle er zu eng mit der Staatsmacht zusammengearbeitet hat, überlegt, ob er vielleicht anderen Menschen durch sein Verhalten Schaden zugefügt hat. Ich will hier, gestützt auf meine vierunddreißig Notizbücher sowie auf Akten, die ich inzwischen – nicht zuletzt durch Enthüllungsveröffentlichungen – kenne, berichten, welche Einsichten ich im Laufe der Jahrzehnte über das Machtsystem der DDR gewonnen habe und wie Leute der evangelischen Kirche, wie ich damit umgegangen bin bei unseren Gesprächen mit Vertretern von Staat, Partei und auch Staatssicherheit.

Nach dem Selbstverständnis der evangelischen Kirche in der DDR waren solche Kontakte mit der Staatsmacht unumgänglich. Die acht Landeskirchen, die sich zum Bund der Evangelischen Kirchen in der DDR zusammengefunden hatten, wollten nicht nur das religiöse Betätigungsrecht ihrer Mitglieder sichern. Sie wollten mehr.

Meine Aufgabe war es seit 1962, die Interessen der evangelischen Kirchen gegenüber dem Staat wahrzunehmen. Ich mußte und wollte etwas erreichen, und ich habe nie daran gezweifelt, daß auch Freiraum erreichbar war. Niederlagen konnten nur die Beharrlichkeit verstärken, Erfolge nur Ansporn für weitere Bemühungen sein. Meine Arbeit war auf Erfolg orientiert, die Methoden blieben weithin mir selber überlassen. Erfolge waren aber nur möglich, wenn ich mit Mächtigen in allen Bereichen sprach – also auch mit der Staatssicherheit.

Gelegentlich begegne ich Menschen, die es moralisch so gar nicht verstehen wollen, wie man sich mit den Kommunisten hat arrangieren, gar von sich aus hat auf sie zugehen können. Auch in den Medien meldet sich mancher zu Wort, der sich selbst auf der Bank der Gerechten sieht, die natürlich im Westen steht. An ihr zieht von Osten her die Schlange der Schuldigen vorbei, die ihr Urteil entgegennehmen.

Diese selbstgerechten Pharisäer vergessen, daß es historischer Zufall, jedenfalls nicht eigenes Verdienst oder persönliche Schuld ist, ob der Lebensraum der eigenen Familie vor fünfundvierzig Jahren der demokratischen Welt des Westens oder der stalinistisch-sozialistischen des Ostens zugeteilt wurde. In Cecilienhof, wo die Sieger des zweiten Weltkrieges im Sommer 1945 das Potsdamer Abkommen aushandelten, werden noch heute die Landkarten aufbewahrt, die Churchill, Truman und Stalin benutzt haben, als sie die Besatzungszonen festlegten. Gewiß, schon während des Krieges waren auf den

Konferenzen von Jalta und Teheran die Interessengebiete abgesteckt worden, aber in Potsdam hat man noch einmal über Alternativen gesprochen und in die Karten auch andere mögliche Grenzen eingezeichnet.

Eine Variante sah vor, Deutschland nach Art einer Torte in Besatzungszonen aufzuteilen, die alle an Berlin stoßen. Potsdam wäre dann britisch oder amerikanisch geworden, und dafür hätten die Sowjets Bayern bekommen oder auch den Norden mit Schleswig-Holstein und Hamburg. Daraus wäre dann die DDR entstanden. Ganz andere Deutsche hätten sich damit vor der Frage gesehen, ob sie sich dem Sowjetimperium durch Flucht über die Zonengrenze entziehen oder in ihrer Heimat bleiben sollten. Wer blieb, mußte einen Weg finden, mit der Macht zu leben.

Dreimal hätte auch mich mein Weg in den Westen Deutschlands führen können. Zunächst die Flucht vor den Russen: Meine gesamte ostpommersche Verwandtschaft ging nach Schleswig-Holstein oder ins Rheinland. Wir blieben im westlichen Pommern, weil mein Vater und mein älterer Bruder noch gegen die Rote Armee kämpften. Sie sollten meine Mutter und mich leicht finden können.

Zwölf Jahre später, während meines Jurastudiums in Jena, geriet ich politisch stark unter Druck. Die Genossen waren seit dem blutig niedergeschlagenen Aufstand in Ungarn 1956 mir gegenüber sehr wachsam geworden. Ich hatte unverhohlen meine Sympathie gezeigt, war auch bei ein oder zwei harmlosen Studentenzusammenkünften gewesen. Offenbar wurde ich von da an observiert. Jedenfalls fand man heraus, daß ich mich in einem kirchlichen Heim aufgehalten hatte. Dort, in Lubmin am Bodden, hatte ich in Wahrheit lediglich meiner Mutter Gesellschaft geleistet, aber die Staatssicherheit berichtete der von der SED kontrollierten Fakultätsleitung in Jena, ihr Student Stolpe habe offenbar an einer Tagung der Evangelischen Akademie teilgenommen, was damals als konterrevolutionäre Aktivität angesehen wurde. Es kam zu einer Vollversammlung der Fakultät mit massiven Angriffen gegen mich, die zugleich andere abschrecken sollten, und mir wurde die Exmatrikulation angedroht. Ich erhielt freundschaftliche Hinweise, mich schleunigst Richtung Westen abzusetzen. Das sei doch die Gelegenheit, als politischer Flüchtling anerkannt zu werden. Ansonsten könne man nicht wissen, was mir noch alles passieren würde, schließlich wären schon ganz andere eingesperrt worden.

Aber ich hatte ein gutes Gewissen und beschloß, dieses Land freiwillig nicht zu verlassen. »Ich gehe erst nach Ulbricht. Ich mache dann hier das Licht aus.« Das war nicht nur ein Spruch im Freundeskreis, sondern meine sich immer weiter festigende Überzeugung.

Die dritte Gelegenheit war Anfang 1961 das Angebot, als juristischer Mitarbeiter in die Anwaltskanzlei Münch und Liefeldt im West-Berliner Bezirk Spandau einzutreten. Ich hatte mein Studium in Jena beenden können und inzwischen auch als Gasthörer der Freien Universität Berlin alle Seminare erfolgreich absolviert. Die Evangelische Kirche in Berlin-Brandenburg, bei der ich seit 1959 arbeitete, hatte mich zum Hospitieren in die Kanzlei geschickt. Die Herren lobten meine Vorliebe für verfahrene Fälle und meine umgängliche Art. Sie suchten Ersatz für ihren Kollegen Ernst Benda, dem seine politischen Aktivitäten keine Zeit mehr für den Anwaltsberuf ließen. Es war eine große Versuchung, zumal die Abriegelung der DDR immer schärfer wurde und die Gefahr des Mauerbaus immer realer. Doch ich lehnte fast leichten Herzens ab. Denn inzwischen war ich zutiefst davon überzeugt, daß es im Osten Deutschlands Leute geben mußte, die das System durchschauten, es nicht fürchteten und Freiräume hielten.

Da Weglaufen für mich nicht in Frage kam, und auch weil ich nicht an ein Ende des Sowjetimperiums noch in diesem Jahrtausend glaubte, habe ich dabei nicht auf Konfrontation gesetzt. Mit Gewalt war gegen die deutsch-sowjetische Macht nichts auszurichten, zumal uns, wie der 17. Juni 1953 und die Ereignisse des Jahres 1956 gezeigt hatten, von außen niemand helfen würde – eine Erkenntnis, die sich auch 1961 wieder bestätigte. Uns blieb nur die Kraft der Schwachen, wie die des Wassers gegen den Fels.

Als Kirchenjurist mußte man sich nicht in einer Nische verkriechen. Ich konnte versuchen, Freiräume zu schaffen, Inseln, auf denen Meinungen frei ausgetauscht und ohne Bevormundung zusammengearbeitet werden konnte, was dann auch anderen neue Kraft gab. Kurt Scharf überzeugte mich, daß die evangelische Kirche hier einen Auftrag hatte. Menschen, denen ihr Glaube ein festes Herz schenkte, die hinter den übermächtigen Machthabern die Allmacht Gottes wußten, konnten einen sehr langen Atem und eine unzerstörbare Zuversicht haben, daß selbst die DDR nicht das Ende aller Wege sein würde. Auch die DDR konnte man verändern, wenn man zunächst herausfand, wie dieser Staat funktionierte.

Es stand so nicht in den Lehrbüchern. Aber wer bei der Staatsmacht etwas erreichen wollte, erkannte im Laufe der Zeit, daß diese Macht sich auf drei Säulen stützte. Wie in anderen Staaten auch gab es zunächst den Staatsapparat mit Ministerien auf zentraler Ebene und nachgeordneten Verwaltungen in den Bezirken, auf Kreis- und Gemeindeebene. Hinter dem zentralistischen Staatsapparat, dem auch die Wirtschaft untergeordnet war, stand die Partei als zweite Säule der Macht, an ihrer Spitze der Generalsekretär und die Sekretäre des Zentralkomitees der SED, die zum Politbüro gehörten. Entsprechend gab es die Ersten Sekretäre und Sekretariate in den Bezirken und den Kreisen. Jeder Ebene und jedem Sektor des Staatsapparates war die entsprechende kontrollierende und anleitende Parteiorganisation zugeordnet. Die dritte, öffentlich am wenigsten in Erscheinung tretende Säule war die Staatssicherheit, in einem eigenen Ministerium zusammengefaßt, aber doch kein Teil des Staatsapparates. Die Staatssicherheit war ebenfalls vielfältig verzweigt und auf allen Ebenen präsent.

Eine Sonderstellung hatte die Armee als eigener Machtfaktor. Im Laufe der Zeit kam eine vierte Säule, eine vierte Gewalt hinzu, der sogenannte Bereich Kommerzielle Koordinierung, also das außenwirtschaftliche Geldbeschaffungsreich von Alexander Schalck-Golodkowski. Nach meiner Beobachtung mußten sich die Genossen des Politbüros von 1983/84 an allmählich daran gewöhnen, daß das Geld und auch die Valuta, die sie für ihren Verantwortungsbereich brauchten, knapp wurden. So wurde der Devisenbeschaffer zur vierten Macht. Wenn das System noch ein paar Jahre weiter bestanden hätte, wäre er vielleicht zur Hauptmacht geworden.

Die schwächste Säule der Macht war der Staatsapparat. Die

dort tätigen Menschen, die oft redlich versuchten, ihrer Aufgabe gerecht zu werden, hatten kaum Handlungsspielraum. Sie waren ganz eng an die Vorgaben der Partei gebunden, die bis in die Details hinein Vorschriften machte, den Leuten sagte, was sie wann in welcher Angelegenheit zu tun hätten, wem sie was übermitteln sollten.

Ich habe das bei Treffen zwischen Kirchen- und Staatsvertretern bis zur Groteske erlebt. Es gab Verhandlungen, bei denen man bestimmte Fragen nur vortragen konnte. Die wurden registriert, aber es gab keine Antworten. Wenn wir protestierten und verlangten, daß über die von uns aufgeworfenen Themen gesprochen würde, mußten unsere Gesprächspartner aus dem Staatsapparat sich bei der Partei rückversichern. Das führte mitunter zu einem regen Botenverkehr zum Nebenzimmer, wo der zuständige Abteilungsleiter des Zentralkomitees der SED saß, mit dem Zettel ausgetauscht wurden.

Erst in der Zerfallsphase der DDR, von Herbst 1987 an, als die Partei die Lage zusehends weniger im Griff hatte, gab es mehr und mehr Beispiele dafür, daß Menschen in der Staatsverwaltung es wagten, ihren Spielraum auszudehnen. Mir persönlich wurde ganz klar, daß die alte Partei am Ende war, als mir im Januar 1989 das SED-Zentralorgan »Neues Deutschland« einen Kommentar widmete, in dem ich als Gegner des Staates attackiert wurde. Ein namentlicher Angriff auf einen Inländer war sehr selten. So etwas hatte in all den Jahrzehnten vorher dem Betroffenen faktisch den bürgerlichen Tod gebracht. In diesem Januar dagegen sandten mir ungefragt die verschiedensten Leute, insbesondere auch aus dem Staatsapparat, freundliche Signale, erteilten sogar langanstehende Genehmigungen. Da wußte ich, daß die alten Machtstrukturen dabei waren, sich aufzulösen.

In all den Jahren zuvor konnte jedoch derjenige, der sich nur an die unmittelbare Staatsgewalt hielt, nichts Entscheidendes bewirken, weil der Staatsapparat von den drei Säulen der Macht die schwächste war. Die führende Rolle hatte die Partei. Das war nicht nur ideologischer Lehrsatz und Verfassungsprinzip, sondern auch Wirklichkeit bis in die Details hinein. Die Befehlsgewalt der SED wurde mit Hilfe ihres gewaltigen Apparates in der gesamten Wirtschaft, Kultur, Wissenschaft und Bildung, in allen gesellschaftlichen Bereichen und auch in den Entscheidungen über die Kirchen bis in Einzelfragen ausgeübt. Über allen staatlich Verantwortlichen stand der zuständige Sekretär des Zentralkomitees als »Oberminister«, also zum Beispiel Günter Mittag für die Wirtschaft, Kurt Hager für Kultur und Bildung oder Werner Jarowinsky für Kirchenfragen. Der Staatsapparat selbst hatte nicht selten lediglich Botendienste zu leisten.

Dennoch wurde nach außen die Form gewahrt. Ansprechpartner sollten ausschließlich staatliche Stellen sein; für die Kirchen war es der Staatssekretär für Kirchenfragen, noch nicht einmal ein Minister, ohne jede eigene Befugnis. In Genehmigungsfragen für kirchliche Veranstaltungen mußte er den Innenminister, in Kirchbaufragen die Plankommission, in Sachen kirchlicher Krankenhäuser oder Pflegeheime den Gesundheitsminister konsultieren. Entscheidungen trafen der zuständige Sekretär des Zentralkomitees und seine Abteilung Kirchenfragen. Aber selbst der Abteilungsleiter im ZK konnte nicht allein entscheiden, weil die jeweils fachlich zuständigen Sekretäre des Zentralkomitees und ihre Abteilungen beteiligt werden mußten. Es war ein sehr umständlicher und aufwendiger Apparat mit außerordentlich komplizierten Entscheidungslinien. Als die DDR in die Jahre kam, wurden immer mehr Dinge immer weniger entschieden. Das war kein Netzwerk, sondern glich mehr einem Dickicht, einem Macht-Urwald, in dessen Dunkel die eigentlichen Herren saßen – fern vom täglichen Leben.

Da Verantwortung nicht delegiert wurde, es keine kommunalen Befugnisse, keine Eigenverantwortung der Betriebe und Einrichtungen gab, mußte der Herrscher des Ressorts bis ins kleinste Detail Verantwortung tragen. Auch im letzten Dorf begriff man schließlich – und erwartete es dann auch –, daß über Abriß oder Restaurierung einer Friedhofskapelle im Großen Haus in Berlin, im Zentralkomitee entschieden wurde.

Über dem gesamten Apparat schwebte der Generalsekretär, der überall hineinregieren konnte. Nicht als Staatsratsvorsitzender, diese Zusatzfunktion war nur eine Verkleidung der Macht zu außenpolitischen Zwecken. In den Ressorts wurde säuberlich getrennt und eifersüchtig auf Zuständigkeiten beharrt. Der Generalsekretär Honecker dagegen regierte bis hin zu Einzelentscheidungen über alle Köpfe hinweg. Gelegentlich konnte man zum Verdruß der Leute in den Ressorts solche Einmischung von oben auch auslösen. Das zur Hälfte dem Staat gehörende Augustinerkloster in Erfurt, in dem Martin Luther Mönch gewesen war, hat die Kirche zum Beispiel auf diese Weise bekommen. Honecker schrieb sein »Einverstanden E.H.« auf unseren Antrag, und die Kirche erhielt das Gebäude, obwohl der Vorsitzende des Rates des Bezirkes und auch die Partei in Erfurt es nicht hergeben wollten.

Ich habe mich gelegentlich schriftlich auf direktem Wege an Honecker gewandt, was durchaus nützlich war. Solche Briefe vertraute ich nicht der Post an, sondern ging selber zur Poststelle des Zentralkomitees der SED. Der Umschlag trug den Vermerk »persönlich« und wurde – wie die Reaktionen zeigten – befördert. Das war ein Weg an allen Instanzen vorbei, und es war besser, wenn davon niemand erfuhr. Ich benutzte ihn, wenn wir wichtige Anliegen hatten. So wurden zum Beispiel unsere Vorschläge zur Verbesserung der Reisemöglichkeiten transportiert. Aber ich drängte auch auf Verbesserung der deutsch-deutschen Beziehungen. Honecker kannte mich, bei Empfängen konnte man ein paar Sätze wechseln, im Brief dann darauf Bezug nehmen. Am besten handgeschrieben, verriet mir einer seiner Mitarbeiter; der Alte traute wohl niemandem. Dieser Weg hat bis 1987 funktioniert. Nachdem Honekker von seinem Staatsbesuch in Bonn zurückgekehrt war, war alles vorbei. Danach habe ich bei ihm nichts mehr erreicht.

Die Partei stützte sich bei ihrer Entscheidungsfindung auf die dritte Säule, die Staatssicherheit. Von der bezog sie ihre Informationen, die Einschätzung der Situation, die Vorgaben für die Parteiweisungen, die der Sicherung der Macht dienen sollten. Die SED verließ sich in den siebziger, vor allem in den achtziger Jahren immer ausschließlicher auf die Informationen und die Detailkenntnis der Staatssicherheit, die alle anderen Apparate bespitzelte und überwachte.

Die Staatssicherheit hat ihren Spitzelapparat und ihr Berichtswesen immer mehr ausgebaut, als klar wurde, daß sie als Schwert der Partei stumpf geworden war. Erich Honecker hatte 1975 namens der DDR die KSZE-Schlußakte von Helsinki unterschrieben und seinen Staat damit zur Achtung elementarer Menschenrechte verpflichtet. Zusammen mit dem Vertragsverhältnis zur Bundesrepublik und dem Ausbau der Beziehungen zwischen beiden Staaten hatte das zur Folge, daß immer weniger mit direkter, sichtbar brutaler Gewalt regiert werden konnte. Die Weltöffentlichkeit mischte sich ein; und die Partei wurde im Laufe des Entspannungsprozesses sehr empfindlich dagegen, wegen Menschenrechtsverletzungen angeprangert zu werden. Ich bin überzeugt, daß der Ausbau des Spitzel- und Berichtssystems, dies besessene Aktensammeln und Dossiers-Schreiben eine Folge der Tatsache war, daß die Staatssicherheit begriffen hatte, daß die Partei das Schwert, das sie sein sollte, gar nicht mehr anwenden konnte. Nun versuchten sie, der SED mit diesen Berichten die Macht zu sichern, und auch mit der Furcht, die dadurch verbreitet wurde.

Wie schnell man in die Gefahr internationaler Isolierung kommen konnte, zeigte sich für Partei und Staatssicherheit nach der Selbstverbrennung des Pfarrers Oskar Brüsewitz 1976 vor der Stadtkirche von Zeitz. Die DDR sah sich weltweit öffentlich angeprangert. Wir haben damals stundenlang mit Ministerpräsident Horst Sindermann über diesen Fall und die Konsequenzen gesprochen. Sindermann hatte als einer der ersten begriffen, daß die Welt sich geändert hatte und man nicht mehr so agieren konnte wie noch zu Ulbrichts Zeiten. An vielen Einzelheiten konnten wir ablesen, daß Partei und Staatssicherheit geschockt und verunsichert waren.

Eigentlich gab es dafür keinerlei Grund, ihre Macht war nicht in Gefahr. Es hatte sich ein verzweifelter Pfarrer verbrannt, dessen Bemühungen, etwas zu verändern, mehr Bewegungsraum für seine Arbeit, insbesondere seine Jugendarbeit zu gewinnen, man blockiert hatte. Und trotzdem sagte Horst Sindermann in einem Gespräch mit mir am 3. September 1976: »Brüsewitz traf den Nerv.«

Oskar Brüsewitz, eine pietistisch prophetische Gestalt, mit der die rationale evangelische Kirche ihre Mühe hatte, erwartete keine Verbesserungen durch Gespräche mit dem Staat, sondern wollte ein unübersehbares Signal setzen. Er wählte den Opfertod durch Selbstverbrennung auf dem Marktplatz von Zeitz mit der Anklage: »Kirche klagt sozialistischen Staat an wegen Verfolgung der Kinder.« Kirchenleitungen und Synoden spürten die in dieser Tat enthaltene Anfrage. Es gehe um den Kampf des Lichtes gegen die Finsternis und nicht um Anpassungsgehabe, hatte Brüsewitz erklärt und dabei vor allem die atheistische Beeinflussung der Jugend, ihr gewaltsames Fernhalten von Gott im Auge gehabt. Der Staat verlangte von der Kirche, sich von Pfarrer Brüsewitz zu distanzieren. Die Kirche weigerte sich und forderte ein Gespräch zur Schulpolitik. Die akkreditierten Journalisten, die ganze Weltöffentlichkeit stand auf unserer Seite. Am 26. Oktober wurde ein Bildungsgespräch in Aussicht gestellt. Am 10. Dezember aber erfuhr ich von der Dienststelle des Staatssekretärs für Kirchenfragen, von Fritz Flint und Horst Dohle, daß es wohl nicht dazu kommen würde. Sonst ein Mann mit der Geduld eines Anglers, platzte mir diesmal der Kragen: »Nicht gehaltene Zusagen sind Scheiße«, hielt ich den Boten entgegen.

Wir wurden zunächst um ein Ergebnis von Oskar Brüsewitz' Opfer betrogen. Denn inzwischen hatte sich die Lage beruhigt, es gab keine erkennbare Massenwirkung mehr. Außerdem glaubte die Kirche, durch Distanz zu den akkreditierten West-Journalisten beim Staat mehr erreichen zu können. Der wußte dies und warf den mutigsten und einfallsreichsten Korrespondenten, Lothar Loewe, aus dem Land. Die Kirche hat sich nicht vor ihn gestellt.

Unsere Niederlage nach dem Tod von Brüsewitz war aber auch lehrreich. Wenn die Bürger protestierten und die Aufmerksamkeit der Weltöffentlichkeit auf die DDR gerichtet war, wurden die Vertreter des starren Systems nervös. Dann bestand die beste Voraussetzung, in Gesprächen etwas zu bewegen.

SED und Staatssicherheit mußten im weiteren Fortgang des europäischen Entspannungsprozesses und der mit ihm verbundenen Öffnung und Öffentlichkeit begreifen, daß mit nackter Gewalt nichts mehr auszurichten war. Im Februar 1982 haben sie es noch einmal versucht, nachdem sich Pfarrer Rainer Eppelmann in einem »Berliner Appell« für ein vereintes neutralisiertes Deutschland und den Abzug aller Sieger, auch der Sowjets, ausgesprochen hatte. Die Macht reagierte sofort:

Eppelmann wurde inhaftiert. Wir haben uns ununterbrochen bemüht, ihn freizubekommen, was nach einigen Tagen gelang, nachdem deutlich war, daß die Kirche Pfarrer Eppelmann nicht fallenlassen würde.

Mindestens genauso wichtig aber war, daß die Medien in aller Welt das Thema aufgriffen. Die DDR stand wieder am Pranger: Pfarrer in Haft! Die Macht mußte eine Welle der Solidarität innerhalb der Kirche sowie weltweite Proteste befürchten. Spätestens damals hat die Führung begriffen, daß sie beim Einsatz staatlicher Machtmittel eine Grenze erreicht hatte. Das internationale Ansehen war ihr selber zu wichtig geworden.

Damit kein Mißverständnis aufkommt: Die Partei behielt ihre führende Rolle – auch gegenüber der Staatssicherheit – auch in der Zeit, als diese ihren Spitzelapparat und das Berichtswesen ungeheuer aufblähte, um möglichst schon im Vorfeld geräuschlos das zu verhindern, wogegen sie mit nackter Gewalt nicht mehr vorgehen konnte. Die SED wurde nicht von Erich Mielke ferngesteuert, Honecker nicht zur Handpuppe der Staatssicherheit. Doch die SED wurde vom Berichtswesen der Mannen Mielkes immer abhängiger. Sie speisten die Einschätzungen ein, auf die sich die Partei stützte. Wer von außen Einfluß nehmen wollte, mußte das einkalkulieren.

Mich hatte die Staatssicherheit vermutlich seit 1956 im Visier und seitdem sicherlich nicht mehr aus den Augen und Ohren gelassen. Damit habe ich immer gerechnet. Unter Verfolgungswahn habe ich zum Glück nie gelitten, doch mehr als dreißig Jahre vermutete Observation prägen Handeln und Reden. Korrespondenten und Diplomaten, die in der DDR akkreditiert waren, wissen davon ein eigenes Lied zu singen. Trotzdem habe ich seit den siebziger Jahren den Versuch gemacht, politische Ziele auch auf dem Umweg über die Staatssicherheit gezielt zu erreichen.

Ich war nicht der einzige Vertreter der Kirche, der begriffen hatte, daß nichts in unserem Sinne zu bewegen war, wenn wir uns ausschließlich an die staatlich vorgegebenen Wege hielten, um unsere Anliegen vorzubringen. Unabhängig von mir hatten auch andere begonnen, außer mit Vertretern von Staat und

Partei auch mit Mitarbeitern der Staatssicherheit zu sprechen, um den SED-Staat durch seine eigenen Machtmittel zu überlisten.

Insgesamt wußte ich von neun Männern, die im Umgang mit der Staatssicherheit die gleiche Strategie verfolgten wie ich. Einer von ihnen lebt nicht mehr. Sie alle waren unbefangene und freie Menschen. Sie waren nicht an die Staatssicherheit gebunden, konnten nicht erpreßt werden, und vor allem waren sie angstfrei. Keiner wollte etwas für sich erreichen. Jeder wollte etwas für die Menschen und das Land bewegen, getrieben von der Überzeugung, daß die Kirche hier stellvertretend gefordert war. Mit ihnen stand ich im ständigen Gespräch zu unseren Hauptthemen: Was wollen wir erreichen, welches sind die unmittelbaren Ziele?

Wir informierten uns gegenseitig über unsere Gespräche. Es war wichtig, daß wir das gleiche einbrachten und forderten. Die Männer hatten zum Teil ganz andere Gesprächspartner. Die Perfektion des Berichtssystems der Staatssicherheit forderte, daß auf allen Klavieren der gleiche Ton angeschlagen wurde. Der starre Machtapparat konnte bewegt werden. Was der Staatsapparat nicht durfte und die Partei nicht wollte, konnte über die Staatssicherheit zur Entscheidungsvorlage an die Partei und schließlich zur Durchführung an den Staat gebracht werden. Es durfte nur nicht durchschaut werden. Es gab deshalb auch kein Netz und keine förmlichen Absprachen. Das Ganze beruhte auf einem reinen Zuruf- oder genauer Zuflüster-Verfahren.

Die neun Mitstreiter, mit denen ich mich abstimmte, wußten nicht voneinander. Einige hatten wohl Querverbindungen, aber es hat nie eine Konferenz dieser Leute gegeben, die ähnlich handelten. Verabredungen und Austausch gab es immer nur zwischen zwei Menschen, die sich auch schnell zu aktuellen Fragen verständigen konnten, wenn das nötig war. Man bekam dann einen Anruf des Kollegen, der zum Beispiel am gleichen Nachmittag ein Gespräch mit der Staatssicherheit hatte, traf sich, meist irgendwo zwischen Tür und Angel, und besprach, was die Gegenseite wollen könnte, wie wir darauf reagieren sollten und was wir loswerden wollten.

In Kirchenleitungssitzungen konnten Verabredungen solcher Art nicht getroffen werden. Die hatten gegenüber der Staatssicherheit den Charakter von öffentlichen Veranstaltungen. Wir hatten uns schon bald nach dem Mauerbau klarmachen müssen, daß Informationen aus kirchenleitenden Gremien schnell weitergegeben wurden, sei es durch Abhöranlagen, sei es durch teilnehmende Informanten. Die Leute vom Staatsapparat hatten auch keine Scheu, uns mit so gewonnenen Informationen zu konfrontieren. Unsere Proteste halfen nichts. Wir wurden überwacht, und eigentlich jeder Teilnehmer ging davon aus: Was du hier sagst, ist nicht sicher. Im Bischofskonvent habe ich es ein einziges Mal erlebt, daß ein Bischof das Thema Umgang mit der Staatssicherheit ansprach und vorschlug, sich stärker darüber abzustimmen, ob und wie man das Instrument nutzen sollte. Doch niemand ging darauf ein, und das Gespräch versandete – ganz offenbar, weil die meisten Teilnehmer annahmen, dies ist jetzt, obwohl im kleinsten Kreise, kein Gespräch mehr unter uns.

Für diese Art des Umgangs mit der Macht habe ich viel von Kurt Scharf gelernt. Der hatte in der Bekennenden Kirche in der Hitlerzeit Erfahrungen mit der Gestapo gesammelt und überhaupt keine Angst. Nach 1945 war er Propst im Berlin-Brandenburgischen Konsistorium und hat bis zur Perfektion auf der Klaviatur des Umgangs mit der Macht gespielt. Er wartete nicht, bis die Staatssicherheit kam, er ging hin. Er hat sehr viel bewegt und sehr vielen geholfen. Schließlich hat die Staatssicherheit ihm nach dem Mauerbau, Ende August 1961, eine Falle gestellt, um ihn loszuwerden. Er war Ratsvorsitzender der Evangelischen Kirche in Deutschland geworden und nutzte einen Passierschein von Ost- nach West-Berlin, um eine Ratssitzung leiten zu können. Als er zurückwollte, hat man ihm die Wiedereinreise nach Ost-Berlin verweigert. Ich habe Scharf, der dann gegen den erbitterten Protest der SED zum Berlin-Brandenburgischen Bischof für West und Ost gewählt wurde, immer wieder im Ausland getroffen, meist irgendwo in der Tschechoslowakei. Er hat viel in Gang gesetzt. Daß die Bundesregierung mit Ost-Berlin ins Geschäft kam, um Gefangene freizukaufen, geht zum Beipiel auf seine Initiative zurück.

Kurz nach Scharfs kalter Ausbürgerung hatte ich meinen ersten wissentlichen Kontakt mit der Staatssicherheit, bei dem die Initiative von mir ausging. Im Auftrag des Ost-Berliner Bischofsamtsverwalters mußte ich mich kurz nach dem Mauerbau um die Wiederausreise eines von der westdeutschen Kirche zur deutschen Gemeinde in Tokio geschickten Pfarrers kümmern. Der Pfarrer stammte aus der Niederlausitz und war problemlos mit seinem früheren DDR-Paß eingereist. Als er wieder nach Tokio zurückwollte, saß er in der Falle. Inzwischen war die Mauer gebaut und die Grenze gesperrt worden. Der Mann war verzweifelt, der Staatsapparat hilflos, und die SED zuckte mit den Schultern. Es blieb also nur der Weg über die Staatssicherheit, an die ich mich über einen Mitarbeiter des Staatssekretärs für Kirchenfragen heranfragte. Die half dann auch schnell und unkompliziert, indem eine Tür im Bahnhof Friedrichstraße aufgeschlossen wurde, die zum Westbahnsteig führte.

Dieser Kontakt zur Staatssicherheit Anfang der sechziger Jahre blieb jedoch zunächst Episode. Erst der festgefahrene Streit zwischen Partei, Staat und Kirche um die kirchliche Jugendarbeit führte dann Ende der sechziger Jahre zu dem Beginn regelmäßiger Treffen und Gespräche.

Streitpunkt mit Staat und Partei waren die schon erwähnten Bibelrüsten. Für uns ging es ums Ganze, und wir gaben nicht nach, auch nicht, als Bibelrüstzeiten von der Polizei aufgelöst wurden. Die Jugendlichen verhielten sich großartig, zeigten keinerlei Angst und ließen sich nicht zu Provokationen hinreißen: Gitarre und Gospels unter dem Polizeiknüppel. Die Verhandlungen mit dem Staat bewegten sich nicht, aber die Jugendlichen reisten weiter zu Rüsten an. Der Staat hätte wohl zuschlagen müssen. Das wollte er nicht. Auswege wurden gesucht.

Hans Weise, Hauptabteilungsleiter beim Staatssekretär für Kirchenfragen, brachte mich am 16. Dezember 1969 mit einem Herrn zusammen, der angeblich als Rechtsexperte für das Innenministerium arbeitete. Im ersten Gespräch diskutierten wir den Status der seit dem Mauerbau in zwei Regionen getrennten Evangelischen Kirche in Berlin-Brandenburg. Ich sagte, kirchenrechtlich sei die Einheit der Kirche erhalten geblieben, er bestritt das. Bei späteren Treffen ging es auch um andere zwischen Staat und Kirche strittige Rechtsfragen, insbesondere eben um die Eingriffe in die kirchliche Jugendarbeit, die sich auf eine staatliche Veranstaltungsverordnung stützten. Er wollte mich nicht in seinem Ministerium empfangen. Schließlich räumte er ein, für die Staatssicherheit zu arbeiten, und fügte hinzu, ich sollte keine Angst haben, was eine unbegründete Sorge war. Klaus Roßberg, so hieß er, war Oberstleutnant im MfS. Er arbeitete in der für Kirchenfragen zuständigen Abteilung XX/4 in der Zentrale des Ministeriums. Diese Bezeichnung und die Dienstränge habe ich allerdings erst nach der Wende kennengelernt.

Wir trafen uns in der Folgezeit in meinem Büro, was er, wie auch später seine Kollegen, nur ungern tat. Wir trafen uns in Restaurants und Klubhäusern. Man besuchte mich in meiner Wohnung. Ich ging auch in deren Wohnungen, die wohl meist nur für dienstliche Treffs dienten. Bei Roßberg war ich offenbar wirklich einmal in der Familienwohnung zu Hause, was vermutlich verboten war. Roßberg hatte dann in Pankow eine Zweitwohnung – die er einmal wechselte –, an der auch sein Name stand. Neben Roßberg kam es im Lauf der Jahre zu Gesprächen mit drei weiteren MfS-Mitarbeitern, alle aus der Chefetage der Kirchenabteilung. Es waren Oberstleutnant Franz Sgraja sowie der Leiter der Abteilung, Oberst Joachim Wiegand, und ganz am Anfang ein weiterer Kollege Roßbergs, dessen Namen ich nie erfahren habe.

Mir ging es in all diesen Gesprächen stets darum, etwas zu erreichen. Und gerade dann, wenn ich für Menschen etwas bewirken wollte, konnte ich hinsichtlich der Methoden – und auch der Orte – nicht allzu wählerisch sein. Wenn ich also von mir aus aktiv wurde und – für andere – etwas von der Staatssicherheit wollte, mußte ich die Ortswahl meiner Gesprächspartner akzeptieren. Das galt natürlich auch umgekehrt: ging die Initiative zu einem Gespräch – solche Treffen waren ja keineswegs Routine oder fanden etwa regelmäßig statt – von der anderen Seite aus, konnte ich die Leute der Staatssicherheit in aller Regel dazu veranlassen, zu mir ins Büro zu kommen.

Das Thema Jugend wurde zwischen mir und der Staatssicherheit zum Dauerbrenner. Erst waren es die Bibelrüsten, dann Beat- und Bluesveranstaltungen, das Offenhalten der Berliner Kirchen bei den Weltjugendfestspielen 1973 und immer wieder die Schulfrage. Die sozialistische Schule war ideologisch eine heilige Kuh, die Kirche sollte um nahezu jeden Preis von ihr ferngehalten werden. Benachteiligungen christlicher Jugendlicher waren dort an der Tagesordnung, die Verbitterung bei den Christen riesengroß. Die Schule produzierte damit im Grunde Staatsfeinde.

Nachdenklich machte mich ein Gespräch am 10. Oktober 1973 mit einem Offizier der Sicherheit, der auf meine Forderung nach mehr Toleranz erklärte: »Die Eltern müssen antreten und Auge in Auge mit den Lehrern ihre Rechte fordern!« Der Mann hatte recht. Wir mußten den Eltern Mut machen, sie auffordern, zu widerstehen. Es genügte nicht, sich beim Pfarrer oder im Konsistorium über die Schule zu beklagen. Die Eltern mußten sich wehren, dann konnte die Kirche ihre Anliegen nachdrücklich auf allen Ebenen vertreten.

Diese Rechnung ging weitgehend auf. Die Eltern wurden mutiger. Wir vertraten am Ende mehr und mehr auch nicht kirchlich gebundene Menschen. Die Einzelfallvertretung durch die Kirche wurde schließlich nicht mehr bestritten. Sogar Margot Honecker versprach mir, meine Beschwerden zu bearbeiten. Aber bis zum Ende des Systems wurde uns jede wirkliche Mitsprache im Bildungswesen verweigert. Alle Vorschläge für eine kindgerechte moderne Pädagogik wurden brüsk zurückgewiesen. Die Partei bewegte sich nicht. Die Staatssicherheit war nur ihr Instrument. Sie hielt den Streit wohl für überflüssig, aber sie mußte der Weisung der Partei gehorchen.

Im Sommer 1975 äußerten sich Vertreter aller drei Machtsäulen ernsthaft besorgt über die sich formierende Opposition in den kirchlichen Hauskreisen. In den großen Neubaugebieten der DDR-Städte hatten sich viele christliche Hauskreise gebildet. Allein in Jena gab es mehr als ein Dutzend. Christen und Nichtchristen fanden sich in Wohnungen zu Andachten und Diskussionsrunden zusammen. Schließlich gab es in den Neubaugebieten keine kirchlichen Räume und schon gar keine offenen Gesprächsmöglichkeiten, aber um so mehr brennende Themen: Erwartungen zu den Lebensbedingungen in den mausgrauen Satellitenstädten und zur eben unterzeichneten Schlußakte von Helsinki mit ihren Aussagen zum Schutz der

Menschenrechte. Die Kirchenleitungen waren sich schnell einig, daß diese Hauskreise unverzichtbarer Teil der kirchlichen Arbeit waren. Den Gesprächspartnern in allen Säulen der Macht haben ich und meine neun Mitstreiter das mit großem Nachdruck gesagt.

Uns allen, die wir versuchten, im koordinierten Umgang mit der Macht positive Veränderungen im Lande zu erreichen, wobei die Gespräche mit der Staatssicherheit ein wichtiges Element waren, wurde bald klar, daß man dem Kontakt mit Mielkes Mannen auch dann nicht entgangen wäre, wenn man sich entschieden hätte, von sich aus jede Berührung mit dieser Institution zu vermeiden. Hauptanlaufstelle für alle Probleme, die zwischen Kirche und Staatsapparat geregelt werden mußten, war die Dienststelle des Staatssekretärs für Kirchenfragen, in der stets der jeweilige Hauptabteilungsleiter der starke Mann war. Wir vermuteten, daß der Hauptabteilungsleiter nicht nur seinem Staatssekretär und der Partei, sondern direkt auch dem Ministerium für Staatssicherheit dienstbar war. Daß die Herren ein zweites Gehalt bezogen und im Mielke-Ministerium als OibE, als Offizier im besonderen Einsatz geführt wurden, habe ich erst nach der Wende gehört. Vorher kannte ich noch nicht einmal diesen Terminus. Aber davon, daß sie Berichte direkt für das Haus Mielke verfaßten, die dort in die Berichterstattung an die Parteiführung einflossen, bin ich immer ausgegangen.

Jedem, der mit Stasi-Mitarbeitern zu tun hatte, wurde bald deutlich, daß der Umgang mit Sprache nicht immer ihre stärkste Seite war. Ich konnte nicht sicher sein, daß sie genau weitergaben, was sie gehört hatten. Deshalb habe ich mir zunehmend angewöhnt, mehrfach zu wiederholen, was wichtig war. Faktisch habe ich auf diese Weise Dutzende von Berichten diktiert, damit auch wirklich richtig weitergegeben wurde, worauf es der Kirche ankam. Dabei denke ich vor allem an einen Hauptgesprächspartner im Staatssekretariat für Kirchenfragen, von dem ich und andere annahmen, daß er unmittelbar der Staatssicherheit zuarbeitete.

Ich selbst habe natürlich nie Berichte geschrieben. Ein freier Gesprächspartner gab der Staatssicherheit nichts Schriftliches. Wer Berichte lieferte, war in die Pflicht genommen. Wer abhängig wurde, verlor die innere Freiheit. Er verlor die Initiative, ließ sich eben nicht mehr durch eine von ihm selber unabhängige Motivation leiten. Das gilt selbst, wenn er nichts unterschrieben, sich nicht als IM, als Inoffizieller Mitarbeiter, verpflichtet hatte.

Das ist nicht nur ein subjektiver Unterschied, auch auf der Seite der Sicherheit hat man sehr genau unterschieden, mit welcher Art von Gesprächspartner man es zu tun hatte. Wer etwas unterschrieben hatte, konnte nicht mehr ablehnen, konnte gezwungen werden. Man konnte ihn anrufen und herbestellen, ihn selbst nachts aus dem Bett holen. Vielleicht läßt sich der Unterschied aus den Akten nicht immer erkennen. Vermutlich hat die Staatssicherheit ihr interessant scheinende Leute in den internen Berichten als Mitarbeiter geführt, ohne daß die Betroffenen davon Kenntnis hatten.

Es war ein erheblicher Unterschied, ob etwa bei einer Synode nach dem Plenum Synodale gezwungen werden konnten, sich zu Berichten einzufinden, oder ob ich oder ein anderer aus der Kirchenleitung am Ende der Tagung auf den Beobachter des Staatsapparats zuging, der gleichzeitig der Staatssicherheit berichtete, um ihm den Verlauf zu interpretieren. Die Synoden tagten ja öffentlich, deswegen konnten Staatsvertreter und Presseleute dabeisein. Und auch was in den nicht öffentlichen Ausschüssen verhandelt wurde, war in den Pausen Gesprächsgegenstand. Natürlich kriegten die staatlichen Beobachter das mit, zumal zu fast jeder Synode auch einige wenige Parteigänger der staatlichen Kirchenpolitik gehörten. Deshalb war es wichtig, den Abgesandten des Staatsapparates aus unserer Perspektive zu erläutern, was Gegenstand der Beratungen gewesen war, welche Motive und Ziele hinter den getroffenen Entscheidungen standen.

Es gab viele Möglichkeiten, in die Fänge der Staatssicherheit zu geraten. Sie verfügte über eine ausgeklügelte Strategie, die Leute zu fassen, sie an sich zu binden, dienstbar und abhängig zu machen. Mir haben sehr viele Leute erzählt, wie sie ins Netz der Sicherheit geraten waren. Und ich weiß auch von solchen, die es nicht eingestanden haben und nie frei wurden.

Es ging um Geldsachen, um Frauengeschichten, ganz beliebt war auch Alkohol am Steuer, gezielt als Falle aufgebaut.

Die Leute wurden in der Kneipe beobachtet und die Polizei entsprechend instruiert. Die stand dann an ganz entlegener Stelle und griff zu. Besonders erpreßbar wurde jemand, der als Pfarrer auf erotischem Gebiet vom Pfad der Tugend abgewichen war. Das kommt ja vor. Aber es kam eben auch vor, daß Betroffene Verstand und Mut genug hatten, sich bei einem Kirchenoberen zu melden, zu berichten und um Hilfe zu bitten, aus der Geschichte wieder herauszukommen.

Das war dann durch die bloße Tatsache, daß er den Mund aufmachte, schon so gut wie geschehen. Wenn jemand, den die Staatssicherheit in die Fänge bekam, seinem »Partner« sagte: Ich habe den Bischof informiert, den Propst oder einen anderen Seelsorger, gaben sie meist auf – mit der Konspiration war es ja aus. Sie versuchten es höchstens noch einmal. Nur ganz selten mußte die Kirche offiziell bei der Regierung nachfassen, damit endlich Ruhe war.

Wer nicht erpreßbar war, konnte doch verführbar sein. Diese Gefahr war fast noch größer. Der Staatssicherheit stand eine praxisnahe Palette von Verführungen zur Verfügung. Reisemöglichkeiten spielten eine große Rolle, für Angehörige zumal, die immer zu Hause bleiben mußten und dem Kirchenmann, der auf Dienstreise ins »kapitalistische Ausland« durfte, ein schlechtes Gewissen bereiteten. Es gab Vergünstigungen auch durch die Vermittlung von Genehmigungen. Ich selbst bin deshalb Fragen nach persönlichen Interessen und Problemen stets ausgewichen.

Für mich war bei den Dingen, die ich vorhatte, die Überlegung leitend: Wo ist dafür die richtige Stelle, wie bringe ich ein bestimmtes Anliegen am besten voran? Bei wichtigen Dingen, das war deutlich, mußte man es auf allen drei Feldern tun, neben dem offiziellen Staatsapparat und direkten Parteikontakten das System der »Berichte« nutzen, mit dem die Staatssicherheit der Entscheidungsebene die Wirklichkeit der DDR vermittelte. Und man mußte dafür sorgen, daß an mehreren Stellen durch verschiedene Leute die gleiche Position eingefüttert wurde.

Was man konkret tat, hing ganz von der Thematik ab, um die es im Einzelfall ging. Man handelte in Verbundenheit mit der Sache, in Richtung der gemeinsamen Ziele, aber in eigener

Verantwortung. Man hatte Vollmacht, Maßnahmen zu treffen, Gespräche zu führen, die zur Erreichung eines Ziels nötig wurden, ohne daß man darauf angewiesen war, jeden einzelnen Schritt abzustimmen. Da war dann vieles dabei, was der Sache diente, aber nicht ausdrücklich Kirchenleitungsbeschluß oder dort getroffene Verabredung war.

Was hatte die Staatssicherheit an Leuten wie mir? Neue Informationen bekam sie nicht. Aufträge konnte sie nicht erteilen. Vermutlich war sie daran interessiert, die kirchliche Einschätzung bekannter Fakten authentisch zu erfahren. Und sie wollte wohl auch Einfluß nehmen, wies hin auf unerwünschte Aktionen oder auch »staatsfeindliche Personen«. Dazu zählte für die Staatssicherheit der Görlitzer Bischof Hanns Joachim Fränkel. Er galt als Oberhaupt einer konterrevolutionären Richtung. Dabei hatte der tapfere und geschickte Mann nur erkannt, daß die ungeschminkte Beschreibung der DDR-Wirklichkeit zum kirchlichen Auftrag gehörte. Die volle Wahrheit durfte nicht unausgesprochen bleiben. Fränkel selbst verstand sich als notwendige Ergänzung zu den offiziellen Unterhändlern der Kirche, die zur Erhaltung der Gesprächsbereitschaft umgänglichere Töne anschlagen mußten.

Der Machtapparat fürchtete Bischof Fränkel und trachtete danach, ihn zu isolieren, ihm auf jede erdenkliche Weise zu schaden. Wir durften keinen Zweifel daran aufkommen lassen, daß die evangelische Kirche nicht von Bischof Fränkel zu trennen war. Im übrigen habe ich mich jahrelang darum bemüht, herauszustellen, daß dieser Bischof die DDR nicht stürzen wollte und daß es viel besser wäre, seinen offenen Reden etwa zu staatlichen Übergriffen, Rechtsbeugungen, Zurücksetzungen von Jugendlichen, die nicht zur Jugendweihe gingen, nachzugehen und die Mißstände abzubauen. Allmählich lernte der Staat, mit Bischof Fränkel zu leben.

In den achtziger Jahren wurde Pfarrer Rainer Eppelmann zum Dauerthema. Auf allen Ebenen der Macht versuchte man die Kirche dazu zu bewegen, sich von ihm zu distanzieren. Am konkretesten äußerten sich immer die Leute der Sicherheit. Die wußten ja auch am besten Bescheid. Eppelmann war völlig unangepaßt und machte aus seinem Herzen nie eine Mördergrube. Zudem konnte der gelernte Maurer durch seine volksverbundene Redeweise Massen mobilisieren. Vor allem die Jugend scharte sich um ihn. Die von ihm organisierten Bluesmessen hielten die ganze DDR in Atem.

Die SED sah in ihm einen gefährlichen Demagogen, dem sie offenbar zutraute, er könne das Regime stürzen. Man wollte, daß die Kirche ihn disziplinierte oder aus dem Land schaffte. Daß sie ihn nicht im Land kaltstellen, also ins Gefängnis stekken konnten, hatten sie ja begriffen. 1983 rieten sie uns, Eppelmann doch einen Auftrag der Evangelischen Kirche in Deutschland, also der Kirche in der Bundesrepublik, für eine Auslandsgemeinde zu besorgen. Er könnte ja die deutsche Gemeinde in Schweden übernehmen oder, besser noch, nach Argentinien gehen, möglichst weit weg. Schließlich verstieg sich Klaus Gysi, der Staatssekretär für Kirchenfragen, dahin, offiziell Bischof Forck aufzufordern, Pfarrer Eppelmann die Ausreise nahezulegen.

Die Macht wollte den unbequemen Eppelmann auf jeden Fall loswerden. Wir hielten dagegen. Wo immer ich Gelegenheit hatte, über Eppelmann zu sprechen, versuchte ich klarzumachen, daß man über Leute wie ihn eigentlich froh sein müsse, da sie auf Probleme hinwiesen. Eppelmann wollte nicht weggehen, aber sein Ziel war es auch nicht, Honecker zu stürzen. Er wollte das Land verändern, so daß die Menschen sich darin wohler fühlen konnten. Sie sollten sich frei bewegen dürfen und ein Mitspracherecht in ihren eigenen Angelegenheiten haben.

Als einer der ersten sprach er das heißeste Eisen offen an, die Frage der Wahlen. Die Einheitswahlen mit offener Stimmabgabe und neunundneunzig Prozent Zustimmung waren für die Partei ein Tabu. Darüber sollten auch Kirchenleute nicht reden, denen man sonst vieles nachsah. Zum Thema Eppelmann gab es keinen Konsens mit dem Staat. Vermutlich wurde Rainer Eppelmann so total observiert, daß man aus der Fülle seiner munteren Reden im kleinsten Kreise Umsturzpläne herauslas, wo er nur Mut machen und Freiräume schaffen wollte.

Die Feindesfurcht richtete sich auch auf kirchliche Veranstaltungen und Aktionen. Geradezu lächerlich war der Verfolgungswahn gegen die Aktion »Schwerter zu Pflugscharen« der kirchlichen Jugend. Bei harten Polizeieingriffen – die Polizei wurde im Ernstfall immer vorgeschickt – wurden Jugendliche verprügelt und festgenommen, die den Aufnäher mit dem schönen Symbol vom umgeschmiedeten Schwert trugen. Das Politbüro hatte das Gespenst einer Massenbewegung wie der Gewerkschaft »Solidarnosc« in Polen gesehen und sofort angeordnet, allen Anfängen zu wehren. Die Staatssicherheit und auch manche Staatsfunktionäre in den Kreisen und Bezirken hielten die Reaktion für übertrieben und wiegelten ab. Was schadete es schließlich der DDR, wenn in Potsdam hundert Jugendliche mit dem Aufnäher herumliefen?

Druck wurde auf die jungen Menschen dann vor allem in den Schulen ausgeübt. Nach meiner Überzeugung war überhaupt die Volksbildung das verläßlichste Instrument der Partei. Es ist wichtig, daß wir uns fragen, wie viele Menschen dort durch hundertfünfzigprozentige Lehrer verbogen, drangsaliert, schikaniert, relegiert und sonst in ihrem Fortkommen behindert wurden.

Die Staatssicherheit war weniger an Ideologie interessiert, als vielmehr an Konfliktvermeidung. Sie setzten wohl in den letzten Jahren mehr auf Vorbeugen als auf Zuschlagen. Ein Teil dieser Strategie waren sicherlich auch die Gespräche mit uns. Dramatische Zuspitzungen mit Gewalt und Blutvergießen konnten auch nicht im Interesse der Kirche liegen. Zugleich wußten wir allerdings aus jahrzehntelanger Erfahrung, daß Friedhofsruhe und allgemeine Anpassung kein Nährboden für Veränderungen waren.

Ein weiteres Gesprächsinteresse der Staatssicherheit war, unsere Einschätzung der Gesamtlage zu erfahren, einschließlich unseres Urteils über die Haltung der Bundesrepublik. Was hatte man von den Westdeutschen zu erwarten? Konnte man deren Politikern trauen? Die DDR war im »Kampf gegen den Imperialismus« entstanden und fühlte sich immer im Krieg. »Die schleichende ideologische Diversion ist im Prinzip nicht anders als Krieg«, erläuterte Hans Seigewasser noch am 10. November 1970. Zu Walter Ulbrichts Zeiten war die Welt noch übersichtlich. Der Feind stand im Westen, und seine Anhänger im Inland mußten bekämpft werden. Der Kampfauftrag für alle Sicherheitsorgane wurde meines Wissens nie zurückgenommen.

Aber die Welt hatte sich verändert. Statt offener Gegnerschaft neue Ostpolitik. Dann europäische Sicherheit und Zusammenarbeit mit immer neuen weitreichenden Verpflichtungen der DDR für Einreisen, Ausreisen und mehr Informationen an die Bürger. Die DDR war mit der Öffnung nach Westen mehr und mehr in eine Selbstverständniskrise geraten.

Darin lag für uns eine Chance. Die Unterzeichnung der Schlußakte von Helsinki im Juli 1975 ließ bei vielen Menschen in der DDR ein wenig Hoffnung keimen. Uns in der evangelischen Kirche war sie unter anderem Ansporn, erneut Vorstöße in der Frage der Reisefreiheit zu machen. Verstärkt und zusätzlich legitimiert wurde das durch die KSZE-Nachfolgekonferenzen von Belgrad und Madrid, die dieses Thema direkt aufgriffen. Aber es zeigte sich, daß wir nicht recht vorankamen.

Zunächst sprachen wir mit dem Staatsapparat. Aber das war zwecklos, da uns dort lediglich gesagt wurde, daß diese Frage auf politischer Ebene entschieden werde. Also heran an die Partei. Offiziell gab es ja gar keine Gespräche zwischen SED und Kirche. Man konnte nicht einfach anrufen oder vorsprechen und sagen: Wir müssen mal mit Ihnen über mehr Reisemöglichkeiten für die Bürger reden. Wir nutzten also sich bietende Gelegenheiten – meist auf diplomatischen Empfängen –, mit den ZK-Sekretären, die im Politbüro saßen, oder ihren Abteilungsleitern, wen immer man zu Gesicht bekam, ins Gespräch zu kommen.

Es stellte sich heraus, daß auch die Partei ganz unbeweglich war, wenn es darum ging, neue Entscheidungen zu treffen, neue Wege zu gehen. Sie hatte sich inzwischen völlig von den Einschätzungen der Situation und der bei einer Liberalisierung zu erwartenden Reaktionen durch die Staatssicherheit abhängig gemacht: Ist das verkraftbar? Wie reagiert die Bevölkerung darauf? Was wird passieren, wenn mehr Leute reisen können? Die Hauptangst der Partei war, daß die Entwicklung ihr aus der Hand gleiten könnte.

Nur die Staatssicherheit kam in den Gesprächen mit uns über die Reisefrage nicht mit politischen Ausflüchten, versuchte nicht, ihre Restriktionen politisch zu bemänteln. Von der SED und dem Staatsapparat mußten wir uns anhören, daß die fehlende völkerrechtliche Anerkennung der DDR durch die Bundesrepublik, die Mißachtung des Staatsbürgerrechts der DDR, es nicht erlaube, mehr Reisen zu genehmigen. Bei der Staatssicherheit hingegen kam man schnell auf den Punkt: Bleiben die Reisenden weg oder nicht? Zu dieser Kardinalfrage formulierten wir dann unsere Einschätzung, jeder auf seine Weise, aber im Ergebnis übereinstimmend. Es war schon von einiger Bedeutung, daß an neun verschiedenen Stellen gesagt wurde: Es werden einige wegbleiben, wenn Leute unterhalb des Rentenalters Reisepässe bekommen, aber die allermeisten werden zurückkehren, und der Gewinn wird enorm sein, nicht nur außenpolitisch, sondern gerade auch bei der eigenen Bevölkerung. Es waren ganz schlichte Formeln, auf die ich mich mit den anderen verständigte und die wir dann einspeisten.

Innerkirchlich war für die evangelischen Christen in den beiden deutschen Staaten der deutsch-deutsche Zusammenhalt ein entscheidendes Anliegen. Die organisatorische Einheit war verlorengegangen, um so wichtiger war es, sich nicht aus den Augen zu verlieren und alle Chancen zur Begegnung zu nutzen. Bei meinen Verhandlungen mit der Staatssicherheit spielte es deshalb vor allem in den siebziger Jahren eine große Rolle, westdeutschen Kirchenvertretern die Einreise zu ermöglichen. Wir glaubten nicht, daß Kirche und Nation bald wieder vereint sein könnten, aber wir taten unser Möglichstes, um den Zusammenhalt zu bewahren.

In diesem Zusammenhang mußten wir vor allem auch dazu beitragen, daß die führenden Leute in der Partei ihr Feindbild abbauten. Sie wollten nicht glauben, daß man Helmut Schmidt, Richard von Weizsäcker oder Helmut Kohl trauen konnte. Waren das nicht alles nur Wölfe im Schafspelz? Mußte man nicht noch mißtrauischer werden? Zureden allein half nicht, es mußte alles versucht werden, um direkte Begegnungen der deutschen Politiker zu fördern. Bei allen Gelegenheiten haben Vertreter der evangelischen Kirche ihren DDR-Gesprächspartnern zugeredet. Damals fing ich an, Helmut Kohl zu loben. Ängste und Verkrampfungen mußten abgebaut werden. Wer miteinander redete, würde auch für die Menschen mehr und mehr Hürden abbauen.

Mein eigentliches Ziel und das vieler Mitstreiter in der Kirche war, das System zu verändern. Niemand von uns dachte auch nur entfernt daran, das System zu stürzen. Daß es verschwinden könnte, lag außerhalb des Vorstellbaren. Wir wollten durch die uns allein möglich scheinende Politik der kleinen Schritte eine allmähliche Veränderung bewirken: Die Menschen sollten sich im Inland ebenso wie auf Reisen ins Ausland frei bewegen können. Darüber hinaus sollten sie die Chance bekommen, in ihren eigenen Angelegenheiten mitzuwirken. Teilhabe, Partizipation hieß unser harmloses Wort für dieses Ziel, gemeint war Demokratie.

Wir forderten mehr gesicherte Menschenrechte, wollten die DDR auf den Weg zum Rechtsstaat locken, setzten uns Verwaltungsgerichte als erreichbares Ziel. Landesbischof Werner Leich hat all unsere Vorschläge im Zusammenhang am 21. Mai 1987 dem Staatssekretär für Kirchenfragen in Anwesenheit des Abteilungsleiters im SED-Zentralkomitee vorgetragen. Bischof Christoph Demke und ich assistierten dabei. Die Partei- und Staatsvertreter hörten unser Reformprogramm ohne Widerspruch an. Honeckers bevorstehende Bonn-Reise sollte nicht gestört werden. Erst später erfuhr ich, wie erschrocken die Partei über unsere Vorstellungen war. Für die SED bargen unsere gesammelten Forderungen offenbar die Gefahr eines Umsturzes. Das führte nach Honeckers Reise in seinem Auftrag zu verschärften Restriktionen.

Ich hatte in all den Jahren zuvor stets davon abgesehen, ein reformerisches Gesamtkonzept vorzutragen, also in der DDR die Ideen des Prager Frühlings von 1968 zu propagieren mit dem Fernziel einer Finnlandisierung. Eine solche Vision hätte die Türen zu Gesprächen und damit Handlungsmöglichkeiten zugeschlagen. Abgesehen davon hatten wir als Kirche mit dem – ohnehin nicht gerade mächtigen – Staatsapparat nicht über die Zukunft der DDR zu reden, sondern es ging stets um konkrete Einzelfragen.

Mit der Partei, die für die konzeptionelle Politik zuständig war, gab es keine reguläre, kontinuierliche Gesprächsebene, die man für den Austausch über Gesamtzusammenhänge nutzen konnte. Lediglich Paul Verner, der im Politbüro für die Kirchen zuständig war, konnten wir – bis er 1984 aus dem Politbüro ausschied – treffen und ihn auch auf konzeptionelle Fragen ansprechen. Doch der blockte dann schnell ab und erklärte: »Das kommt für uns nicht in Frage, wir haben eine andere Machtvorstellung.«

Die Gesprächspartner bei Staat und Partei konnten sich natürlich denken, worauf meine Vorstellungen hinausliefen, und vielleicht hat die Staatssicherheit irgendwo die einzelnen Mosaiksteine zusammengesetzt: Hier tritt er für Rechtssicherheit ein, da für ein verändertes Wahlsystem, dort plädiert er dafür, den Leuten Reisepässe zu geben und sie mitreden zu lassen. Doch bis 1987 habe ich mich im Rahmen meiner Gesamtstrategie bei all meinen Gesprächen mit Vertretern der drei Machtsäulen immer auf erreichbar scheinende Einzelpunkte konzentriert, und andere taten das ebenso.

Dazu gehörte alles, was sich auf Helsinki gründen, aus der KSZE-Schlußakte und den Folgepapieren ableiten ließ. Zu menschlichen Erleichterungen, Reisefreiheit, Rechtsstaatlichkeit, Partizipationsrechten der Bürger trat als Konkretion die Veränderung des Wahlsystems hinzu. Sich von Wahlen abhängig zu machen, bedeutete, die Macht zu riskieren. Darüber wollten die Genossen zunächst noch nicht einmal reden. Erst als die Unruhe im Land immer größer wurde, die Bürger sich auf die Perestroika in der Sowjetunion berufen konnten, konnte man die Frage wenigstens ansprechen.

Im Vorfeld der Kommunalwahlen vom Mai 1989, also etwa ab Herbst 1988, sagten wir unseren Gesprächspartnern in allen drei Macht-Säulen in koordinierter Abstimmung, daß die Wahlreform jetzt überfällig sei. Sie müßten ja nicht gleich konkurrierende Listen zulassen; eine wirklich geheime Abstimmung über die Einheitsliste in der Wahlkabine, bei der man eindeutig Ja oder Nein ankreuzen konnte, wäre ja auch schon etwas. Wir vermittelten ihnen, daß sie dabei nach unserer Einschätzung siebzig bis achtzig Prozent Ja-Stimmen bekommen würden. Erstaunlicherweise waren die Leute von der Sicherheit der gleichen Meinung. Sie sagten: Das wird stimmen, fünfundsiebzig oder achtzig Prozent. Doch dann kam der Nachsatz: Bei der nächsten Wahl sind es dann nur noch vierzig Prozent. Und damit war das Thema erledigt. Im nachhinein muß man froh sein, daß die Partei sich auf keine Wahlreform eingelassen hat. Denn damit hätte sie wohl den spannendsten Aufbruch vermeiden können, nämlich die Bürgerbewegung um den Wahlbetrug vom Mai 1989, die die Wende vorbereitet hat.

Unsere Vorschläge dienten, um es noch einmal anders zu sagen, dem Wandel der DDR. Wir bauten auf die kleinen Schritte und versuchten, die SED in diese Richtung zu locken: Tut etwas für die Menschen, damit wird das Land stabilisiert. Wir wollten sie nicht verunsichern, das hätte die Gefahr von Rückschlägen gebracht, die die ganze Sisyphusarbeit seit 1975 wieder hätten zunichte machen können. So unternahmen wir nach der Kommunalwahl im Gespräch mit Krenz, den ich bei einem Empfang in der sowjetischen Botschaft am 9. Mai traf, noch einen letzten verzweifelten Versuch. Die SED sollte die Berechtigung der Kritik dadurch einräumen, daß sie nun doch die tatsächlichen Ergebnisse veröffentlichte: Wie steht ihr da, wenn ihr mit siebenundachtzig Prozent Zustimmung herauskommt, in Potsdam vierundachtzig! Aber Krenz lehnte ab. Offenbar wollte er es dem Generalsekretär nicht zumuten, denn der sah auf die Zahlen hinter dem Komma, hinter den neunundneunzig Prozent.

Was haben wir erreicht? Im weiten Feld der Einzelfälle eine ganze Menge. Sehr viel humanitäre Dinge, Ausreisegenehmigungen, Familienzusammenführungen, Haftentlassungen. Wir haben unsere Veranstaltungen abgesichert, die Bluesmessen, die Friedenswerkstätten und was sonst strittig war. In den strategischen Fragen haben wir eher indirekt etwas erreicht als direkt. Es gab keine Wahlreform, kein Recht auf den Reisepaß für alle, keine Verwaltungsgerichte.

Im Rückblick ist es paradox: Wäre die Partei auf unsere Vorschläge eingegangen, hätte dies die DDR möglicherweise noch ein paar Jahre am Leben erhalten. So aber haben wir tatsächlich destabilisierend gewirkt. Wir – die Kirchen, die Gruppen, viele einzelne – haben dazu beigetragen, die Reformunfähigkeit des Systems bewußt und sichtbar zu machen.

Ein weiterer Erfolg lag darin, daß es der evangelischen Kirche gelungen war, dem System einen Freiraum abzuringen. Für Außenstehende ist wohl kaum wirklich deutlich geworden, wie spannend das in den achtziger Jahren war und daß es immer spannender wurde, als das neue Denken in der Sowjetunion begann. Es ist uns gelungen, dem Staatsapparat, der Partei, der Staatssicherheit deutlich zu machen, daß das zur Religionsfreiheit gehört, der man sich in Helsinki feierlich verpflichtet hatte: Egal, was in der Kirche vor sich geht, es ist immer eine kirchliche Angelegenheit, in die sich der Staat nicht einzumischen hat, um die er sich auch vom eigenen ideologischen Selbstverständnis her nicht zu kümmern braucht.

Dramatisch wurde es, als die Sicherheit dann doch zuschlug und in einer Novembernacht 1987 die Umweltbibliothek in der Ost-Berliner Zionskirche besetzte. Es ist uns damals gelungen, sie dazu zu bewegen, ihren Fehler einzusehen. Dabei spielte natürlich auch die westliche Öffentlichkeit eine große Rolle, die wenige Wochen zuvor noch den Staatsgast Erich Honecker mit allen Ehren empfangen hatte. Der hatte 1978 die Kirche öffentlich als eigenständige Größe anerkannt und ließ immer wieder erklären, es solle bei den bewährten Grundsätzen dieses Gesprächs bleiben. Tatsächlich waren die Partei und ihr Generalsekretär wohl nicht mehr dazu in der Lage, eine neue Kirchenpolitik zu konzipieren und durchzusetzen.

Ganz am Ende der DDR haben dann wohl auch die direkten Gespräche mit Mitgliedern des SED-Zentralkomitees gewirkt, die in den Bezirken saßen. Sie haben mit dazu beigetragen, die Partei davon abzubringen, die Macht um jeden Preis zu erhalten, auch mit blutiger Gewalt. Das schreckliche Beispiel China mit der blutigen Niederschlagung der Studentenproteste war für unsere Argumentation äußerst hilfreich. Das konnte doch nicht das Ziel sein! Vielfache abgestimmte Bemühungen förderten die Einsicht: Ein Machtsystem, das seine Zuflucht letzten Endes zur Gewalt nimmt, ist nicht aufrechtzuerhalten.

Auf Bezirksebene hat sich am Ende auch unsere jahrelange kontinuierliche Arbeit im Staatsbereich ausgezahlt. Die Evangelische Kirche in Berlin-Brandenburg ist in Sprengel aufgeteilt, geleitet von Generalsuperintendenten. Wir hatten intern vereinbart, daß jeder Generalsuperintendent sich um einen bestimmten Vorsitzenden eines Rates des Bezirks zu kümmern hatte, als Spezialseelsorger gleichsam. Sie haben es verstanden, Vertrauen zu gewinnen, und die Leute vom Bezirk gingen gegen Ende über ihre engen Spielräume hinaus.

Im Rückblick erscheint mir dies Doppelte am wichtigsten: Ein Freiraum wurde erhalten und ausgebaut, in dem im Schutz der Kirche politisch Neues wachsen, sich entwickeln konnte. Und der Partei wurde der Arm festgehalten, das Schwert stumpf gemacht. Das geschah in einem strategisch nicht abgestimmten, wahrscheinlich nur von ganz wenigen konzeptionell durchdachten Verhalten von Kirchenleuten, die sich nicht scheuten, der Macht zu begegnen.

Es stellt sich natürlich auch die Frage nach dem Erfolg der Staatssicherheit. Was hat sie bei den Kirchenleuten erreicht? Die inzwischen bekanntgewordenen Akten aus der Normannenstraße sind vielfach als Erfolgsberichte verfaßt. Die Stasi machte sich Arbeits- und Einsatzpläne, in denen das DDR-Planungswesen auf die Spitze getrieben wurde und auf deren Grundlage dann die Erfolgsberichte entstanden. Da steckt viel Selbstbetrug drin, auch wenn die angeführten Ereignisse stattgefunden haben. Jeder wußte von der Wirklichkeitsferne der Pläne, denen viele dennoch heute glauben.

Gespräche werden so wiedergegeben, daß die gewünschten Ergebnisse nach oben weitergemeldet werden können. Was nicht in die Landschaft paßt, wird meist weggelassen. Von Dialogen mit kontroversen Meinungen bleibt nur die eine Seite übrig, und die wird dann als Überzeugung des kirchlichen Gesprächspartners hingestellt, mit dessen Hilfe man Einfluß auf Entscheidungen der Kirche nehme. Oft genug ist als Erfolg verbucht worden, was von vornherein klar war. Am ruhigen Verlauf von Veranstaltungen etwa war die Kirche selber interessiert. Doch die Stasi rechnete es sich als Erfolg an, daß es zum Beispiel bei Bluesmessen oder Friedenswerkstätten nicht zu Protestzügen durch die Stadt und zum Absingen staatsfeindlicher Lieder gekommen ist. Daß das in aller Regel überhaupt nicht anders geplant war, wird nicht vermerkt.

Die Sicherheitsleute oder deren politische Vorgesetzte hatten sich meist im Vorfeld von kirchlichen Veranstaltungen die Sorgen selber geschaffen, die sie dann gar nicht haben mußten, und verbuchten den von uns prophezeiten friedlichen Verlauf als Erfolg. In den Berichten dürfte kaum stehen, daß die Kirchenleitungsvertreter in aller Regel auch ohne Einwirkung der Staatssicherheit krasse Zuspitzungen zu vermeiden suchten, weil ziemlich durchweg das Gebot galt: Du sollst den Löwen nicht in den Schwanz kneifen.

Die Diskussion der Vergangenheit auf den Bereich Staatssicherheit zu beschränken, erscheint mir jedoch als unzulässige Verengung. Im Staatsapparat und im Parteiarchiv der SED zum Beispiel gibt es noch sehr viel mehr Akten als bei der Staatssicherheit. Die müssen ebenfalls berücksichtigt werden, wenn man zu sachgerechten Urteilen über die Vergangenheit kommen will. Für mich selbst habe ich einmal überschlagen, daß ich zwischen Ende 1959 und Herbst 1989 – wenn man alle drei Säulen zusammenzählt – rund tausend Gespräche geführt habe. Es wird also wohl mindestens tausend Vermerke und Berichte darüber geben. Alle diese Vermerke sind von den staatlichen Gesprächspartnern nach ihrer Interessenlage aufgebaut worden. Sie hatten jeweils den Auftrag, etwas zu erreichen. Sie hatten einen Gesprächsverlauf darzustellen und am Ende zu bewerten, ob das gesteckte Ziel erreicht war. Darüber hinaus wird es zwei weitere Punkte geben, die in solchen Vermerken eine Rolle spielen.

Zum ersten ist mein Eindruck, daß es eine ganze Reihe von Leuten im Staatsapparat gegeben hat, auch in allen seinen Gliederungen, die bereit waren, bestimmte kirchliche Vorhaben zu unterstützen, selbst aber keine Entscheidungsbefugnis hatten. Die dürften dann Vermerke so gestaltet haben, daß die Sache gut in die Ohren ihrer Oberen einging. So jemand schrieb dann, bei Staat, Partei oder Sicherheit: Der Kirchenmann hat sich so und so geäußert und damit ein positives Verhalten gezeigt. Sie lobten einen also, wenn sie jemandem helfen wollten.

Zum anderen dürfte als Erfolg gewertet worden sein, wenn Kirchenvertreter dadurch eine »positive Haltung« zeigten, daß sie ihnen vorgetragenen politischen Auffassungen und Einschätzungen nicht widersprachen.

Was den zweiten Punkt anbelangt, sage ich heute: Ich habe wahrscheinlich zu oft, um ein anderes Ziel zu erreichen, Dinge hingenommen, die im aktuellen Fall nicht obenan auf meiner Prioritätenliste standen. Man ging zu solchen Gesprächen, weil man etwas erreichen wollte. Die andere Seite wollte uns etwas beibringen. Die Zeit war immer knapp. Gerade bei Staat-Kirche-Verhandlungen, wo Delegationen auftraten, wurde das manchmal dramatisch. Staatssekretär Seigewasser hielt zu Beginn normalerweise eine Rede von einer Stunde, sein Nachfolger Klaus Gysi überbot ihn noch. Und wir hatten insgesamt zwei Stunden vereinbart. Man sah auf die Uhr und fragte sich: Wie sollen wir unsere acht wirklich wichtigen Punkte noch loswerden? Später haben wir die Monologe unterbrochen, aber in den ersten Jahren haben wir uns die Litanei angehört. Man war dann geneigt, zu deren Punkten zu schweigen, ihnen nicht zu widersprechen, wenn es uns nicht unmittelbar betraf. Das waren etwa Einschätzungen über den Imperialismus, die NATO und böse westliche Journalisten, was immer der SED jeweils aktuell geeignet schien, uns von unseren Fragen abzubringen oder uns einzuschüchtern.

Im nachhinein halte ich dies Schweigen moralisch nicht für richtig. Man muß, auch wenn man sich ganz fest vorgenommen hat, etwas Bestimmtes zu erreichen, die Unbequemlichkeiten und die Verzögerung durch den Widerspruch auf sich laden, wenn Positionen vertreten werden, die man für falsch und verderblich hält. Wir haben das auch gemacht, aber nicht immer. Es gab allerdings einige, die so etwas grundsätzlich nicht stehen ließen. Bischof Forck zum Beispiel war da ganz konsequent, ließ eben unsere acht Punkte weg und nutzte die Zeit, um die Wahrheit zu sagen. Wahrscheinlich ist solcher Verzicht auf den Erfolg eines Gesprächs auch richtig. Denn Schweigen wird fast immer als Zustimmung gewertet.

Was hätte man mit dem heutigen Wissen im Rückblick anders machen sollen? Hätte man etwa, als Gorbatschow das Steuer in der Sowjetunion herumwarf, alles unterlassen sollen, was der stur auf altem Kurs bleibenden SED-Führung aus der Patsche helfen konnte? Hätte man die innenpolitische Lage anheizen und nach Bonn signalisieren sollen, dort Honecker die kalte Schulter zu zeigen, ihn nicht durch die Einladung an den Rhein international aufzuwerten?

Natürlich, es gab immer die beiden Möglichkeiten, die viele genutzt haben: sich im Lande totzustellen, die eigene Nische zu pflegen, die religiöse, die kulturelle, die berufsfachliche.

Oder alles zu tun, um nach Westen zu gelangen, die Partei so lange zu pieken, bis sie einen vor die Mauer setzte. Aber wer dableiben und für Gegenwart und Zukunft des Landes und seiner Menschen etwas tun wollte, was hatte der für Alternativen? Er war genötigt, verantwortlich zu handeln, also sich nicht an Träumen zu orientieren, sondern die Folgen in den nächsten Wochen, Monaten, Jahren in den Blick zu nehmen. Und er mußte Rückschläge zu vermeiden suchen.

Das hat mein Handeln stark bestimmt. Der 17. Juni 1953 hatte ja nicht nur die sehr reale Erfahrung gebracht, daß die Partei und die hinter ihr stehenden Sowjets für die Machterhaltung über Leichen gehen. Sondern der Aufstand für Reformen hat gleichzeitig eine sich anbahnende Reform verhindert. Der Kreml war bereit gewesen, nach Stalins Tod den stalinistischen Dogmatiker Walter Ulbricht zu opfern. Nach dem Aufstand des 17. Juni fürchtete man, daß dies als Zeichen der Schwäche verstanden werden würde, und Ulbricht blieb.

Diese Lehre habe ich immer im Kopf gehabt. Ich bin deshalb wohl oft zu vorsichtig, zu bedenklich gewesen. Gute Freunde haben mich davor gewarnt, nur noch eine Strategie der Konfliktvermeidung zu treiben: Man muß ganz heran an den Elektrozaun, meinten sie, nicht schon ein paar Schritte davor zurückweichen. Und sie handelten danach. Das hat am Ende den Durchbruch gebracht. Leute wie ich haben vorbereitet und abgefedert. Den entscheidenden Schritt auf die Straße taten andere.

Kirche vor der Wende

In Ostdeutschland ist die DDR-Vergangenheit noch immer allgegenwärtig. Besonders umstritten ist die Geschichte der letzten Jahre, in denen sich die Kräfte profilierten, die in der Wende und in der Zeit danach Verantwortung übernahmen. In diesem Zusammenhang wird auch gefragt nach der Rolle, die Kirchenleitungen, Synoden, Gemeinden und Gruppen gespielt haben. Haben Kirchenleute die sich bildende demokratische Opposition behindert oder gefördert? Sind sie dem Regime kritisch genug begegnet, oder haben sie es stabilisiert? Ich will zu dieser Diskussion dadurch beitragen, daß ich meine Motive und meine Rolle in dieser Zeit an einigen Beispielen schildere.

Was der Höhepunkt hatte sein sollen, markierte in Wahrheit das Ende der Ära Honecker und läutete die Agonie der DDR ein: Die Fahne mit Hammer und Zirkel in Bonn, »Auferstanden aus Ruinen« gespielt von einer Bundeswehrkapelle, alles Gepränge eines Staatsbesuches für den Repräsentanten eines Staates, dessen Namen große Zeitungen immer noch in Anführungsstrichen druckten – Erich Honecker schien es geschafft zu haben, und es war ihm allem Anschein nach gelungen, die DDR dauerhaft als zweiten deutschen Staat auch im Bewußtsein der Westdeutschen zu etablieren. In Wirklichkeit war es alles andere als ein Durchbruch oder gar der Beginn einer neuen Entwicklungsperiode der DDR, ihrer politischen und wirtschaftlichen Modernisierung in dem von Moskau wehenden Wind von Glasnost und Perestroika.

Im Gegenteil: Im Rückblick wird klar, daß der Parteispitze im Spätsommer 1987, als Erich Honecker vom lang ersehnten Besuch in der Bundesrepublik Deutschland zurückkehrte und äußerlich auf dem Gipfel des Erfolges schien, Kraft wie Wille zur grundlegenden Neuorientierung, ja auch nur zu einer deutlichen Kurskorrektur fehlten. Statt dessen flüchtete sich das Politbüro wieder in die fatale Gewohnheit, feierliche Zeremonien zu Staatsjubiläen als politische Ziele zu deklarieren.

Die Hoffnungen der Reformkräfte in der Partei wurden bis zum vierzigsten Jahrestag der DDR im Oktober 1989 vertagt, nach dem, wie sie glaubten, mit einer personellen Erneuerung der Parteiführung auch eine inhaltliche Reform in Gang gesetzt werden würde.

Damit waren innerhalb der Partei diese ohnehin zur Vorsicht neigenden Leute von der Gegenwart abgelenkt. Der Kirche und den mit ihr verbundenen Reformkräften gegenüber wurde die SED deutlicher. Die Regierung sagte bereits terminierte Gespräche über kirchliche Reformwünsche ab. Und sie ließ zu, daß die Staatssicherheit bei der mitternächtlichen Aktion gegen die Umweltbibliothek in der Ost-Berliner Zionskirche in der Nacht vom 25. zum 26. November 1987 den Bürgerrechtlern und den Kirchenleuten den Knüppel der Macht zeigte. Außerdem versuchte sie weiterhin die Fundamentalopposition jener, die jede Hoffnung auf die Reformierbarkeit des Landes aufgegeben hatten und ihm deshalb für immer den Rücken kehren wollten, zu ignorieren und dadurch zu ersticken.

Honecker hatte in Bonn offensichtlich noch nicht einmal den Versuch unternommen, Hilfen für eine dauerhafte und verläßliche Regelung der Übersiedlung von DDR-Deutschen zu erhalten, die es der SED erlaubten, das Gesicht zu wahren und dem Druck der ständig steigenden Zahl von Antragstellern auf Ausreise zu entkommen. Er war auch nicht von sich aus bereit, über den eigenen Schatten zu springen und dafür zu sorgen, daß die gesellschaftliche und berufliche Diskriminierung der Antragsteller aufhörte und daß durchschaubare Kriterien für Erfolg und Bearbeitungszeit solcher Anträge festgelegt wurden. Er hat damit den Untergang seines Staates befördert. Denn Gorbatschow von außen und Bürgerrechtler sowie Kirche von innen drängten auf Reform, auf eine demokratische und rechtsstaatliche DDR nach Honecker. Die Ausreiserbewegung hingegen stellte die DDR überhaupt in Frage. Wer in den Westen wollte, aber im Lande festgehalten wurde, votierte für System und Staat der Bundesrepublik. Wer die Grenze überwinden konnte, kehrte in aller Regel der DDR auf Dauer den Rücken.

In der DDR waren die Frontlinien lange zwischen Hierbleibern und Ausreisern verlaufen. Wer die Ausreise, also die Ausbürgerung und Übersiedlung in die Bundesrepublik beantragte, war damit faktisch abgemeldet: im Betrieb, bei den kritischen Gruppen, oft auch im Freundeskreis und in gewisser Weise auch in der Kirche. Auch wenn er noch lange im Lande bleiben mußte, weil über den Antrag monate-, manchmal jahrelang nicht entschieden wurde, begegnete man ihm mit der Haltung: Der gehört nicht mehr zu uns.

Die evangelische Kirche war die einzige Institution in der DDR, die das Thema Flucht und Ausreise überhaupt öffentlich ansprach. Alle kirchlichen Äußerungen, von den fünfziger Jahren bis zum Jahr 1989, mahnten dazu oder warben darum, im Lande zu bleiben. Wie ich selber, so waren auch die meisten anderen Verantwortlichen in Landeskirchen und Kirchenbund der Überzeugung, daß die Auswanderung von Christen und anderen kritischen Bürgern kein Problem lösen würde. Nur wer im Lande aushielt, konnte an dessen Veränderung mitwirken. Wer ging, lieferte es den Atheisten, den Funktionären der Macht und den Opportunisten aus. Die Landeskirchen nahmen ihre ordinierten aktiven Pfarrer in eine besondere Pflicht, hierzubleiben. Die SED-Funktionäre hingegen wollten unbequeme Pfarrer häufig loswerden und boten ihnen zeitweilig die Ausreise geradezu an, während den in der DDR-Wirtschaft tätigen Mitgliedern der Gemeinden der Weg in den Westen bis Anfang der achtziger Jahre überhaupt nicht offenstand.

Die Kirchenleitungen versagten deshalb im Regelfall die Zustimmung, wenn ein Pfarrer in den Westen übersiedeln wollte. Tat er es dennoch, wurde seine Ordination ungültig mit der Folge, daß die Landeskirchen in der Bundesrepublik ihn nicht als Pfarrer einstellen durften. Das war zwischen den Kirchenleitungen hüben und drüben abgesprochen. Die Karenzzeit für ohne Genehmigung übergesiedelte DDR-Pfarrer betrug mindestens zwei Jahre. Diese Maßnahme war umstritten wie vieles, was die Kirchen zu DDR-Zeiten taten. Kritiker sprachen von unzulässiger Beschränkung der Freiheit. Es gab auch die Meinung, mit dem »Berufsverbot« für geflohene, SED-kritische Pfarrer machten sich die Kirchenleitungen noch im Westen zum Büttel des Regimes. Die Kirchenleitungen hingegen betonten die Notwendigkeit der Solidarität des Pfarrers mit der Gemeinde und verwiesen darauf, daß jeder Pfarrer, der gehe, im kirchlichen Dienst wie im kritischen Potential der Gesellschaft eine Lücke hinterlasse. Von der Sonderregelung könne erst abgegangen werden, wenn in Deutschland Freizügigkeit herrsche.

Ihre Appelle zum Bleiben in der DDR verbanden die Kirchen stets damit, daß sie die Gründe ernst nahmen, die die Menschen aus dem Lande trieben, und die staatliche Seite aufforderten, diese Gründe zu beseitigen, damit Menschen sich künftig in der DDR wohl fühlen könnten und gerne hier lebten. Die Appelle an den Staat verhallten ungehört. Die Ausreiseantragsteller aber konnten sich darauf berufen, daß die Kirchen ja selbst anerkannten, daß es schwerwiegende Gründe für ihren Entschluß gebe. Ganz zwangsläufig kamen viele Gemeinden und kirchliche Einrichtungen in die Lage, daß sie denen helfen mußten, deren Entscheidung sie eigentlich nicht guthießen und von denen sich zum Beispiel die Leute in den Friedensgruppen im Stich gelassen fühlten.

Wer Ausreise und Ausbürgerung beantragt hatte, verlor häufig gleich seinen Arbeitsplatz, ohne zu wissen, ob und wann seinem Antrag stattgegeben werden würde. Der Versuch, neue Arbeitsstellen im staatlichen oder staatskontrollierten Bereich zu finden, war meist aussichtslos. So kam es, daß eine größere Zahl von Antragstellern bei den Kirchen arbeitete, auf Friedhöfen, in Büros, im diakonischen Bereich. Das war eine konkrete Möglichkeit, denen zu helfen, die ihre Ausreise betrieben. Eine andere war, insbesondere in sich lange hinziehenden schwierigen Fällen, kirchliche Verbindungen zu nutzen, um auf die Entscheidung Einfluß zu nehmen. Das lief dann über Bonn und über Rechtsanwalt Wolfgang Vogel, den Beauftragten Honeckers für humanitäre Fragen, der das Vertrauen aller Seiten besaß.

Der Druck der Ausreisewilligen, über deren Zahl stets spekuliert wurde, nahm im Laufe der achtziger Jahre zu. Von 1973 bis 1983 wurden in der Bundesrepublik jährlich nur etwa zehntausend genehmigte, mit Entlassung aus der DDR-Staatsbürgerschaft verbundene Übersiedlungen registriert, einschließlich der echten Familienzusammenführung und des Freikaufs von politischen Gefangenen. Immer mehr Menschen beriefen sich bei ihren Anträgen auf die Menschenrechte und die Schlußakte von Helsinki. Es gab jedoch in der DDR keine verbindlichen Regeln, nach denen verfahren und entschieden wurde.

Als Ende 1983 Paul Verner im Sekretariat des SED-Zentralkomitees durch Egon Krenz abgelöst wurde, unternahm dieser einen Anlauf, das Problem mit einem Schlag zu lösen, was ihm allerdings nicht gelang. Krenz fragte, so ist uns berichtet worden, seine Leute: Wieviel Antragsteller haben wir denn? Da wurde ihm die Zahl 40 000 genannt. Das war eine Größenordnung, deren Verlust die DDR verschmerzen konnte. Krenz sagte also: Wir erledigen das Problem und lassen die alle laufen. Tatsächlich wurden im Frühjahr 1984 mehrere zehntausend Übersiedlungsanträge innerhalb weniger Wochen genehmigt, und die Leute konnten in die Bundesrepublik ausreisen. Aber in der Hoffnung, sich damit das Ausreiserproblem vom Halse geschafft zu haben, hatte man sich getäuscht. Wir waren uns klar darüber, und ich habe es die Staatsmacht auch wissen lassen: Allein dadurch, jetzt 40 000 Menschen ausreisen zu lassen, wird das Problem nicht gelöst, wenn man nicht gleichzeitig die Ursachen für die Ausreisewünsche behebt.

Dazu war der Staat jedoch nicht bereit, und so breitete sich lediglich die Nachricht wie ein Lauffeuer im Land aus, daß plötzlich massenweise Ausreiseanträge genehmigt würden, was sofort 60 000 bis 70 000 neue Anträge zur Folge hatte. Krenz hatte wohl gehofft, sobald die Unruhigen heraus seien, werde das Problem gelöst sein. Doch es zeigte sich, daß das Land in Wahrheit so in Unordnung war, daß eben nicht nur Leute herauswollten, die in Konflikten lebten. Als die DDR nun erstmals schnell und relativ großzügig handelte, sprangen viele tausend Leute auf den Zug, die vorher nie solche Wünsche vorgetragen hatten. Kein Mensch hatte gewußt, daß sie in ihrem Herzen mit dem Weggang gespielt, nur wegen der Aussichtslosigkeit den Antrag nicht gestellt hatten. Jetzt taten sie es, und ein paar hundert der Kurzentschlossenen kamen binnen weniger Wochen heraus.

Als Folge der Krenz-Aktion gab es einen riesigen Run auf die Ausreise. Das erschreckte die SED, und sie machte das

Schlupfloch wieder zu. Die davon Betroffenen gerieten in eine ganz schwierige Lage. Sie hatten sich aufgrund des Ausreiseschubs vom Frühjahr 1984 aus der Deckung gewagt, ihren Antrag gestellt und sich damit dem System ausgeliefert. Ihre Anträge wurden nicht erledigt, aber sie verloren ihren Beruf und wurden den verschiedensten Schikanen ausgesetzt. Krenz hatte das Problem, das er auf einen Schlag zu lösen hoffte, also tatsächlich für alle Seiten verschärft.

Die Schikanen hatten einen Teil ihrer abschreckenden Wirkung verloren. Die Zahl der Anträge nahm ständig zu. Man wußte, daß der Entspannungsprozeß in Europa sich fortsetzen würde, und die Nachfolgekonferenzen von Helsinki waren der Grund für neue Hoffnung. Außerdem war bekannt, daß die beiden großen Kirchen vom Staat immer aufs neue verlangten, neben der Liberalisierung der Reisevorschriften auch klare und verläßliche Regelungen für das Verfahren zum dauerhaften Verlassen der DDR zu schaffen. Auch darauf setzten Menschen Hoffnung.

Zehntausende richteten ihre Hoffnungen auf ein Ereignis: Honeckers Besuch in Bonn. Die Menschen erwarteten, daß er mit Bundeskanzler Kohl Verabredungen über geregelte Ausreisemöglichkeiten treffen würde. Die Enttäuschung darüber, daß die Bonnreise auf diesem Gebiet zu keinerlei Ergebnis führte, ja das Thema offensichtlich noch nicht einmal angesprochen worden war, war riesengroß. Ausreiseantragsteller begannen sich deshalb anschließend zu Selbsthilfegruppen zusammenzuschließen, die nunmehr neben den Friedens-, Umwelt- und Menschenrechtsgruppen im kirchlichen Umfeld als weitere Bürgerrechtsgruppe die Öffentlichkeit suchten. Auch sie wollten den Freiraum der Kirche nutzen. Ausreiserbewegung und die demokratische Opposition, die Reformen im Land verlangte, haben bis zum Ende der SED-Herrschaft meist nebeneinander oder gegeneinander, nur im Ausnahmefall miteinander gearbeitet.

Die Wende in der DDR verbindet sich in unserer Erinnerung in erster Linie mit den Gruppen, die blieben und das Land verändern wollten. Die Ausreise-Bürgerrechtler setzten dagegen ja nicht mehr auf Veränderung, sie wollten nur noch heraus. Doch die Macht der Partei ist zunächst nachhaltig von den

Ausreisern erschüttert worden, die im Sommer über Ungarn, die CSSR und Polen aus dem Lande drängten, die mit dem Ruf »Wir wollen raus!« die Straßendemonstrationen des Herbstes 1989 in der ersten Phase bestimmten. Sie bildeten ein gewaltiges Potential.

Honeckers Reise nach Bonn war von, wie es uns schien, positiven innenpolitischen Signalen begleitet worden. Die SED hatte es zum Beispiel Angehörigen der Kirchen und Friedensgruppen gestattet, sich mit eigenen Parolen am sogenannten Olof-Palme-Friedensmarsch zu beteiligen. So konnte auch gegen die Rüstung des Warschauer Vertrages demonstriert werden. Erstmals seit Bestehen der DDR protestierten Christen mit Transparenten gegen den Schießbefehl an der Grenze, ohne daß die Staatssicherheit sofort zugriff. Das hatte man als Dialogbereitschaft deuten können, ebenso wie das fast gleichzeitig veröffentlichte gemeinsame Papier von SED und SPD »Der Streit der Ideologien und die gemeinsame Sicherheit«. Darin hatten beide Seiten erklärt: »Die offene Diskussion über den Wettbewerb der Systeme, ihre Erfolge und Mißerfolge, Vorzüge und Nachteile muß innerhalb jedes Systems möglich sein.« Das war eine alte Forderung der Kirche, wie die SED überhaupt auf dem Umweg über die SPD in dem Papier einer Reihe von in der DDR entwickelten Thesen der kirchlichen Friedensarbeit zugestimmt hatte. Wir begannen daraufhin in der Kirche auf breiter Front, dies innenpolitisch einzufordern.

Die fünf mit staatlicher Lizenz – und damit faktisch auch unter Zensur – erscheinenden evangelischen Wochenzeitungen hatten sich schon vorher darangemacht, ihren Spielraum auszuloten und auszuweiten und das politische Geschehen im Lande kritisch zu kommentieren, insbesondere in der staatlichen Presse tabuisierte Themen zu behandeln. Kirchliche und unabhängige Gruppen brachten ohne staatliche Lizenz und gänzlich unzensiert eigene hektographierte Informationsdienste und Zeitschriften heraus, die zum Teil mit dem Aufdruck »Nur zum innerkirchlichen Dienstgebrauch« erschienen, um sie vor staatlichem Zugriff zu schützen. Sie alle wurden in kirchlichen Räumen und meist auf kircheneigenen Maschinen vervielfältigt. Die bekanntesten waren die von der Umweltbibliothek in der Ost-Berliner Zionskirche herausgegebenen »Umweltblätter« sowie der »Grenzfall« der unabhängigen Initiative für Frieden und Menschenrechte.

Das alles war vor der Bonnreise Honeckers geduldet worden, offenbar zähneknirschend, denn nach Tische sollte sich alles anders lesen. Ihre offizielle Linie wollte die Partei zwar nicht ändern, weder in Richtung Perestroika noch zurück zu Ulbricht. So kündigte sie auch den Burgfrieden mit der Kirche nicht auf. Honecker hatte ja 1978 die Kirche öffentlich als eigenständige Größe anerkannt, und er ließ bis zum Schluß immer wieder erklären, es solle bei den bewährten Grundsätzen des Gespräches vom 6. März bleiben.

Tatsächlich waren die Partei und ihr Generalsekretär wohl nicht mehr dazu in der Lage, eine neue Kirchenpolitik zu konzipieren und durchzusetzen. Aber sie schlugen in einer dramatischen Nacht-und-Nebel-Aktion zu: Leute von der Berliner Staatssicherheit besetzten in der Nacht vom 25. zum 26. November 1987 die Umweltbibliothek in der Zionskirche. So etwas hatte es seit Stalins Zeiten nicht mehr gegeben. Sie nahmen sieben dort beim Drucken beschäftigte junge Leute fest, beschlagnahmten Papiere und altertümliche Druckmaschinen.

Honecker war in Urlaub, als die Aktion anlief, der zuständige Staatssekretär für Kirchenfragen, Klaus Gysi, auf Besuch beim Weltkirchenrat in Genf. Als er am Abend zurückkam und ich nachts um halb zwölf in seiner Wohnung in der Leipziger Straße Licht sah – meine Berliner Wohnung lag in derselben Straße –, rief ich ihn an und suchte ihn dann auf: »Hier geht alles kaputt, wenn nicht gehandelt wird!« Gysi hat dann offenbar bei Mielke interveniert und erreicht, daß die Staatssicherheit die Inhaftierten wieder freiließ.

Auch das Verhalten der Gruppen und der Kirche hat natürlich dazu beigetragen, daß der Stasi bei dieser Aktion kein Erfolg vergönnt war, die mit ihrem nächtlichen Überfall im Gegenteil die Solidarität in der zu diesem Zeitpunkt politisch wieder einmal völlig zerstrittenen Gruppenszene wieder herstellte. Es kam zu einer Protestdemonstration aller Berliner Basisgruppen auf dem Zionskirchplatz, die vor der Polizei dann in die Kirche zurückweichen mußten. Dort wurde beschlossen, die Aktion mit Mahnwachen in der Kirche und vor deren Tür fortzusetzen, bis alle Festgenommenen frei waren und die Umweltbibliothek wieder arbeiten konnte. Bischof Forck und ich begrüßten die Mahnwachen und verhandelten mit dem Staatssekretär für Kirchenfragen. Nach drei Tagen waren alle Inhaftierten wieder frei. Man hatte uns außerdem zugesichert, daß auch die Ermittlungsverfahren eingestellt würden.

Die staatliche Seite war insofern in einer schlechten Position, als die Aktion offensichtlich nicht präzise genug vorbereitet worden war. Man hatte eigentlich Leute der Initiative Frieden und Menschenrechte auf frischer Tat beim Druck des nicht unter kirchlichem Signet erscheinenden »Grenzfall« erwischen wollen, hatte tatsächlich aber den Druck der kirchlich legitimierten »Umweltblätter« gestört. Auch die waren der Staatsmacht natürlich ein Dorn im Auge, die uns im Oktober verwarnt und erklärt hatte, die Blätter seien illegal und müßten eingestellt werden. Doch darum hatten wir uns nicht gekümmert: Wir wollten den Konflikt ja nicht um jeden Preis vermeiden, sondern lediglich eine Zuspitzung verhindern oder rückgängig machen, wie in diesem Fall.

Neben unserer Hartnäckigkeit spielte für den Rückzieher der Staatssicherheit die Aufmerksamkeit eine große Rolle, die die westliche Öffentlichkeit dem Vorgang und besonders den Mahnwachen widmete. Kirche wie Gruppen gingen aus dieser nächtlichen Aktion letztendlich nicht eingeschüchtert, sondern gestärkt hervor. Bischof Forck und ich werteten die Mahnwachen öffentlich als neues Handlungsinstrument der Kirche im Friedensdienst und kündigten unsere eigene Beteiligung an, falls es zu neuen Verhaftungen kommen sollte. Wir befürworteten die Einrichtung eines »Mahnwachenbüros«, als Vorsorge für die Zukunft. Die Zionsgemeinde bot dafür ein Büro und das Telephon des Kindergartens an; zusätzlich stellte auch Bärbel Bohley, energisch engagiert bei den Protesten gegen die Verhaftungen, ihr Telephon zur Verfügung.

Für den Druck der »Umweltblätter« und anderer Produkte der Gruppen stand fortan die Technik des Konsistoriums bereit. Im ersten Heft nach der Aktion hieß es im Resümee der »Umweltblätter«: »Wichtig ist, daß, ganz abgesehen von der selbstverständlichen Solidarität der Mahnwache, auch was die

Verhandlungsführung von Bischof Forck und Konsistorialpräsident Stolpe betrifft, es den Behörden nicht gelang, eine neue Frontlinie durch die Trennung zwischen innerkirchlichen ›Umweltblättern‹ und staatsfeindlichem ›Grenzfall‹ aufzubauen. Stolpe teilte dem Staatssekretär für Kirchenfragen, Gysi, mit, daß ›Grenzfall‹ zwar autonom und nichtchristlich ist, die evangelische Kirche aber glaube, daß Probleme in Zukunft benannt und nicht unterdrückt werden dürfen. Es wurde von der Kirchenleitung ein ständiger Dialog mit ›Grenzfall‹ und der das Blatt tragenden Initiative Frieden und Menschenrechte angekündigt. Damit nehme die Kirche eine Aufgabe wahr, die eigentlich der Staat habe.«

Auch die Staatssicherheit zog eine Lehre aus der Angelegenheit. Sie drang nicht noch einmal in Kirchengebäude ein, um Leute festzunehmen und Aktionen zu stoppen, weder in Berlin noch irgendwo anders. Was innerkirchlich und in kirchlichen Räumen geschehe, unterliege nicht der Staatskontrolle, sei allein Sache der von Honecker als eigenständig anerkannten Kirche. Von dieser Einschätzung hatten wir früher schon versucht, die Staatssicherheit zu überzeugen, und daran hielt sie sich künftig wieder. Das wurde in der Umbruchphase 1989 besonders wichtig, als die Staatssicherheit sich so verhielt, wie wir es über Jahre hinweg versucht hatten, ihr beizubringen: Sie waren am Ende zufrieden, wenn die Demonstrationen nur innerhalb der Kirchen stattfanden. Da konnte alles gesagt, jedes Plakat gezeigt werden. Die Staatssicherheit versuchte, den Protest in den Kirchen zu halten; in Berlin schlug sie zu, sobald er auf die Straße getragen wurde.

Die für die Aktion in der Zionskirche Verantwortlichen suchten nach einer Gelegenheit, ihre empfindliche Schlappe wettzumachen und ihr Ziel zu verwirklichen, die Opposition abzuschrecken und zu neutralisieren. Diese bot sich ihnen am 17. Januar 1988, dem Tag, an dem der jährliche Gedenkmarsch der SED-Prominenz für die 1919 ermordeten Revolutionäre Rosa Luxemburg und Karl Liebknecht stattfand. Zur Teilnahme wurde wie immer öffentlich aufgerufen. Das machten sich diesmal Ausreisergruppen zunutze. Beraten von dem unter anderem wegen kritischer Nutzung von Texten Rosa

Luxemburgs mit Auftrittsverbot belegten Liedermacher Stephan Krawzcyk versuchten sie, sich mit Luxemburg-Zitaten der Demonstration anzuschließen. Sie trugen Transparente mit der Aufschrift »Freiheit ist immer die Freiheit der anders Denkenden« und »Wer sich nicht bewegt, spürt die Fesseln nicht«, während Krawzcyk, der zu den Reformern und Dableibern gehörte, gegen Berufsverbote in der DDR demonstrierte. Es beteiligten sich zwar auch einige Mitglieder christlicher Gruppen, aber dies war keine kirchliche Aktion, im Gegenteil: sie war in der Gruppenszene umstritten, und Kirchenleute hatten ausdrücklich abgeraten.

In dieser Situation glaubte die Staatssicherheit, ungehindert zuschlagen zu können. Mehr als hundert Personen wurden festgenommen, die meisten Ausreiseantragsteller, dazu Stephan Krawzcyk, Vera Wollenberger und vier weitere aus den Reformgruppen. Dann folgten Hausdurchsuchungen bei prominenten Mitgliedern dieser Gruppen, die der Staatsmacht ein Dorn im Auge waren, weil sie sie – zum Teil jahrelang – mit großem Geschick bis zur Weißglut gereizt hatten. Das galt zumal für Ralf Hirsch von der Initiative Frieden und Menschenrechte. Er wurde zusammen mit Regina und Wolfgang Templin, Bärbel Bohley und Werner Fischer sowie Krawzcyks Ehefrau Freya Klier einige Tage später verhaftet. Mit der Demonstration hatten sie alle nichts zu tun, man warf ihnen deshalb auch nicht »Zusammenrottung« vor, sondern – wie auch Krawzcyk, aufgrund der Hausdurchsuchung – »landesverräterische Beziehungen zu geheimdienstlich gesteuerten Kräften in Westberlin«, ohne irgendwelche Beweise für diesen schwerwiegenden Vorwurf anzuführen. Offensichtlich sollten harte Strafen folgen. Schon die ersten Verurteilungen wegen »versuchter Zusammenrottung« gegen Vera Wollenberger und drei Mitarbeiter der Umweltbibliothek waren mit je einem halben Jahr Haft für dieses angebliche Delikt sehr hoch ausgefallen.

Die Kirche hatte also offiziell mit der Sache nichts zu tun; trotzdem schaltete sich der Staatssekretär für Kirchenfragen ein, informierte uns offiziell und verwarnte uns vorsorglich. Auch ohne diese Aktion Klaus Gysis hätten wir uns natürlich um die Verhafteten gekümmert. Bischof Forck forderte deren

Freilassung und beauftragte das Stadtjugendpfarramt, jeden Abend in wechselnden Kirchen zu Fürbittandachten einzuladen. »Die Kirchenleitung wird sich daran beteiligen, die Anwälte einladen und für Gelegenheit zu Rückfragen und Aussprachen sorgen«, hieß es dazu in seiner Erklärung. Damit war wiederum für Öffentlichkeit gesorgt und die Möglichkeit zu breiter Solidaritätsbekundung geschaffen. Die Gethsemanekirche etwa bot Raum für mehr als zweitausend Menschen.

Schwierig war der Fall, weil sich darin drei Gruppen von Betroffenen mit unterschiedlicher Interessenlage mischten, was auch bei den Solidaritätsveranstaltungen in den Kirchen zu Problemen führte: Die Ausreisedemonstranten, die Reformdemonstranten und die von der Staatssicherheit ausgesuchten »Staatsfeinde«, an denen man ein Exempel statuieren wollte, obgleich sie mit der Demonstration nichts zu tun hatten. Für uns wurde die Situation zusätzlich dadurch erschwert, daß wir nicht direkt mit der Macht und den Betroffenen reden konnten, sondern Anwälte die Verhandlungen führten.

Mir ging es zunächst einmal darum, die Anliegen der Ausreiser von denen der anderen deutlich abzugrenzen, auch in der Öffentlichkeit, und die aktuelle Krise dazu zu nutzen, wenn irgend möglich eine vernünftige Dauerregelung zu erreichen. Der Mehrzahl der Festgenommenen entledigte sich der Staat von sich aus; sie wurden direkt aus dem Gefängnis in die Bundesrepublik gefahren. Bereits im Vorfeld des 17. Januar waren vierzehn Familien, die schon jahrelang auf die Ausreiseerlaubnis hatten warten müssen, nun plötzlich genötigt worden, innerhalb von vierundzwanzig Stunden das Land zu verlassen. Aber es gab eine große Zahl von Leuten, die ebenfalls um jeden Preis heraus wollten und sich nun in den Fürbittandachten drängten, in die Pfarrämter kamen, Aktionen ankündigten. Ich sammelte Namen, stellte Listen zusammen.

Zunächst gab ich diese Namensliste Staatssekretär Klaus Gysi und bat ihn, für diese Menschen tätig zu werden und gleichzeitig für eine generelle Lösung des Problems einzutreten. Ich schilderte die Verzweiflung der Leute und ihre zunehmende Radikalisierung. Ich wußte, daß manche bereit waren, schreiend auf die Mauer zuzulaufen und Schüsse der Grenzwächter zu provozieren, um ihre Sache voranzubringen. Gysi gab mir die Liste allerdings zwei Tage später wieder zurück. Die Sache war ihm zu heikel: Hier könne er nichts machen, das gehe nur über den normalen Weg. Der normale Weg bedeutete: über Rechtsanwalt Vogel. Dem schrieb ich, um die Sache wirklich dringlich zu machen: »Die Hysterie der Antragsteller ist zur Zeit unvorstellbar. Jeden Tag müssen wir mit spektakulären Vorkommnissen rechnen. Am 3. Februar soll zum Beispiel ein ›Go-in‹ mehrerer hundert Leute in Ihrem Büro erfolgen. Ich hoffe, daß die massiven Warnungen einiger Pfarrer, die davon erfuhren, es verhindern werden.« Mein Vorschlag lautete: »Schnelle Entlassung aus der Staatsbürgerschaft für das Haupt-Unruhe-Potential, das sich jetzt auch am Rande kirchlicher Veranstaltungen zeigte. Nach meiner Schätzung 200 bis 300 Beteiligte. Eine erste Liste füge ich bei.« Und dann bat ich ihn – wie Klaus Gysi vorher und andere Gesprächspartner nachher –, alle Möglichkeiten zu nutzen, um zu erreichen, daß eine grundsätzliche Regelung für zur Ausbürgerung Entschlossene festgelegt und bekanntgemacht wird.

Der erste Teil des Vorstoßes hatte Erfolg. Mein Brief öffnete mehr als zweihundert Verzweifelten den Weg in die Bundesrepublik. Später wurden es dann noch mehr. Im Grundsätzlichen aber bewegte sich auch weiterhin nichts. So blieb der DDR das Problem erhalten, das zu ihrem Untergang beigetragen hat. Ob der sich hätte verhindern lassen, wenn einer meiner Vorschläge Erfolg gehabt hätte, weiß ich nicht.

In der damaligen Situation, angesichts der staatlichen Praxis, die Antragsteller in völliger Ungewißheit zu lassen, hatte ich den Eindruck gewonnen, daß feste Regeln und ein entsprechender Zeitrahmen helfen könnten, das Problem zu entschärfen. DDR-Bürger waren es gewöhnt, warten zu müssen – auf einen bestellten Trabi bis zu fünfzehn Jahre. Wenn die Bearbeitung von Ausreiseanträgen garantiert sowie sichergestellt worden wäre, daß die Vorentscheidung nach einem Jahr getroffen und die Ausreise zwei, spätestens drei Jahre nach Antragstellung realisiert werden könnte, wäre das ein deutlicher Fortschritt gegenüber dem für die Betroffenen unerträglichen Zustand gewesen, daß alles für unabsehbare Zeit in der Schwebe blieb und nur der durch schnelle Ausreise »belohnt«

wurde, der sich an spektakulären Aktionen beteiligte, Provokationen wagte und bereit war, auf dem Weg nach Westen auch durch ein Gefängnis zu gehen.

Solche Vorschläge von damals müssen im Kontext der damaligen Situation gesehen werden. Ich hatte dabei immer die Hoffnung vor Augen, daß ein geregeltes Verfahren zum Verlassen des Landes zusätzlichen Druck für Veränderungen im Lande erzeugen würde. Sobald es in Kraft wäre, könnte der Staat nicht mehr so tun, als ob es das Thema gar nicht gäbe. Die Genossen würden sich klarmachen müssen, daß ohne eine Reform der Verhältnisse im Lande immer mehr Menschen sich sagen würden: Trabant fünfzehn Jahre, Westen drei Jahre, das sitzen wir ab.

Über die konkreten Konflikte in dieser Zeit, an denen die Berliner Staatssicherheit beteiligt war, habe ich keine Gespräche mit den Leuten der Kirchenabteilung in der MfS-Zentrale geführt. Auch in der Partei gab es für mich damals keine Gesprächspartner. Die Verhandlungen liefen von uns aus nur über den Staatsapparat, also den Staatssekretär für Kirchenfragen und seine Mitarbeiter. Und sie liefen über die Rechtsanwälte, die ihrerseits natürlich mit der Staatssicherheit insofern zu verhandeln hatten, als die politische Abteilung der Generalstaatsanwaltschaft dem Ministerium für Staatssicherheit zugeordnet war.

Die nach der Verhaftungsaktion vom 17. Januar von den Betroffenen beauftragten Anwälte waren Wolfgang Vogel, der die Ausreiser vertrat, sowie Wolfgang Schnur, Lothar de Maizière und Gregor Gysi, die die Mandate derjenigen übernommen hatten, die in der DDR bleiben und sie von innen reformieren wollten. Vogel, Schnur und de Maizière handelten gleichzeitig auch im Auftrag der Kirche. Am 9. Februar waren schließlich alle frei, die zu den Veränderergruppen gehörten, aber nur zwei Mitarbeiter der Umweltbibliothek wurden in die DDR entlassen, die anderen, die alle hatten im Lande bleiben wollen, kamen in die Bundesrepublik: Freya Klier, Stephan Krawzcyk und Ralf Hirsch wurden dauerhaft ausgebürgert, das Ehepaar Templin, Vera Wollenberger, Bärbel Bohley und Werner Fischer erhielten Reisepässe mit der Zusicherung, daß sie nach Ablauf einer Frist, die zwischen sechs Monaten und zwei Jahren betrug, wieder zurückkehren dürften. Wie es dazu im einzelnen gekommen ist, ist noch nicht geklärt. Jeder der damals Betroffenen oder Beteiligten hat seine Erinnerungen, keiner weiß alles. Ich berichte, welchen Part ich dabei hatte.

Zum Verständnis der Vorgänge rund um den 17. Januar 1988 ist nicht unwichtig, daß Krawzcyk seit mehr als zwei Jahren nur noch in Kirchen hatte auftreten können. Er selber gehörte keiner Gruppe an, seine Frau, Freya Klier, war bei der »Kirche von unten« aktiv. Beide hatten ein künstlerisches Programm, das die SED sehr reizte, weil es der Partei vorhielt, daß es ihr ausschließlich um den Machterhalt ging. Sie wurden von Kirchengemeinden zu Friedensgottesdiensten und anderen Veranstaltungen eingeladen. Krawzcyk war ein politischer Sänger, der seine Anliegen nicht religiös oder biblisch kaschierte. Als nun überall im Lande von der SED durch Staat und Stasi Druck auf die kirchlichen Veranstalter ausgeübt wurde, Krawzcyk und Klier nicht auftreten zu lassen, weil es sich bei ihren Auftritten um staatsfeindliche Politveranstaltungen handle, kam es zum Konflikt in der Kirche. Einige konservative Gemeindekirchenräte luden die beiden wieder aus – aus Überzeugung oder aus Angst. In der Kirchenleitung gab es Diskussionen, ob diese Spannung sinnvoll und innerkirchlich zu rechtfertigen sei. Ich habe mich sehr dafür eingesetzt, daß Krawzcyk und Klier weiterhin im Bereich der Kirche auftreten könnten. Der Konflikt mußte ausgehalten werden, aber ich suchte nach Wegen, Zuspitzungen zu vermeiden. Die Partei zeigte sich in dieser Angelegenheit jedoch ganz und gar verbohrt, sie wollte die beiden mundtot machen. Sie aber wollten ihr Recht durchsetzen, als kritische Künstler aufzutreten, um diese Gesellschaft von innen zu verändern.

Stephan Krawzcyk litt unter dem staatlichen Auftrittsverbot und hat sich vermutlich deshalb mit den Ausreisern zu der spektakulären Aktion vom 17. Januar verbündet. Als er in Haft saß, verfaßte seine Frau einen Appell mit dem Ziel, internationale Solidarität der Künstler im Westen zu erreichen, die die DDR zwingen sollte, Krawzcyk aus dem Gefängnis zu lassen und die Sperre gegen ihn aufzuheben. Dieser Aufruf wurde mit einer Videokamera im Sitzungssaal unseres Konsistoriums aufgenommen. Ich hatte zugestimmt, daß Vertreter der Gruppen den Raum für Aufnahmen nutzten. Das Band erhielt dann der ARD-Korrespondent Hans-Jürgen Börner. Ich sprach Freya Klier am gleichen Abend, es war der 21. Januar, bei der Fürbittandacht im Kirchsaal der Andreas-Markus-Gemeinde darauf an und habe etwa folgendes gesagt: »Sie haben da diese Bandaufnahme gemacht. Sie müssen sich darüber im klaren sein, wenn das veröffentlicht wird, wird die Sache ganz eng hier. Ich fürchte, die werden Sie dann auch noch einsperren.« Sie aber war überzeugt, daß die Sache jetzt durchgefochten werden müsse, und glaubte fest daran, daß die Partei würde nachgeben müssen, wenn es zu großer internationaler Solidarität komme, und Stephan Krawzcyk freilassen. Wenn das nicht gelinge, habe hier ohnehin alles keinen Zweck mehr.

Der Fernsehkorrespondent Börner hatte es nun in der Hand, ob dies Video in den Westen gelangte und dort gesendet wurde oder nicht. Für Eingeweihte war leicht zu erkennen, wo die Videoaufnahmen entstanden waren. Das Gestühl in unserem Sitzungssaal zum Beispiel war nicht gängige DDR-Produktion. Börner wollte mich sprechen. Wir suchten uns einen Raum im Konsistorium, von dem ich hoffte, daß wir uns da ruhig unterhalten konnten. In solchen Fällen mied ich mein Zimmer und suchte Unterschlupf in Zimmern von Mitarbeitern, bei denen es sich, wie ich glaubte, für die Staatssicherheit nicht lohnte, eine Abhöranlage zu organisieren. Börner suchte Rat. Ich konnte auch ihm nur sagen, daß wohl auch Freya Klier verhaftet werden würde, wenn er das Band senden würde. Wie ich war er der Auffassung, daß ihr dies eigentlich klar sein müsse, weshalb wir uns darüber unterhalten haben, ob man jemanden, der entschlossen ist, etwas zu tun, bremsen soll oder nicht. Ich habe ihm dann gesagt: »Ich bremse nicht. Wenn Sie sich sicher sind, daß Frau Klier die Ausstrahlung will und das Risiko bewußt eingeht, dann muß das eben sein.« Ich nahm in Kauf, daß der Aufnahmeort deutlich zeigte, daß die Kirche Hilfestellung geleistet hatte.

So wurde der Film also gesendet. Freya Klier wurde aber nicht sofort verhaftet, sondern erst drei Tage später, am 25. Januar, zusammen mit den Templins, Ralf Hirsch, Bärbel Bohley und Werner Fischer. Keinem wurde ein konkreter Tatvorwurf im Zusammenhang mit dem 17. Januar gemacht. Es war klar: man wollte nicht irgendwelche Delikte ahnden, sondern einen Schlag gegen die Häupter der Opposition führen – sofern sie nicht Pfarrer waren. Rainer Eppelmann und seine Kollegen Wolfram Hülsemann und Martin-Michael Passauer blieben verschont, das Kirchenprivileg wirkte noch.

Mir selber und den beteiligten Rechtsanwälten ist im nachhinein von einigen Betroffenen der Vorwurf gemacht worden, wir hätten im Zusammenwirken mit Staat und Stasi bewußt die Opposition scheibchenweise in den Westen verkauft und damit die Herausbildung einer kirchenunabhängigen Oppositionsbewegung behindert und letztlich die Wende in der DDR verzögert. Über die Motive des Anwalts Wolfgang Schnur, der in dieser Sache besonders aktiv war, kann ich mich nicht äußern. Es gibt da eine Reihe von Unklarheiten und offenen Fragen, die damit zusammenhängen mögen, daß Schnur, wie er nach der Wende eingestanden hat, ein bezahlter Inoffizieller Mitarbeiter des Ministeriums für Staatssicherheit gewesen ist.

Was mich anlangt, ist der Vorwurf, am Abschieben der Opposition beteiligt gewesen zu sein, geradezu abwegig. Er verkennt meine Motive und entstellt mein Handeln in einem mir sehr wichtigen Punkt: Es war stets meine Überzeugung, daß die Probleme des Landes im Lande selber gelöst werden müssen. Ich habe nie die Hand dazu geboten, irgend jemanden gewaltsam oder mit Tricks aus der DDR zu entfernen oder jemanden dazu zu überreden oder in eine Situation zu bringen, in der er gegen seinen eigentlichen Willen der Ausbürgerung zustimmen mußte. Ich habe allerdings ebenso jeden klar erkennbaren Entschluß respektiert, das Land zu verlassen, auch wo ich ihn für nicht notwendig, für politisch und kirchlich falsch hielt. Wo es nötig war, habe ich auch mitgeholfen, daß einem solchen Entschluß vom Staat entsprochen wurde. Diese Grundüberzeugung hat mich auch bei den Januarereignissen des Jahres 1988 bestimmt.

Um eine Freilassung der Inhaftierten zu erreichen, verfolgte ich damals zunächst folgenden Gedanken: Die DDR ließ sich ja seit Jahren die Freiheit politischer Häftlinge für viel Geld von der Bundesrepublik abkaufen. Wäre ein solches Geschäft nicht auch möglich mit der Haftentlassung in die DDR statt in den

Westen, vielleicht für einen etwas höheren Preis? Ich setzte mich mit Walter Priesnitz aus dem Bonner Ministerium für innerdeutsche Beziehungen und Honeckers Beauftragten für solche Fälle, Rechtsanwalt Wolfgang Vogel, zusammen. Die Reaktion war ermutigend. Vogel meinte, das müsse man probieren. Prießnitz sagte, es wäre großartig, das müsse er in Bonn einmal klären. Beide waren also sehr dafür und fragten, warum das eigentlich nicht gehen solle. Es dauerte nur wenige Tage, bis mich der eine wissen ließ: Ich bekomme das Geld. Und der andere: Die Partei ist bereit. Das war die Grundlage dafür, daß Rechtsanwalt Vogel, in dessen Begleitung Bischof Forck die Verhafteten besuchen durfte, ihnen sagen konnte, sie kämen in wenigen Tagen frei und könnten wählen, ob sie in die Bundesrepublik oder in die DDR entlassen werden wollten.

Das war Anfang Februar. Der 2. Februar war ein Dienstag, und dienstags kam stets das Politbüro zu seiner Sitzung zusammen. Dort muß die Zusage, die man Vogel in Sachen Freikauf Ost gegeben hatte, widerrufen worden sein. Vielleicht hat Erich Mielke im Nachgespräch den SED-Chef umgestimmt. Vogel wurde jedenfalls offenbar anschließend eröffnet, daß die Sache nicht so laufen werde, wie man es ihm vorher in Aussicht gestellt hatte. Es bleibe bei der alten Übung: Entweder Entlassung in den Westen oder Prozeß und Strafhaft in der DDR. Vogel sah seine persönliche Ehre dadurch verletzt, daß die SED ein von ihm gegebenes Wort nicht einlösen wollte. Er legte das Kirchenmandat für diese Fälle nieder. Und Bischof Forck erklärte später öffentlich, er sei vom Staat getäuscht worden.

Jetzt wurde neu verhandelt. Von Stephan Krawzcyk und Freya Klier wußte ich, daß sie den Kontakt, den Dialog mit dem Publikum brauchten. Nur auf Kirchengemeinden angewiesen zu sein und sich auch dort nicht auf eine breite Solidarität stützen zu können, war auf Dauer für sie nur schwer zu ertragen. Ich hatte deshalb parallel zu der anderen Initiative die Möglichkeit ventiliert, das merkwürdige Privileg, das die SED einer Reihe von unbequemen Schriftstellern gewährt hatte, auch auf dieses Paar auszudehnen: Ausreisevisum nach Westen für einen befristeten Studienaufenthalt unter Beibehaltung der DDR-Staatsbürgerschaft und mit garantierter Rückkehrmöglichkeit. Über eine solche Möglichkeit hatte Bischof Forck bereits einmal im November 1987 mit Freya Klier gesprochen. Sie und ihr Mann wollten das aber damals nicht. Jetzt ließ ich meine Westverbindungen spielen und erhielt von einem leitenden westlichen Kirchenmann folgende Garantie: Wenn die DDR bereit sei, beiden eine befristete Ausreiseerlaubnis für zwei Jahre zu erteilen und die Wiedereinreisemöglichkeit zuzusichern, könne den beiden für diese Zeit ein Stipendium zur Verfügung gestellt werden, das ihnen die Möglichkeit biete, ohne materielle Probleme ihre künstlerischen Gaben zu entwickeln und neue Erfahrungen zu sammeln.

Dies verbindliche Angebot habe ich am 25. Januar schriftlich Rechtsanwalt Schnur zukommen lassen, der es noch am gleichen Tage Stephan Krawzcyk und der an diesem Morgen ebenfalls verhafteten Freya Klier unterbreitet hat. Beide lehnten ab. Das habe ich respektiert und keinen Versuch gemacht, sie zu beeinflussen; wie ich mich auch nicht eingemischt habe, als die beiden sich schließlich für die Ausbürgerung gen Westen entschieden, als sie – beraten, vielleicht auch getäuscht von Schnur – sahen, daß die Freilassung in die DDR nicht erreichbar schien, statt dessen Prozeß und hartes Urteil in Aussicht standen, mit der hohen Wahrscheinlichkeit, die Strafe auch absitzen zu müssen.

Nachdem Krawzcyk und Klier, auf die sich die Partei in den Monaten zuvor total fixiert hatte, heraus waren, hatte sich nach meiner Einschätzung die Lage geändert. Ich gewann den Eindruck, und so habe ich die Rechtsanwälte auch unterrichtet, daß der Staat die Sache jetzt bald vom Tisch haben wollte. Die Solidarität in den Fürbittandachten und den Westmedien zeigte Wirkung, und etwas strafrechtlich Verwertbares lag gegen die verbliebenen und noch nicht verurteilten Gefangenen eigentlich auch nicht vor. Sie hatten sich weder an der Demonstration beteiligt noch sie organisiert. Sie hatten bestenfalls davon gewußt. Ein Prozeß konnte also nicht viel bringen, wenn man sich einigermaßen an die geltenden Gesetze hielt. Natürlich, wenn es zu einem Prozeß kommen sollte, dann würde es auch eine Verurteilung geben. Ich war jedoch ziemlich sicher, daß eine Verurteilung auf Bewährung oder doch zumindest eine Aussetzung der Strafe zu erreichen sein würde. Da ich wußte, daß jedenfalls Bärbel Bohley und Werner Fischer ihre Sache durchfechten und lieber einen Prozeß mit Urteil als die Abschiebung in die westliche Freiheit haben wollten, habe ich ihnen über Schnur auch eine Ermutigung mit dieser Perspektive übermittelt. Doch diese Nachricht hat sie nie erreicht. Vermittelt worden ist ihnen von Schnur offenbar die Einschätzung: Ihr bekommt furchtbare Strafen, kein Mensch kümmert sich um euch, und die Kirche will auch, daß ihr rausgeht!

Das wollte die Kirche nicht, aber sie konnte helfen, den Weg in den Westen zu bahnen, wenn die Gefangenen selber es wollten. Schnur rief mich vom Gefängnis aus an und fragte, ob das Angebot, das ich ihm für Krawzcyk/Klier aufgeschrieben hatte, auch für andere von ihm vertretene Mandanten gelten würde. Eine entsprechende Frage kam auch von de Maizière. Da blieb mir gar nichts anderes übrig, als mich noch einmal bei der Kirche in Bonn rückzuversichern. Leicht zähneknirschend erhielt ich die Bestätigung. Die Verhandlungen im einzelnen haben dann die Rechtsanwälte geführt. Die Gefangenen wurden ratenweise entlassen, und auch die Zeit ihrer Verbannung fiel unterschiedlich lang aus. Am zähesten haben sich Bärbel Bohley und Werner Fischer gewehrt und dabei das meiste erreicht: Sie bekamen die Zusage, bereits nach sechs Monaten wieder zurückzudürfen.

Da ich am Zustandekommen der Voraussetzungen mitgewirkt hatte, war ich natürlich daran interessiert, daß die staatlichen Zusagen auch eingehalten wurden, und habe später dafür alle meine Gesprächsmöglichkeiten genutzt. Ich habe Bärbel Bohley und Werner Fischer dann selber pünktlich nach sechs Monaten mit dem Auto vom Prager Flughafen abgeholt und zurück in die DDR gefahren. Man hatte uns diesen Weg vorgegeben und bedeutet, daß die Einreise über einen deutsch-deutschen Übergang nicht funktionieren würde.

In dieser Geschichte gibt es einen besonders dunklen Punkt. Das ist das Schicksal von Ralf Hirsch, der als einziger aus dieser Gruppe ohne das Angebot einer Rückfahrkarte ausgebürgert wurde. Offensichtlich haben die Genossen die ganze Aktion benutzt, um speziell an ihm Rache zu nehmen. Hirsch hatte Staat und Staatssicherheit zehn Jahre lang mit seinen

Spontanaktionen in Atem gehalten. Er gehörte zum Friedenskreis von Eppelmanns Samaritergemeinde und dann zur Initiative für Frieden und Menschenrechte, wobei er sich besonders um die Bluesmessen kümmerte und immer wieder Veranstaltungen organisierte, die über den Rahmen des Zugestandenen erheblich hinausgingen. Jugendlich unbefangen war er dabei so offensiv, daß er auch Mißtrauen in der Kirchenleitung weckte. Es gab die Sorge, Hirsch, der kirchlicher Angestellter auf einem Friedhof mit einem eigenen Büro und Telephon war, das er für seine Aktionen nutzen konnte, sei gezielt eingeschleust, um Unruhe zu stiften. Forck und ich hielten jedoch stets unbeirrt zu ihm.

Jetzt nahm man Rache an ihm. Man verhaftete ihn im Zusammenhang mit dem 17. Januar, obgleich gerade er sich gegen Krawzcyks Taktik gewandt und die gemeinsame Aktion mit den Antragstellern abgelehnt hatte. Schnur hat dabei wohl mitgespielt, zumindest aber nichts verhindert. An diesem Punkt mache ich mir im Rückblick Vorwürfe: Wir Kirchenvertreter und eben auch ich selber haben uns in der ganzen Angelegenheit zu sehr auf die Anwälte verlassen. Natürlich wußten wir nichts von Schnurs Sonderverhältnis zur Staatssicherheit. Aber da er überall herumwirbelte und nicht immer der Durchsichtigste war, hatten Propst Hans-Otto Furian, mein Mitstreiter im Konsistorium, und ich uns angewöhnt, uns möglichst nicht allein auf ihn zu stützen und ihn nicht in alle Dinge einzubeziehen. Jetzt aber war er der entscheidende Mittler. Wir sagten ihm, daß unserer Ansicht nach die Chancen für eine Haftverschonung nach einem Urteil und für eine Entlassung in die DDR nicht schlecht stünden und daß die Leute das durchhalten könnten. Schnur aber vermittelte uns den Eindruck, die seien alle am Ende ihrer Kräfte und hielten ihre Lage nicht aus. Man ist in einer merkwürdigen Situation, wenn man selber im Warmen bei Kaffee und Kuchen sitzt und sagt: Die können doch ruhig noch eine Weile im Gefängnis ausharren.

Es war ein Fehler, sich allein auf einen Mann zu verlassen, den wir für zu umtriebig und nicht ganz stabil hielten. Wir hätten versuchen müssen, uns noch einmal direkt von der Lage und der Haltung der Betroffenen zu überzeugen. Bischof Forck hätte wohl noch eine zweite Besuchserlaubnis erhalten, wenn wir diese Bedingung nur hart genug gestellt hätten.

Die Berliner Geschehnisse erregten großes Aufsehen in den westlichen Medien, und selbst das »Neue Deutschland« kam nicht umhin, sich auf seine Weise mit ihnen zu beschäftigen. Doch ein anderes Ereignis in diesem Februar 1988 hatte für die Zukunft noch größere Wirkung: der Start der Ökumenischen Versammlung von Basis-Delegierten aus allen christlichen Kirchen in der DDR, also auch der römisch-katholischen, in Dresden. Ihr Thema hieß »Gerechtigkeit, Frieden und Bewahrung der Schöpfung«. Dazu waren vorher überall im Lande Fragen ausgegeben worden, und jetzt lagen mehr als zehntausend Antworten und Vorschläge vor, und ein großer Teil von ihnen beschäftigte sich nicht nur mit Problemen der Dritten Welt und der Rüstungsproblematik, sondern mit den Defiziten an Menschenrechten, Demokratie und Lebensqualität in der DDR. Diese Reaktionen sollten nun ausgewertet und in einem einjährigen Diskussionsprozeß zu Konsenspapieren verarbeitet werden, in denen die gesellschaftlichen und politischen Handlungs- und Reformziele der Christen des Landes gebündelt formuliert wurden, nicht unverbindlich, sondern mit einer Art Ratifizierung durch die Beschlußorgane der beteiligten Kirchen, was auch geschehen ist. Als ein Jahr später, im April 1989, die dritte Session der Ökumenischen Versammlung zu Ende ging, hatte sich im Lande ein breiter Prozeß der Bewußtseinsbildung vollzogen. Und die Bürgerbewegungen, die auf die Wende zusteuerten, konnten sich in ihrer Programmatik weitgehend auf die Ergebnisse der Ökumenischen Versammlung stützen.

Die alten Männer an der Parteispitze erkannten die Gefahr, die hier drohte, offenbar bereits vom ersten Tag an und unternahmen eine Demarche. Im Namen von Partei und Regierung erklärte ZK-Sekretär Jarowinsky am 19. Februar 1988 Bischof Leich als Vorsitzendem des evangelischen Kirchenbundes: Kirche müsse Kirche bleiben! Die politischen Aktivitäten entsprächen nicht dem Willen der Mehrheit der christlichen Bürger, das gute Verhältnis von Staat und Kirche werde aufs Spiel gesetzt und dergleichen mehr. Das veranlaßte Leich, um einen Termin bei Honecker zu bitten, und der stimmte zu. Am 3. März führte Leich nun bei Honecker Beschwerde über die Lage im Lande; die Kirche sähe sich gezwungen zu handeln und sich stellvertretend um die Sorgen der Menschen zu kümmern, wenn der Staat versage. Er forderte Honecker auf, wenigstens durch ein paar Veränderungen mit Signalcharakter den Bürgern Hoffnung für die Zukunft zu geben.

Doch der Bischof predigte tauben Ohren. Die Partei bewegte sich in den Fragen von Reise und Ausreise kein Stück weit. Da der Staat das Problem des sich ständig erneuernden Berges von Ausreisewünschen nicht löste, blieb es ein Problem der Kirche. Als ein Fürbittgottesdienst in Friedrichsfelde in einem »Sturm von seiten der Ausreisewilligen« endete, wie mir ein Augenzeuge berichtete, versuchten wir, ein Ventil zu schaffen. Generalsuperintendent Günter Krusche kündigte ein Seelsorgebüro für Ausreisewillige mit Theologen und Juristen als Gesprächspartnern an. Das wurde so verstanden, als könnte die Kirche tatsächlich die Ausreise vermitteln. Es kam zu einem großen Ansturm auf die genannte Adresse. Wir konnten ihn weder bewältigen, noch konnten wir vor allem in der Hauptsache helfen. Wir mußten das Büro wieder schließen und überall erklären, daß die Kirche keine Ausbürgerungsagentur sei, weder ihrem Willen noch ihrem Wesen oder gar ihren Möglichkeiten nach.

Aber die Gottesdienste konnten und wollten wir nicht absagen. Nach dem Ende der Fürbittandachten für die Inhaftierten begannen Selbsthilfegruppen der Ausreiser, sich zur Teilnahme an normalen Sonntagsgottesdiensten in Berliner Kirchengemeinden zu verabreden. Ich schätzte das nicht als dramatisch ein. Das Problem lag mehr im innerkirchlichen Bereich: Wie halten das Kirchengemeinden aus, wenn mit einemmal Hunderte von Leuten dazukommen, die größtenteils gar nichts mit einem Gottesdienst anfangen können und wollen? Wenn etwa ein normaler Gottesdienst von fünfzig oder sechzig Menschen besucht wurde und nun dreihundert hinzukommen, einzig und allein aus der Motivation heraus, sich einmal zu treffen, um Aktionen zu besprechen oder auch nur um gleichgesinnte Leute zu sehen, mit denen man sich über das eigene Ausreisebegehren unterhalten konnte, dann fühlt sich die Gemeinde in ihrem Leben beeinträchtigt. Ich habe mich bei den Gemeindekirchenräten dafür verwendet, daß sie das aushalten möchten und sich nicht irritieren lassen. Den

Pfarrern habe ich allerdings empfohlen, sich auf diese ungewöhnliche Situation einzustellen und keine traditionelle Predigt zu halten, sondern ein wenig darauf Rücksicht zu nehmen, daß sie vor ein paar hundert Leuten sprachen, die das erste Mal mit Kirche zu tun hatten. Ich gab zu bedenken, daß niemand von ihnen bleiben würde, wenn man allzu archaisch mit ihnen umginge, und schlug vor, diese Herausforderung auch als Chance zu nutzen.

Eine solche Sonntagsverabredung gab es auch für den 6. März 1988 in der Sophienkirche im Zentrum Berlins. An dem gleichen Sonntag war in der Nähe eine örtlich begrenzte staatliche Veranstaltung mit Beteiligung aus der Bevölkerung des Stadtbezirks angekündigt. Die Pfarrer der Sophienkirche erhielten von den Behörden eine Vorwarnung, Antragsteller wollten sich nach dem Gottesdienst in Marsch setzen und am Luxemburgplatz für ihre Sache demonstrieren. Das werde man verhindern. Die Pfarrer reagierten gelassen, denn sie glaubten nicht, daß es zu einer solchen Demonstration kommen würde, womit sie auch recht behielten. Die Provokation ging von der staatlichen Seite aus. Die Staatssicherheit umstellte das Kirchengebäude lange vor Beginn des Gottesdienstes weiträumig. Wer zur Kirche wollte, wurde kontrolliert. Wer nicht in der Gegend wohnte, wurde weggeschickt. Und nach dem Gottesdienst kam es zu Handgreiflichkeiten, Verfolgung von Gottesdienstteilnehmern und Festnahmen. Die Leute wurden auf Lastwagen verfrachtet und abtransportiert. Schließlich kamen sie auf die Liste der bereits angelaufenen Aktion zur schnellen Ausbürgerung auffällig gewordener Antragsteller.

Damit war zum ersten Mal in der Geschichte der DDR ein Gemeindegottesdienst direkt vom Staat gestört worden, dessen Sicherheitsorgane Menschen an der Religionsausübung hinderten. Das war insofern von symbolischer Bedeutung, als dieser Sonntag der zehnte Jahrestag des Staat-Kirche-Gesprächs von 1978 war, dessen Ergebnisse Erich Honecker noch drei Tage zuvor bei der auch im »Neuen Deutschland« groß herausgestellten Begegnung mit dem Kirchenbundsvorsitzenden Bischof Leich ausdrücklich bekräftigt hatte.

Wir protestierten mit Nachdruck auf allen Ebenen. Da die

»Politik des 6. März« nach wie vor nicht förmlich aufgekündigt war und die Aktion an der Sophienkirche in den DDR-Medien nicht erwähnt wurde, also auch wohl von der Staatsmacht nicht als demonstrative, öffentliche Kündigung gedacht war, hatten wir die besseren Karten. Ich weiß bis heute nicht, wer für den Einsatz der Staatssicherheit an der Sophienkirche letztlich verantwortlich gewesen ist, glaube aber, daß Honecker, den Leichs Forderungen verbittert hatten, Mielke freie Hand gegeben hat. Vielleicht haben die alten Herren auch gespürt, daß die in Richtung des Prager Frühlings weisenden Vorstellungen der Kirche ihr Herrschaftssystem ernsthaft in Frage stellten. Politisch ging der Schuß jedoch nach hinten los, und der für Kirchenfragen im Magistrat zuständige Stellvertreter des Oberbürgermeisters, Stadtrat Günter Hoffmann, geriet offensichtlich in solche Schwierigkeiten und Erklärungsnöte, daß er einen Vermerk über ein mit mir geführtes Gespräch an verschiedene Stellen weiterleitete. Darin unterstellt er mir Verständnis für die harten Maßnahmen und deutet meine nachdrückliche Forderung an den Staat, Maßnahmen zu ergreifen, um das Ausreiserproblem zu lösen, in seinem Sinne um.

Durch die Provokation, die die Staatssicherheit am zehnten Jahrestag des Gespräches vom 6. März 1978 an der Sophienkirche inszeniert hatte, hatte der Staat den Burgfrieden faktisch aufgekündigt, ohne aber dessen bisherige Ergebnisse zu widerrufen. Es gab nur keine verläßliche Gesprächsschiene mehr. Das wurde noch dadurch unterstrichen, daß Honecker im Sommer Staatssekretär Klaus Gysi ablöste, der sich für den Weg des Burgfriedens eingesetzt hatte, und ihn durch Kurt Löffler ersetzte. Eine neue politische Konzeption stand zwar nicht dahinter. Fast auf einen Schlag begannen jedoch Belästigungen durch Behörden und Funktionäre, die sofort gesehen hatten, daß die Kirche im Großen Haus kein Gehör mehr fand. Laufende Sachverhandlungen brachten keine Ergebnisse, Baugenehmigungen blieben aus, selbst von Valutabaustellen wurden Arbeiter abgezogen, das Regierungspresseamt zensierte fast wöchentlich die Kirchenzeitungen.

Das ging das ganze Jahr 1988 so. Dem Berliner Blatt »Die Kirche« gelang es, in seiner Osternummer die Zensur sichtbar zu machen: Sie erschien mit weißen Stellen. Die Kirchenleitungen beschwerten sich immer wieder über die Zensur und versuchten zu verhandeln – ohne jeden Erfolg. Im Herbst schließlich rührte sich etwas an der Basis. Der Chefredakteur der »Kirche«, Gerhard Thomas, hatte in Leserveranstaltungen für Meinungsfreiheit geworben. Jetzt machten sich Leute auf, die bis dahin nicht in der kritischen Szene in Erscheinung getreten waren, und sammelten sich am 10. Oktober zu einem Protestmarsch. Junge Diakone gehörten zu den Initiatoren. Sie wollten vom Berliner Konsistorium in der Neuen Grünstraße hart an der Mauer zum Thälmannplatz ziehen, wo das staatliche Presseamt seinen Sitz hatte. Uns hatten sie nur unterrichtet, nicht gefragt. Ich lud sie vor Beginn zu einem Gespräch in den Gemeindesaal der Petrikirche ein.

Das war wieder eine der klassischen Situationen, in denen es nötig war, die Friedhofsruhe aufzubrechen. Der Konflikt lag zutage, ich wollte ihn nicht vermeiden, wohl aber bereitstehen, um Zuspitzungen zu verhindern, die zu Rückschlägen führen würden. Also goß ich auf der einen Seite Öl ins Feuer und streute auf der anderen Seite Sand, beides in einer Rede. Ich riet von der Demonstration wegen der absehbaren Folgen ab und bezeichnete gleichzeitig das Verhalten des Staates, der in die Substanz kirchlicher Arbeit eingreife, als unerträglich. Die jungen Leute haben es als Ermutigung empfunden: Alter Vater, wir verstehen dich; wir müssen jetzt raus, vergiß uns nicht, wenn wir sitzen.

Ich ging nicht mit auf die Straße. Ich wußte, ich würde anderswo gebraucht werden. Der Zug kam nur bis zur nächsten Straßenecke am Spittelmarkt, da standen schon die Lastwagen der Polizei. Ich griff zum Telephonhörer und rief Stadtrat Hoffmann, den Stellvertreter des Oberbürgermeisters für Inneres, an, teilte ihm mit, was geschehen war, und verlangte die schnelle Freilassung der Festgenommenen. Achtzig von zweihundert Demonstranten waren inzwischen auf Lastwagen verfrachtet und abtransportiert worden. Ich erhielt die Zusage, daß alle freikommen und lediglich vorher »vermahnt« werden würden. Es war eine außerordentlich wichtige Demonstration. Menschen hatten gezeigt, daß ihre Geduld Grenzen hat. Wenn Verhandlungen verschleppt werden, muß man handeln, Risiken eingehen. Das schafft Luft. Darauf konnte man sich beziehen. Tatsächlich wurde die Behinderung der Kirchenpresse bald darauf sang- und klanglos eingestellt.

In diesem Herbst riß auch der offiziellen Kirche der Geduldsfaden. Die Synode des Kirchenbundes erklärte bei ihrer Tagung in Dessau unumwunden, es sei an der Zeit, »daß alle Bürger unseres Landes reisen können«. Die Synode entwarf zwar noch kein eigenes Gesamtkonzept für Reformen, forderte aber, daß der Dialog darüber nun endlich in der DDR-Gesellschaft geführt werden sollte. Und Bischof Leich mahnte eine grundlegende Erneuerung mit einer Formulierung des Prager Frühlings an: Gebraucht werde eine Gesellschaft mit menschlichem Angesicht. Der Sozialismus sei nur so gut, wie ihn der einzelne Bürger in seiner Alltagssituation erlebe. Das zeigte Wirkung, wenn auch nicht die angemahnte. Erich Honecker war so verärgert, daß er sich anläßlich einer Rede vor Kampfgruppen gegen das »unverantwortliche Gerede« des Bischofs wandte und sich zu der Behauptung verstieg, noch nie sei eine Gesellschaft in Deutschland so menschlich gewesen wie der Sozialismus der DDR. Es war ein Schock für ihn, daß durch diese »Kirche im Sozialismus« seine Spielart des Sozialismus in Gefahr geriet, daß sie den Sozialismus so verbessern und verändern wollte, daß er mit der Honeckerschen Version nichts mehr gemein haben würde.

Es gab also wenig Hoffnung auf Reformen. Ich sah unter der Voraussetzung, daß das Sowjetimperium an seinem Teil Deutschlands und der dort etablierten Macht festhalten würde, keine Chance, Veränderungsprozesse an der SED vorbei in Gang zu bringen. Deshalb nutzte ich die Gelegenheit einer Einladung, an der Universität Greifswald eine Gastvorlesung zu halten, um der Partei eine Brücke zu bauen. Der Kernpunkt meines Vortrags war die Aufforderung an die SED, ihre führende Rolle auch wirklich wahrzunehmen und sie als eine *politisch* führende Rolle zu verstehen. Damit legte ich den Verzicht auf die bisherige Praxis nahe, auf der führenden Rolle im Sinne von administrativer Führung, vom Durchregieren in alle Bereiche, zu bestehen. Es hat die SED nach meiner Beobachtung außerordentlich hart getroffen, daß ich ihr die Führungsaufgabe nicht bestritten habe, sondern im Gegenteil anmahnte, sie solle diese Rolle endlich ausfüllen und den Menschen sagen, wohin die Reise geht. Kurzgefaßt lautete mein Appell: Nehmt eure Führungsverantwortung wahr, um die notwendigen Reformen einzuleiten, aber verzichtet gleichzeitig darauf, zu administrieren und die Bürger zu bevormunden.

Es war eine Art letztes Angebot. Im Vorfeld der Synode war deutlich geworden, daß in der Bevölkerung der Erwartungsdruck ganz erheblich war; gleichzeitig machten die Menschen die Erfahrung, daß die Bereitschaft der Träger des Systems, Veränderung herbeizuführen, gleich Null war. Diese Vorlesung zwei Tage nach der Synode bot mir die Möglichkeit, deren Intentionen aufzunehmen und den Ernst der Situation darzustellen. Meine Sorge war, daß das Land auf chaotische Verhältnisse zusteuern könnte, falls den Erwartungen der Menschen nicht entsprochen würde. Die Partei, so fürchtete ich, würde sich gegen den Reformdruck nicht zu helfen wissen und möglicherweise die Grenzen wieder völlig schließen. Der Unterdrückungsapparat könnte dann wieder in die alten Mechanismen der sechziger oder vielleicht sogar der fünfziger Jahre zurückfallen. Doch mein Appell war in den Wind gesprochen. Honecker und seine Umgebung waren nicht mehr in der Lage, zu reagieren und politische Führung zu übernehmen.

Ich hatte es in der öffentlichen Rede in Greifswald nicht so ausgesprochen, aber es war mir stets präsent gewesen: eine Modifizierung des Wahlsystems wurde zwingend. Ich glaubte, daß ein erster Schritt seitens der SED ohne allzuviel Gesichtsverlust möglich sein mußte. Aus ihm konnten sich später weitere ergeben. Wo ich Gesprächspartner fand, riet ich, sich einfach der Tatsache zu erinnern, daß es sich dem Gesetz nach um geheime Wahlen handelte. Und wenn man erst die Kabine benutzte, dann ergab es sich zwangsläufig, daß da drin auch etwas geschehen mußte, daß die Bürger also ein Kreuz machen. Ich habe ihnen sogar einmal einen alten Stimmzettel aus den fünfziger Jahren gezeigt: Sind Sie für den Frieden oder sind Sie für die Remilitarisierung Deutschlands? Da war ein ganz großer Kreis für die »richtige« Stimme gedruckt und ein kleiner für die »falsche«. Ich habe ihnen gesagt: So kann man das doch machen.

Auch dieses Lockmittel zog jedoch nicht. Auf die entscheidende Idee kamen nicht wir Taktiker, sondern die Bürger, die nun ihre eigenen Angelegenheiten selber in die Hand nehmen wollten. Sie streuten den Gedanken, dem System bei den Kommunalwahlen am 7. Mai 1989 schlicht auf die Finger zu sehen. Sie gingen in Versammlungen, bei denen die Kandidaten aufgestellt wurden, und brachten die Vorstände in Verlegenheit. Denn die wußten gar nicht, wie man mit Anträgen umgeht, Namen auf den Listen zu verschieben oder neue Namen draufzusetzen. Vor allem aber sorgten sie dafür, daß in möglichst vielen Wahllokalen jemand bei der öffentlichen Stimmauszählung zugegen war, um die Ergebnisse zu notieren.

Die Initiative zur Kontrolle dieser Wahl kam nicht so sehr aus den inzwischen etablierten Oppositionsgruppen, sondern in erster Linie aus dem Lager der Ausreisewilligen. Darunter gab es Leute, die ständig darüber nachdachten, wie sie die Staatsgewaltigen so ärgern könnten, daß diese sie schnell aus dem Lande schafften. Im Lauf der Zeit wurden phantastische Ideen entwickelt, die sie diesem Ziel näherbringen sollten. Diejenigen, die in der DDR bleiben wollten und bis dato nicht gerne mit denen zusammengingen, die wegwollten, arbeiteten bei der Vorbereitung der Wahlbeobachtung nun plötzlich mit ihnen zusammen.

Die Zahl derjenigen, die dieses Vorhaben unterstützten, nahm ständig zu. Es stießen in aller Regel Menschen hinzu, die auch weiterhin in der DDR leben wollten, meist ohne sich bisher in Reformgruppen organisiert zu haben. In Potsdam zum Beispiel waren ganz neue Leute die tragenden Kräfte bei der Verabredung, die Wahl zu beobachten, die in den Wahllokalen bekanntgegebenen Ergebnisse zusammenzuzählen und dann mit den amtlichen Endergebnissen zu vergleichen. Ein paar Pfarrer, die bisher nie in Erscheinung getreten waren, keine Friedensgruppen gehabt, keine Protestveranstaltungen organisiert hatten, sagten nun mit einem Mal: Jetzt ist Schluß. So entstand bei der Vorbereitung der Wahlkontrolle eine echte Bürgerbewegung. Es mußten sich ja viele Menschen beteiligen, sonst wäre die Sache nicht durchführbar gewesen. In Berlin wurden nahezu ausnahmslos alle Wahllokale beobachtet.

Daß dies gelang und die Partei sich eigentlich nicht dagegen wehren konnte, außer daß sie auf stur schaltete und die Fälschung der Wahlergebnisse ableugnete, hat den Herbstereignissen einen starken Impuls gegeben. Die Leute erlebten, daß man doch etwas bewirken konnte. Die Menschen beider Richtungen – »Wir wollen weg« und »Wir bleiben hier« – lernten zwischen Frühjahr und Herbst 1989 zu Zehntausenden den aufrechten Gang. Es war ein massenpsychologisches Phänomen. Jeder, der auch nur ein wenig von der Stimmung im Lande mitbekam, spürte, daß sich etwas ändern mußte. Selbst Funktionäre aller Säulen der Macht räumten dies bald unumwunden ein.

Honecker aber blieb stur. Die Protestversammlungen gingen weiter. Im September 1989 nahm die Eisenacher Synode des evangelischen Kirchenbundes die Proteste und die Intentionen der Ökumenischen Versammlung auf und formulierte, was verändert werden müßte, damit »Menschen auch in unserem Land gerne leben«. In Schlagworten faßten die gewählten Kirchenvertreter das Dringlichste zusammen. »Wir brauchen«, erklärte die Synode unter anderem:

»– die offene und öffentliche Auseinandersetzung mit unseren gesellschaftlichen Problemen,
– jeden für die verantwortliche Mitarbeit in unserer Gesellschaft,
– unbedingte Wahrhaftigkeit als Voraussetzung für eine Atmosphäre des Vertrauens,
– pluralistische Medienpolitik,
– demokratische Parteienvielfalt,
– Reisefreiheit für alle Bürger,
– wirtschaftliche Reformen,
– Möglichkeit friedlicher Demonstrationen,
– ein Wahlverfahren, das die Auswahl zwischen Programmen und Personen ermöglicht.«

Während inzwischen Tausende über Ungarn, die Tschechoslowakei und Polen das Land verließen und die erschütternden Szenen von Grenzen, aus Botschaftsgärten und von Bahnhöfen auch dem Fernsehpublikum in der DDR nicht verborgen blieben, wuchs im Lande parallel dazu bei Zehntausenden die Einsicht und der Mut, die Verhältnisse in der DDR selber ändern zu wollen. Eine erstaunliche Massenbewegung griff Platz. Daß die Hoffnungslosigkeit in Massenprotest gegen das System umschlug, wurde erstmals am 14. September 1989 öffentlich sichtbar, als in Leipzig bei der Montagsdemonstration die Parole: »Wir bleiben hier!« plötzlich lauter ertönte als der Ruf: »Wir wollen weg!« Das neue Selbstbewußtsein und der Anspruch, die Dinge im Lande nun selbst in die Hand zu nehmen, führte konsequent zu der Losung, die die eigentliche Wende kennzeichnete und die zunächst Widerspruch zur propagandistischen Verzerrung im »Arbeiter- und Bauernstaat« war: »*Wir* sind das Volk!«

Das war der eigentlich revolutionäre Vorgang: das Volk forderte die Herrschaft ein, die angeblich in seinem Interesse ausgeübt wurde. Damit wurde die entscheidende Frage gestellt und auf der Straße entschieden: die Machtfrage, immer das zentrale Thema der SED. Die Zahl der Demonstranten wuchs von Woche zu Woche. Nur noch mit brutaler Gewalt war die Macht der SED zu retten. Anfang Oktober gelang ihr das noch in Berlin, aber in Dresden führte die Machtprobe bereits zu einem Patt, und in Leipzig mußte der SED-Staat am 9. Oktober den Rückzug antreten.

Am 18. Oktober stürzte Honecker. Sein Nachfolger Egon Krenz suchte sofort das Gespräch mit dem Vorstand des evangelischen Kirchenbundes. Wir verweigerten uns nicht, denn wir gingen davon aus, daß die SED die Macht weiter behalten würde, ob in der Person von Krenz oder, wie es bald darauf kam, von Hans Modrow.

Wir wollten die neue Führung von vornherein auf Reformen festlegen und sie dazu bringen, die Brutalität der Sicherheitskräfte am 7. und 8. Oktober in Berlin zu untersuchen und zu bestrafen. Das Stadtjugendpfarramt hatte Zeugenaussagen von Mißhandelten in großer Zahl dokumentiert. Es stellte sie in einer Pressekonferenz am 23. Oktober 1989, einen Tag vor der Wahl des Honecker-Nachfolgers Egon Krenz zum Vorsitzenden des DDR-Staatsrates, der Öffentlichkeit vor.

Von der Absicht dieser Pressekonferenz hatte Günter Schabowski erfahren, damals noch Erster Sekretär der SED in Berlin. Der rief mich am Tag vorher besorgt an und wollte, daß die Pressekonferenz abgesagt werde. Sie könne sich störend auf die vorgesehene Krenz-Wahl auswirken. Ich versprach ihm, seinen Wunsch mit den Beteiligten zu besprechen. Ich hielt gewaltsame Aktionen seitens der Staatssicherheit immer noch für möglich und setzte mich deshalb dafür ein, die Pressekonferenz um sechsunddreißig Stunden zu verschieben. Aber Wolfram Hülsemann, der Stadtjugendpfarrer, und seine Mitarbeiterin Marianne Birthler, jetzt Ministerin für Jugend, Bildung und Sport in der brandenburgischen Landesregierung, blieben bei dem einmal festgelegten Termin und sagten nein. Auch dem Oberbürgermeister Erhard Krack, der mich und Bischof Forck zusammen mit Schabowski dann noch einmal bearbeitete, konnte ich nichts anderes sagen. Doch ich machte einen Vorschlag: Wenn man die Pressekonferenz mit den begründeten Anklagen gegen den Staat entschärfen wolle, solle doch ein Vertreter des Staates zu der Pressekonferenz kommen, in Gegenwart der Journalisten das Belastungsmaterial entgegennehmen und zusichern, daß die Vorfälle ordentlich untersucht werden würden. So geschah es. Ähnliches war uns nie vorher eingeräumt worden.

Zwischen den Oktoberdemonstrationen und der Volkskammerwahl am 18. März 1990 war kein Halten mehr in dem spontanen und durch Politiker nicht zu steuernden Prozeß der Machtübernahme durch das Volk. Glücklicherweise gelang sie ohne Blutvergießen. Das ist vielleicht das Geheimnis des Erfolges, denn es erleichterte den Sowjets die Zurückhaltung. Sie waren nicht in ihrer Ordnungsverantwortung herausgefordert.

Der totale Machtverlust der SED war ein Machtwechsel, wie er einschneidender nicht hätte ausfallen können. Es war eine Revolution aus dem Aufbruch des Volkes. Aufgeflammt aus der Asche der Resignation, provoziert durch die pathologische Starrheit der obersten Machthaber, ermutigt durch die Tapferen, die sich zunächst allein und ungeschützt vorwagten. Begünstigt durch eine Kirche, die den Mut zum Protest förderte und Zuspitzungen auf beiden Seiten abdämpfte. Es war eine deutsche Revolution, die diesen Charakter weder durch die Gewaltlosigkeit noch durch ihr Gelingen und schon gar nicht durch nachträgliches Herumdeuteln verliert.

Das Wunder der Einheit

Mit der Öffnung der Mauer am 9. November 1989 begann für uns Deutsche das Wunder der Einheit. Die kaum ein Jahr später, am 3. Oktober 1990, vollzogene staatliche Vereinigung erscheint inzwischen als selbstverständlich. Wir mühen uns im deutschen Alltag mit den Folgen – Gestrüpp und Gräben aktueller Probleme erschweren das Vorankommen. Daß wir in kurzer Frist Hürden genommen haben, die eine Generation lang als unüberwindbar galten, wird dabei allzuleicht vergessen.

Ich spreche bewußt vom Wunder der Einheit, da ich mit dem Ende der deutschen Zweistaatlichkeit auf alle absehbare Zeit nicht gerechnet hatte. Meine Weltsicht war durch drei einschneidende historische Ereignisse geprägt, die ich selber miterlebt hatte. 1945 fiel der Osten Deutschlands an das Sowjetimperium. Ich hatte in Stettin die Verbände der deutschen Wehrmacht gegen die Russen ziehen sehen. Ihre Größe und Ausrüstung machten dem Kind, das ich war, gewaltigen Eindruck, der Anblick der Königstiger-Panzer, die nach Osten rasselten, rief Begeisterung hervor. 1943/44 hörte ich von den deutschen Wunderwaffen im nahen Peenemünde. Und dennoch: 1945 mußte meine Familie vor der Roten Armee über die Oder nach Westen fliehen, um schließlich in Greifswald doch noch von ihr überrollt zu werden: Die hatten uns vereinnahmt.

Der zweite große Eindruck war – ich ging in Greifswald zur Oberschule – 1953 die Begeisterung über den »Neuen Kurs«, den auszurufen die SED sich am 10. Juni genötigt sah, die »Wende um 180 Grad«, das Wanken der bisherigen Autoritäten. Die Menschen zeigten unverhohlene Freude über die Niederlage Walter Ulbrichts, sie verlangten: »Der Spitzbart muß weg!« Wilde Spekulationen, daß Deutschland nun wieder eins werde, machten die Runde. Es war eine herrliche Frühlingswoche. Aber die Zeit der Hoffnung währte eben nur sieben Tage. Am Rundfunkgerät verfolgten wir über die Mittelwelle des RIAS das Geschehen am 17. Juni in Berlin. Sowjetische Panzer rollten, und niemand konnte oder wollte helfen. Es war ein Erlebnis, dessen traumatische Wirkung durch das gewaltsame Ende des Prager Frühlings im August 1968 noch einmal verstärkt wurde. Wir hatten keine Chance: Die ließen uns nicht los.

Die dritte folgenschwere Einsicht gewann ich aus den Erlebnissen im Sommer 1961: Der amerikanische Präsident John F. Kennedy stellte nach seinem Treffen mit dem sowjetischen KP-Generalsekretär Nikita Chruschtschow in Wien am 25. Juli 1961 klar, daß für die USA die Anwesenheit westlicher Truppen in Berlin und ihr Zugang zu der Stadt unverzichtbar seien. Er unterstrich damit einerseits, daß Ulbricht keine Chance hatte, West-Berlin in die Hand zu bekommen. Andererseits wurde deutlich, wo das Engagement der USA endete, daß Amerika also nicht eingreifen würde, wenn die Sowjets ihr Einflußgebiet in Deutschland abgrenzten. Immer mehr Menschen suchten daraufhin ihr Heil in einer schnellen Flucht nach Westen, während die SED-Macht ihrerseits drastische Gegenmaßnahmen ankündigte. Keinem aufmerksamen Zeitungsleser, und ein solcher war ich immer, konnte Anfang August 1961 Chruschtschows Ankündigung entgehen: »Die Hintertür Westberlin wird geschlossen!« Ich lebte ja in Potsdam und arbeitete in Ost-Berlin, fuhr also täglich durch West-Berlin und erlebte die Massenflucht, die Angst vor Absperrungen und immer wieder die Hoffnung: »Das läßt der Westen nicht zu!« Doch er mußte es zulassen. Ohne einen Ausgleich der Interessen war der Weltfrieden offenbar nicht zu sichern. Den Preis dafür hatten wir zu zahlen. Solange das Sowjetimperium stand, waren wir sein westlicher Vorposten und seine Geisel gegenüber der Bundesrepublik: Die brauchten uns auf Dauer.

Aus all diesen Erfahrungen gewann ich die Einsicht, daß kurz- oder mittelfristig keine grundlegenden Veränderungen möglich sein würden. Nach meinen Eindrücken war die DDR für das Sowjetimperium militärisch, wirtschaftlich und ideologisch unverzichtbar. Die DDR aufzugeben hätte für sie das Ende der Weltmachtrolle bedeutet. Dafür, daß die Sowjetunion zu diesem Verzicht bereit sein könnte, gab es bis zuletzt – auch im Herbst 1989 war das nicht anders – keine sicheren Anzeichen.

So setzte ich alle Hoffnung auf den europäischen Entspannungsprozeß. »Wenn alles gutgeht, erlebe ich vom Balkon des Altersheims so um das Jahr 2010 die Vereinigung Deutschlands«, soll ich einmal prophezeit haben. Man mußte nur alles dafür tun, daß die Deutschen die Einheit dann auch noch wollten.

In vier Jahrzehnten Trennungsgeschichte haben die Deutschen hüben wie drüben gelernt, ihre nationalen Hoffnungen auf relativ bescheidene Ziele zu richten. Es ging darum, dem Teil der Nation, dem als Ergebnis des gemeinsam geführten Krieges die politische Gestaltungsfreiheit, das Selbstbestimmungsrecht versagt war, das Leben zu erleichtern.

Die Politiker der Bundesrepublik, zu deren offizieller Staatsräson das Ziel der deutschen Vereinigung gehörte, haben anfangs im Gegensatz zur SED aktive Wiedervereinigungspolitik betrieben. Doch sie mußten erkennen, daß sich gangbare politische Wege zu diesem Ziel nicht bahnen ließen. Als Willy Brandt 1969 Bundeskanzler einer sozialliberalen Koalition wurde, kam auch die regierungsamtliche Neubesinnung in Gang. Die Deutschlandpolitik orientierte sich nunmehr erklärtermaßen an dem Ziel, die Substanz der Nation in der Teilung zu erhalten, Verbindungen zu schaffen und zu sichern, um dafür zu sorgen, daß Bindungen nicht verlorengehen, und den Deutschen in der DDR das Leben zu erleichtern. Die Politik des »Wandels durch Annäherung« setzte die Bereitschaft voraus, auch politische Beziehungen mit der Führungsriege der DDR aufzunehmen, Verträge zu schließen und die DDR als zweiten deutschen Staat zu akzeptieren.

So kam es zu einer pragmatischen De-facto-Anerkennung des Staates DDR durch die Bundesrepublik, wenn sie de jure auch nicht völkerrechtlich verbindlich ausgesprochen wurde. Diese Entscheidung machte es der Regierung von Helmut Schmidt möglich, 1975 in Helsinki jene Schlußakte der Konferenz für Sicherheit und Zusammenarbeit in Europa (KSZE) zu unterzeichnen, die Einmischung in Menschenrechtsangelegenheiten erlaubte, ja sogar forderte, aber auch die Grenzen in Europa faktisch festschrieb. Wie sehr die CDU/CSU-Opposition diesen von ihr anfangs heftig angefeindeten Wandel in der

Ostpolitik schließlich mitvollzogen hatte, zeigte sich, als sie 1982 in Bonn wieder die Regierung übernahm: Die auf Erhaltung der Substanz der Nation gerichtete Politik wurde fortgesetzt. Dazu waren aktive Beziehungen zur DDR nötig, die nicht durch kontraproduktive Wiedervereinigungsrhetorik gefährdet werden durften. Die deutsche Einheit lag zugunsten der Pflege der Nation bis zur Wende im Herbst 1989 auf Eis.

Über die Bedeutung der Sprache für die Nation ist viel nachgedacht worden. Nur auf eine Eigentümlichkeit will ich hinweisen: Es hat vielleicht zum Erhalt der Nation auch beigetragen, daß sich aus den Staatsnamen Bundesrepublik Deutschland und Deutsche Demokratische Republik keine vernünftigen Eigenschaftswörter ableiten lassen. So mußte, wer die Deutschen sprachlich ihren Staaten zuordnen wollte, Hilfskonstruktionen benutzen: Bundesbürger und DDR-Bürger. Auch westliche Politiker kamen um diese Begriffe nicht herum, obgleich strenggenommen beide unzutreffend waren. Zu den deutschen Anomalien gehörte ja, daß die Bundesrepublik Deutschland keine eigenen Staatsbürger hatte. Sie erkannte nur die reichsrechtlich geregelte deutsche Staatsbürgerschaft an, die nach ihrem Verständnis alle Deutschen besaßen, also auch die in der DDR. Damit gab es strenggenommen aus Sicht der Bundesrepublik auch keine DDR-Bürger, obgleich man sich dort ein eigenes Gesetz über die Staatsbürgerschaft geschaffen hatte.

Auch viele Ostdeutsche, die ihren Staat nicht liebten, fühlten sich durch die Nichtanerkennung ihrer Staatsbürgerschaft diskriminiert. Das ziselierte Staatsrechtsdenken der Bundesrepublik war kaum vermittelbar. Auch mit dem Alleinvertretungsanspruch, der sich ebenfalls auf die rechtliche Fortexistenz des Deutschen Reiches stützte, hatten zwischen Elbe und Oder Freund wie Feind der SED ihre Schwierigkeiten. Paradoxerweise hat das westliche Beharren auf solchen Rechtspositionen den Ostdeutschen dennoch Sicherheit gegeben und sich am Ende auch bezahlt gemacht. Es hat einmal zum Erhalt des Bewußtseins beigetragen, der deutschen Nation anzugehören, zum anderen hat es für viele DDR-Bürger auch ganz praktische Folgen gehabt, daß sie nach bundesrepublikanischem Rechtsverständnis eben Deutsche waren. Wer in den Westen »ausreiste«, hatte dort Rechte, die er sich nicht erst erkämpfen mußte. Wer in der DDR blieb und sich trotz aller Widrigkeiten in die eigenen Angelegenheiten einmischte, konnte das in dem Bewußtsein tun, nicht ganz ohne Netz zu arbeiten. Wenn es sein müßte, würde man in der Bundesrepublik Rückhalt finden, und sei es durch Freikauf aus politischer Haft.

Es gab weitere Faktoren, die in der DDR das Bewußtsein der nationalen Zusammengehörigkeit mit den Deutschen im Westen festigten. Im Grunde war Trennung ja gar nicht möglich. Wie hätte man denn den Einfluß der Wertorientierung, die das westdeutsche Gesellschaftssystem vermittelt hat, verhindern sollen? Die DDR-Führung hätte dazu den Hörfunk- und Fernsehempfang aus dem Westen unmöglich machen, das Land auch gegen Funkwellen total abschotten müssen, wie das ja nach dem Mauerbau versucht worden ist, als FDJ-Gruppen während der sogenannten Ochsenkopfaktion herumgingen, um die Antennen vom Westempfang wegzudrehen.

Wir hatten damals noch keinen Fernsehapparat, und auch die Nachbarn besaßen keinen. Bei einer Hausversammlung in unserer Straße erklärte mein damaliger Hausgenosse, ein Hauptmann der Polizei und eigentlich ein ganz vernünftiger Mensch: Wenn ich in eine Wohnung komme, und da wird ein Westsender gehört, fällt das Gerät herunter – was nicht untypisch war für die Stimmung damals. Derselbe Mann übertrug diese Ablehnung des Westempfangs im Radio später aber nicht auf das Fernsehen, als er sich selbst einen Apparat anschaffte. Als ich ein paar Jahre später einmal in seine Wohnung kam, saß dort die Familie mit großem Eifer vor der Westglotze. Unaufgefordert erläuterte mein Nachbar, Fernsehen sei ja etwas anderes. Schließlich räumte Honecker das auch ganz offiziell seinen Genossen ein. Es sollte nur nicht zu gemeinschaftlichem West-Fernsehen kommen. Persönlich durfte man sich informieren – oder, wie es andere härter formulierten, jeden Abend geistig Republikflucht begehen.

Der Versuch, die Teilhabe am westdeutschen Leben über die Funkmedien zu verhindern, war aussichtslos. Vielleicht wäre die Bevölkerung der DDR der westlichen Wellen müde geworden, wenn von dort nur immer eine Politik der Rechtsstandpunkte herübergekommen wäre, die Forderung nach staatlicher Einheit und der Nachweis der Illegitimität der SED-Herrschaft. Dem aber war nicht so. Vielmehr haben die Journalisten die Menschen im östlichen Deutschland ganz überwiegend fair und einfühlsam begleitet, ihnen Information und politische Einblicke – vor allem auch in die inneren Verhältnisse in der DDR – vermittelt, was die Medien des eigenen Landes nicht leisteten. Deutschlandpolitisch bewegten sie sich dabei in aller Regel auf dem Boden des jeweils politisch Machbaren. Sie vermittelten immer beides, die Zusammengehörigkeit der Deutschen und die Realität ihrer Existenz in zwei Staaten. Was gegenwärtig real ist und was die Russen zulassen, das war letzten Endes die politische Formel. Und die Russen ließen eben nur zwei Staaten zu, nicht einen.

Übrigens haben wir die Westmächte, die Amerikaner, vor allem aber die Franzosen und Engländer, dabei immer als wakkere Mitstreiter der Russen erlebt. Unvergessen bleibt mir ein Abschiedsempfang für einen Sowjetdiplomaten in Ost-Berlin. Ich wurde unfreiwillig Zeuge eines Vieraugengesprächs, das der Gesandte mit einem westlichen Kollegen führte. Sie sprachen deutsch, und da ich mit dem Rücken zu ihnen inmitten russischer Generale stand, glaubten sie sich wohl unbeobachtet. »Paßt auf, daß die Deutschen nicht übermütig werden und wir den Krieg nicht umsonst geführt haben«, sagte der Westdiplomat seinem scheidenden Ostkollegen und erhielt zur Antwort: »Das wird wohl vor allem an euch liegen.«

Außer dem Fernsehen haben die direkten Kontakte in all den Jahren der Teilung mitgeholfen, daß das Zusammengehörigkeitsgefühl der Deutschen nicht verlorenging. Das nach dem Mauerbau verordnete totale Reiseverbot konnte die Partei nicht durchhalten. 1963 ließ Ulbricht Westreisen für Rentner zu, die dann, ohne daß das den meisten bewußt war, eine wichtige nationale Rolle gespielt haben. Die Rentner hielten die Kontakte aufrecht, sie waren die Botschafter der Familien. So ganz nebenbei wurde auch ihr Sozialstatus durch ihre Reisemündigkeit aufgewertet. »Man müßte endlich sechzig sein«, hieß es in Abwandlung eines Schlagers. Die Rentner hatten eine wichtige Einkäufer-, Vermittler- und Berichterstatterfunktion in beiden Richtungen. Dazu kamen die Besuche aus dem Westen, Reisen in Familienangelegenheiten, Reisen kirchlicher Gruppen zu Treffen in Ost-Berlin oder auch in Ungarn. Das alles hat ganz erheblich zu dem Empfinden beigetragen: die auf der anderen Seite der Grenze sind eben keine Fremden, sind nicht wie die Österreicher, sind interessiert, sind engagiert; wir gehören zusammen. Vielleicht haben die ostdeutschen Rentner auch mit der ausgleichenden Weisheit des Alters im Westen den Osten zu gut und im Osten den Westen zu rosig dargestellt. Die Millionen auf beiden Seiten, die jahrzehntelang ohne eigenen Anschauungsunterricht blieben, haben jedenfalls trotz solcher Berichte und trotz der elektronischen Medien kein realistisches Bild vom jeweils anderen Deutschland bekommen. Und dennoch schien mir bis zum Schluß allein eine Politik der kleinen Schritte denk- und verantwortbar, wie wir sie jahrelang erfolgreich praktiziert hatten, um die Verbindungen aufrechtzuerhalten.

Im Spätherbst 1989 war es nach meiner Überzeugung nötig, Möglichkeiten einer deutschen Konföderation auszuloten. Ich war deshalb von Helmut Kohls Zehn-Punkte-Plan vom November 1989 sehr angetan, der eine Vertragsgemeinschaft mit konföderativen Strukturen zwischen beiden deutschen Staaten vorschlug, die als Übergangsstadium zur Bildung einer »Föderation«, also einem wiedervereinigten Deutschland dienen sollten. Der Vorschlag trug Kohl viel Ärger ein. Als erster Ostdeutscher habe ich mich öffentlich positiv zu seinem Plan geäußert. Wenig später habe ich Hans Modrow dafür einzunehmen versucht, wohl sogar mit einigem Erfolg. Aber Modrow hatte Mühe, damit in Moskau anzukommen. Er erzählte mir, daß auch Gorbatschow noch Anfang 1990 fest damit rechnete, daß die DDR weiter bestehen und Verbündeter der Sowjetunion bleiben würde.

Michail Gorbatschow hat mit seiner Politik die Einheit ermöglicht, gewollt jedoch hat er sie nicht von vornherein. Die Spontaneität der Volksbewegung in der DDR, die Massendemonstrationen in Leipzig und an vielen anderen Orten beunruhigten die Sowjetführung, aber auch die anderen Mächte. Von Diplomaten waren allenthalben sorgenvolle Töne zu hören. Die Massen auf den Straßen Ostdeutschlands machten nun die Politik. Die Berufspolitiker waren bestrebt, die unberechenbare und keineswegs ungefährliche Spontaneität des Volkes einzufangen. In dieser Lage haben im Februar 1990 Helmut Kohl und Hans-Dietrich Genscher sowie kurz zuvor Hans Modrow von Michail Sergejewitsch Gorbatschow die Zusage erhalten, daß man die Entscheidung des Volkes respektieren werde. Das war die entscheidende Weichenstellung. Noch galt ja das Wort des Generalsekretärs der KPdSU bei den Militärs, den Ökonomen und den Ideologen der Sowjetunion etwas. Gorbatschow war bereit, den Verlust der DDR hinzunehmen.

Eben das hatte bis Ende 1989 eigentlich niemand für möglich gehalten. Stalin und alle seine Nachfolger hatten ja aus dem zweiten Weltkrieg die Lehre gezogen, daß Bestand und Einfluß der Sowjetunion im Vorfeld zu sichern seien, militärisch wie politisch. Und eine Hauptstütze dieses Sicherungssystems war eben die fest in das vom Kreml dirigierte östliche System eingebundene DDR. Gewiß, seit Gorbatschow 1985 an die Spitze getreten war und sich die Demokratisierung und die Erneuerung der politischen Strukturen seines Landes auf die Fahnen geschrieben hatte, wären auch in der DDR innere Reformen möglich gewesen – hätten sie sogar im sowjetischen Interesse gelegen. Gorbatschow und seine Leute signalisierten ihre Erwartungen nach Ost-Berlin, doch dort nahm man diese Botschaft nicht zur Kenntnis, man wehrte sie sogar ausdrücklich ab.

Den Leuten in der sowjetischen Botschaft Unter den Linden blieb natürlich nicht verborgen, daß die evangelische Kirche das Neue Denken Gorbatschows begrüßte und darauf auch innenpolitische Hoffnungen für die DDR gründete. Die Sowjets hegten ähnliche Überlegungen, fanden aber in Ost-Berlin zunehmend weniger Gehör. Noch Pjotr Abrassimow hatte als »Regierender Botschafter« praktisch in der DDR geherrscht. Doch seit er auf Drängen Honeckers, dem die Bevormundung lästig wurde, 1986 zurückgezogen worden war und später Gorbatschow offenbar auch die Zügel der Blockpolitik lockerer ließ, wollte die SED sich aus Moskau nichts mehr sagen lassen.

Der sowjetische Gesandte Valentin Koptelzew räumte mir gegenüber unumwunden ein, daß die Schwierigkeiten mit der DDR-Spitze zunähmen. Das Politbüro sei unbeweglich, und vor allem Honecker lehne jede Reform ab. Diese Einschätzung der Lage entsprach genau meinen eigenen schlechten Erfahrungen mit der SED. Ich sprach oft mit Koptelzew und den Botschaftssekretären Michail Rybalkin und Kyrill Toropow. Ich versuchte auch herauszuhören, ob Moskau Honecker ablösen würde, wenn er Gorbatschows Politik weiterhin blokkiere. »Das geht nicht mehr«, lautete die Antwort.

Die Sowjetdiplomaten sondierten ihrerseits, welche Varianten es mit den Deutschen gebe. Sie hatten nicht das geringste Vertrauen in die Aussagen der SED-Führung über die Stabilität des Landes. Von 1988 an sprach man mit mir mehrfach über die hypothetische Frage, ob eine demokratische DDR mit frei gewähltem Parlament, Reisefreiheit und einschneidenden wirtschaftlichen Veränderungen auch eigenständig bleiben und im Verhältnis zur Bundesrepublik einen Weg wie Österreich gehen könnte. Ich konnte es mir gut vorstellen, wobei ich eine Fortsetzung wirtschaftlicher und militärischer Zusammenarbeit mit der Sowjetunion einschloß. Das wäre auf eine Finnlandisierung der DDR hinausgelaufen und hätte innere Freiheit und ein marktwirtschaftliches System bei gleichzeitig fortbestehender sowjetischer Truppenpräsenz bedeutet: aus damaliger Sicht ein erheblicher, nur in kühnen Träumen vorzustellender Erfolg.

Die Sowjets veranstalteten offenbar ihre Planspiele mit Ostdeutschland. Ich vermute, daß solche Varianten und die damit verbundenen Hoffnungen Anfang 1990 die Moskauer Entscheidungen erleichtert haben. Die Volkskammerwahl im März 1990 ging zwar anders aus, als man in Moskau gehofft hatte, doch auch die Konsequenzen eines solchen Ergebnisses waren inzwischen in den Stäben des sowjetischen Außenministeriums und des Zentralkomitees der KPdSU durchgespielt worden. Moskau ging mit auf den Weg zur deutschen Einheit. Innerhalb eines Jahres war sie vollzogen. In zwölf Monaten bewegte sich mehr, als in Jahrzehnten zu erwarten gewesen war. Es bleibt ein Wunder.

Dieses Wunder der Einheit ist ein Ergebnis der politischen Wende in der DDR im Herbst 1989. Die Bewegung, die die Wende einleitete – und die politische Selbstaufgabe der SED erzwang –, war jedoch keine Bewegung der nationalen Einheit. Sie zielte zunächst nur auf Veränderung der DDR, nicht auf ihr schnelles Ende.

Wir sind das Volk, lautete der Ruf nach Freiheit, Befreiung von der Diktatur der Partei. Das war noch nicht der Ruf nach Einheit. Die Parole: Wir sind *ein* Volk! erscholl erst, nachdem die Mauer gefallen war und Millionen Menschen die grundlegende Erfahrung der Freiheit gemacht hatten.

Die Freiheit wurde am 9. November und in den Wochen danach zunächst vor allem als Reisefreiheit erlebt, wie ja jahrzehntelang der Mangel an Freiheit sich jedem DDR-Bürger an der Grenzsperre, an der Mauer dokumentiert hatte. Die Freiheit, plötzlich die Mauer durchqueren, nach eigenem Willen reisen und wieder zurückkehren zu können, hatte etwas Berauschendes. Sie kam, trotz allem, unerwartet. Sie riß die Menschen emotional mit, öffnete dem ganzen aufgestauten Veränderungsdruck plötzlich ein Ventil.

Die DDR-Deutschen genossen massenhaft und unmittelbar den Anschauungsunterricht West. Und der hat Entscheidendes verändert. Was man sah und nun hautnah erlebte, das leistungsstarke westliche System, den verbreiteten Wohlstand, das Konsumangebot, auch Äußerliches wie Ordnung und Sauberkeit, Gepflegtheit der Verhältnisse – das alles zusammen hat den DDR-Bürger schlagartig davon überzeugt: So soll es auch bei uns sein. Wir wollen das auch, daran wollen wir teilhaben, nur keine Experimente mehr!

Die Maueröffnung wurde tatsächlich wie das Sich-Öffnen von Gefängnistoren erlebt. Es stellte sich heraus, daß die Grunderfahrung der Menschen in ihrem Innersten die des Eingesperrtseins war, auch wenn sich keineswegs alle das eingestanden hatten. Wer aus dem Gefängnis freigekommen ist, wird sich gewiß gern einmal mit früheren Mithäftlingen darüber unterhalten, wie das damals so war. Aber er wird nicht das Gefühl haben, den alten Käfig als Institution noch für die eigene Zukunft zu brauchen – auch nicht mit Schlüssel.

Die Stunde der Wahrheit schlug für die DDR am 9. November. Als die Mauer stürzte und in den Tagen danach, als sich fast alle, und nicht nur wegen der einhundert D-Mark Begrüßungsgeld, aufmachten, um in den Westen zu gucken, in diesen Stunden, Tagen, Wochen der Wahrheit ist die DDR gestorben. Den Leuten wurde klar: Dieses Staatsgebilde brauchen wir nicht, wir gehören zu den andern dazu. Man sah und erlebte ein Deutschland, wie man es gerne haben wollte, und die Millionen Dauereingesperrten, die vorher nie eine Möglichkeit gehabt hatten, sich umzusehen, machten die Erfahrung, daß dies Land hinter der nun offenen Grenze auch für sie kein ganz fremdes Land war.

Das war eine existentielle Erfahrung, etwas ganz anderes als das letztlich abstrakte, von den westlichen Medien vermittelte Wissen. Und bei aller Intensität der persönlichen Beziehungen hatten doch wohl weit mehr als die Hälfte der DDR-Bürger keine Verwandten im Westen und keine kirchlichen oder anderen Begegnungen. Sie kannten eben nur ihre DDR-Welt, und die entpuppte sich nun, nachdem sie die andere Welt selbst sehen und anfassen konnten, wirklich als grauer Knast.

Die in der DDR eingesperrten Ostdeutschen haben sich zwar immer als Deutsche verstanden und die Zusammengehörigkeit mit den Deutschen in der Bundesrepublik höher eingeschätzt als etwa die Beziehung zu Österreich. Aber fremd und fern und etwas unheimlich war sehr vielen dieses Westdeutschland dann doch. Auch das änderte sich schlagartig in jenem November und den folgenden Monaten. Die Menschen erlebten jenseits der Grenze nicht nur ein vorbildliches System, vorbildliche Lebensverhältnisse, sondern sie machten zusätzlich auch die Erfahrung, daß es wirklich eine besondere Gemeinschaft gab zwischen ihnen und den Bundesbürgern, daß sie willkommen waren. Ganz überwiegend begegneten ihnen die Menschen, mit denen sie sprachen, offen und freundlich. Die West-Berliner zum Beispiel waren wirklich erstaunliche Gastgeber, freuten sich und nutzten die offene Grenze auch für sich selber.

Die DDR-Bürger erlebten die Westdeutschen, denen sie begegneten, als Menschen, die auf sie zugingen. Und so fingen sie an zu glauben, was ihnen die westdeutschen Politiker seit Jahren gesagt hatten: daß sie dazugehörten. Jetzt wollten sie das einfach auch wahrhaben.

So entschieden sich von Ende November 1989 an immer mehr Menschen innerlich für die deutsche Vereinigung und damit gegen die Reform einer fortbestehenden DDR, was ursprünglich das Ziel der emanzipatorischen Wende gewesen war. Die erste politische Gruppe, die sich dazu bekannte, stufenweise auf ein einheitliches Deutschland zugehen zu wollen, war die Gruppierung »Demokratie Jetzt«. Sie sagte das sogar klarer und deutlicher als Helmut Kohl in seinen Zehn Punkten. Natürlich hatten auch die anderen systemkritischen Gruppen und neuen Parteien nicht die Vorstellung, daß Deutschland auf Dauer geteilt bleiben sollte. Nur erschien die Einheit eben doch zunächst als schwer und allenfalls in ferner Zukunft erreichbar. Dringlicher war ihnen, in der DDR rechtsstaatliche Verhältnisse, Demokratie und eine leistungsfähige Wirtschaft einzuführen.

Die Wahl zu einer demokratisch legitimierten Volkskammer vom 18. März 1990 machte die DDR politisch wieder handlungsfähig. Aber der Wählerauftrag, den die Mandatsträger erhielten, lautete, diese Handlungsfähigkeit zu nutzen, um schleunigst die deutsche staatliche Einheit auf der Basis des wirtschaftlichen und politischen Systems der Bundesrepublik Deutschland herzustellen, also im Klartext: die DDR abzuschaffen. Dieser Staat verlor mit der Absage an den ideologischen, auf Parteidiktatur beruhenden Sozialismus seinen Sinn.

Eine radikale Demokratisierung mit dem Ziel der Fortführung der DDR hätte nur dann Hauptaufgabe der neuen Volkskammer und der von ihr gewählten Regierung sein können und müssen, wenn die weltpolitische Situation die Fortdauer der staatlichen Zweiteilung Deutschlands als Preis für Frieden und Stabilität verlangt hätte. Das aber war nicht mehr der Fall. Das sozialistische System war nicht nur in Deutschland an sein Ende gekommen. Der Warschauer Militärpakt zerfiel, der Wirtschaftsverbund im RGW wurde von den osteuropäischen Staaten als Zwangsjacke empfunden, aus der sie nunmehr herauswollten. Und Gorbatschow stellte sich dieser Wirklichkeit. Er erkannte, daß ein Festhalten an dem Faustpfand DDR nichts retten, die Freigabe des bis dahin dem deutschen Volk vorenthaltenen Selbstbestimmungsrechtes hingegen der Sowjetunion Freundschaft und Unterstützung Deutschlands einbringen würde. Die DDR war überflüssig geworden.

Das war die Lage, und nun ging es nur noch darum, welcher Weg zur deutschen Einheit eingeschlagen werden sollte, wieviel Zeit man sich für den Einigungsprozeß nehmen konnte. Die ursprünglich mit dem Ziel der demokratischen Veränderung der DDR angetretenen Bürgerbewegungen wollten den Weg des Artikels 146 gehen. In dieser Schlußbestimmung hatten die Väter des Bonner Grundgesetzes festgelegt, daß es an dem Tage seine Gültigkeit verliert, »an dem eine Verfassung in Kraft tritt, die von dem deutschen Volke in freier Selbstbestimmung beschlossen worden ist«. Ich habe von Beginn an, also seit jenen Februartagen, in denen die Möglichkeit grünen Lichts aus Moskau deutlich wurde, den anderen Weg für richtig und realistisch gehalten. In Artikel 23, den es nun, nach seiner Anwendung durch die DDR, nicht mehr gibt, hieß es, daß das Grundgesetz *zunächst* im Gebiet der alten Bundesländer gelte, gefolgt von dem Satz: »In anderen Teilen Deutschlands ist es nach deren Beitritt in Kraft zu setzen.«

Idealiter hätte der Weg des Artikels 146 bedeutet, daß beide Staaten, die DDR und die Bundesrepublik, zu bestehen aufhören und durch einen gemeinsamen neuen, dritten Staat ersetzt werden. Dieser Weg wäre kompliziert und langwierig gewesen. Er setzte im Grunde voraus, daß hüben wie drüben die Deutschen ihren jeweiligen Staat als unzureichendes, nur provisorisch geordnetes Teilgebilde empfinden, das nun durch etwas Gemeinsames, Gültiges und Dauerhaftes abzulösen sei. Aber das traf ja nicht zu. Die Mehrheit der Deutschen lebte in der alten Bundesrepublik. Die wurde von ihren Bürgern schon lange nicht mehr als Provisorium gesehen, sondern als ein auf Dauer angelegtes Staatswesen mit einer bewährten Verfassungs- und Rechtsordnung. Die wollte man wohl, wo nötig, noch verbessern und modernisieren, aber eben behalten. Und die große Mehrheit der Ostdeutschen strebte ja auch keine wirklich neue Ordnung für das geeinte Deutschland an, sondern sie wollte das Modell Bundesrepublik. In dieser Lage hätte der Weg über Artikel 146 nach meiner Einschätzung gefährlichen Zeitverzug bedeutet und doch keine neue Qualität gebracht. Die neue Verfassung wäre am Ende doch ein reformiertes Grundgesetz geworden.

Der Beitritt der sich damit auflösenden DDR zur bestehenden Bundesrepublik Deutschland war nach meiner Überzeugung das in dieser Lage angemessene und erfolgversprechende rechtliche Instrument. Ich habe darin auch keine Entwürdigung oder Unterwerfung gesehen, weil tatsächlich die Initiative, die grundlegende politische und rechtliche Aktivität bei uns im Osten lag. Die Bundesdeutschen hatten ja keine Alternative. Wer die Sache hämisch betrachten wollte, konnte sagen: Die Westdeutschen saßen in der Falle des Artikels 23. Der war für sie geltendes, den Staat zwingend bindendes Recht. Wenn wir es in Anspruch nahmen, mußten sie uns akzeptieren, auch wenn ihnen das etwa nicht so sehr gefallen hätte. Wir Ostdeutschen hingegen konnten selbst entscheiden, ob wir wollten oder nicht.

Nachdem die DDR angekündigt hatte, beitreten zu wollen, wurden die Konditionen für den Beitritt im Einigungsvertrag mühsam ausgehandelt. Das ist aufs Ganze gesehen ein erstaunliches Vertragswerk, in der Fülle der Detailregelungen eine hohe Leistung der Bonner Ministerialbürokratie. Doch in der Eile, die nun erforderlich war, und angesichts der politischen Schwäche der DDR, auch natürlich der Unerfahrenheit von Volkskammer und Regierung, ist dann auch eine ganze Reihe von Regelungen dabei herausgekommen, die sich nicht bewährt haben. Das ganze Einigungswerk bekam Schlagseite, weil es den Beitritt als bloßen Anschluß interpretierte: Übergangsregelungen und Anpassungen betrafen und betreffen im wesentlichen allein den östlichen Teil, während der westliche keinerlei Veränderungen unterworfen wurde.

Natürlich ist das im Beitrittsbegriff angelegt. Artikel 23 meint letzten Endes, daß der Geltungsbereich des Grundgesetzes und damit der Geltungsbereich des Rechts-, des Finanz-, des Wirtschafts- und Gesellschaftssystems des westlichen Staates ausgedehnt wird auf das Beitrittsgebiet, eben die nun verschwindende DDR. Das Beitrittsgebiet übernimmt damit faktisch auch die Ergebnisse der geschichtlichen Entwicklung der Altbundesrepublik. Die Frage ist nur, wie das geschieht – durch aktive Aneignung, die dann auch zu Veränderungen des Ganzen führen kann, oder durch totale Assimilation, bedingungslose Anpassung nach der Methode: Vogel friß oder stirb!

Ich sehe die Gefahr der Totalanpassung. Sie ergibt sich zunächst durch den Vollzug des Beitritts nach Artikel 23. Sie ergibt sich zweitens und vor allem aus der Überlegenheit des westlichen Systems. Für jedermann sichtbar ist jetzt historisch erwiesen, daß das bisherige System DDR, mag es auch von manchen als noch so gemütlich empfunden worden sein, auf Dauer nicht lebens- und nicht überlebensfähig war. Zum Dritten wird dieser Assimilationsansatz durch das jahrzehntelange Anpassungstraining der Ostdeutschen begünstigt, jene Überlebenskunst, die es ihnen ermöglichte, in einer Diktatur und Planwirtschaft einigermaßen zurechtzukommen, ohne unterzugehen. Daher entwickelt sich die Wirklichkeit der Einigung mit riesigen Schritten in Richtung Anpassung an die Vorgaben der alten Bundesrepublik.

Das birgt Gefahren. Berechtigt oder nicht: in Ostdeutschland ist eineinhalb Jahre nach der Vereinigung das Gefühl weit verbreitet, weniger wert zu sein oder doch von jenen so eingeschätzt zu werden, die sich im neuen, vereinigten Deutschland gut auskennen, weil die Regeln und Sitten ihres früheren Teilstaates jetzt für das Ganze gelten. Das fördert die Verdrossenheit an einer Demokratie, die man noch gar nicht richtig hat ausprobieren, sich selbst aneignen können.

Der doppelte Umbruch vom Plan zum Markt, von bevormundender und entmündigender Diktatur zu der auf Meinungsstreit und Bürgerengagement setzenden Demokratie vollzog sich für die Menschen in der ehemaligen DDR ohne Übergang. Äußerlich ist er erstaunlich gut gelungen. Seit dem 1. Juli 1990 gehören wir Ostdeutschen zu dem Finanz- und Wirtschaftssystem, das im Westen Deutschlands in vier Jahrzehnten entwickelt, erprobt und erlernt worden ist. Seit dem 3. Oktober 1990 sind wir ein gleichberechtigter Teil der Bundesrepublik Deutschland und agieren in deren politischem und Rechtssystem. Doch innerlich sind viele in diesem von seinen westlichen Bürgern gestalteten, jetzt gemeinsamen Deutschland noch nicht angekommen. Die Ostdeutschen sind noch unterwegs. Es gehört zu den wichtigsten Aufgaben deutscher Politik, Bedingungen zu schaffen oder zu erhalten, die es den Menschen erleichtern, mitzugehen. Sie müssen gewonnen werden für dies ihnen nun wirklich neue Deutschland. Sie müssen die Chance erhalten, positive Erfahrungen zu machen mit der Freiheit zum Mitreden und Mitgestalten, mit dem Rechtsstaat, mit dem sozialen Sicherungssystem und vor allem mit einer wirklich effektiven und zugleich wirklich sozialen Marktwirtschaft.

Der radikale Umbruch zur Freiheit und der ebenso radikale Umbruch zu einem neuen Wirtschafts- und Rechtssystem hat viele Ostdeutsche in einem Maße überfordert, daß sie dies als eine neue, wiederum nur ihnen allein auferlegte Last empfinden. Stimmen des Mißmutes oder zumindest des Unbehagens übertönen in West wie Ost vielerorts die Freudengesänge, die wir doch über die uns so unerwartet in den Schoß gefallene Einheit noch immer anstimmen müßten. Menschen zwischen Werra und Oder fühlen sich aus neuer Himmelsrichtung ausgebeutet oder doch benachteiligt. Und Menschen an Rhein, Main und Donau fragen irritiert, ob die Ostdeutschen unter den Kommunisten das Arbeiten verlernt haben und ob Selbstmitleid ihnen zur Lebensform geworden sei. Sie übersehen dabei, daß die ehemaligen DDR-Bürger von einem Tag auf den anderen in eine vollkommen neue Lebenswirklichkeit geworfen sind.

Kein Deutscher in den östlichen Bundesländern, der noch im Berufsleben steht, hat bis zum Jahre 1990 je bewußt in einem demokratischen Rechtsstaat gelebt. Mein über neunzigjähriger Vater kann sich noch an die Weimarer Demokratie erinnern; aber schon die Erinnerung der jüngeren Rentner, selbst wenn sie vor der Hitlerzeit erwachsen wurden, ist vom Ende Weimars bestimmt. Nicht Freiheit, politische Teilhabe der Bürger, verläßliche Rechtsordnung oder wirtschaftliche Chancen haben sie meist im Rückblick vor Augen, sondern finanzielle Sorgen, Arbeitslosigkeit und gewaltbereite politische Demagogie der Extremisten auf beiden Seiten. Der Aufbauprozeß in Ostdeutschland ist also nach sechs Jahrzehnten Diktatur, sechs Jahrzehnten zentral dirigierter oder kommandierter Wirtschaft in einem seinen Bürgern fremden politischen, rechtlichen und wirtschaftlichen System zu leisten. Den Umgang mit Demokratie, Marktwirtschaft und Rechtsstaat hatte niemand vorher lernen können, der immer in Ostdeutschland gelebt hat.

Und nach der Vereinigung, gerade aber in den Monaten der Rechtsunsicherheit zwischen dem Fall der Mauer am 9. November 1989, den Wahlen am 18. März 1990 und der Währungsunion am 1. Juli 1990 sowie der staatlichen Vereinigung am 3. Oktober 1990 haben die Ostdeutschen ja auch nicht nur positive Erfahrungen mit dem westlichen System gemacht, sondern auch dessen Schattenseiten kennengelernt: im Kleingedruckten von Versicherungsverträgen, bei Massenentlassungen, auch in der Angst um Haus und Wohnung.

Durch eine ganze Reihe schockierender Erfahrungen, die viele Ostdeutsche verarbeiten mußten, ist die Einbürgerung in den neuen Staat, der Versuch, alle mitzunehmen in das neue Deutschland, erschwert worden. Es machte sich so etwas wie Manchesterkapitalismus breit in diesen Wochen, als es die DDR noch gab, sie aber vorwiegend mit ihrer eigenen Abschaffung beschäftigt war. Die Länder hatten sich noch nicht wieder konstituiert, das Recht der Bundesrepublik galt noch nicht, die für dieses Rechts- und Sozialsystem nötigen Institutionen und Organisationen gab es noch nicht oder sie waren gerade erst im Aufbau begriffen.

In der Übergangsphase zwischen Währungsunion und deutscher Einheit im Sommer und Herbst 1990 hat es in der Noch-DDR den Start in eine Art von Marktwirtschaft gegeben, der die soziale Bändigung völlig fehlte. Damals haben die alten Betriebsleitungen, die Direktoren aus SED-Zeiten, eine Wendung um 180 Grad vollzogen und von einem Tag auf den anderen plötzlich einen Kapitalismus praktiziert, wie er als finsteres Schreckbild in den kommunistischen Lehrbüchern steht. Vielerorts haben sie Leute serienweise auf die Straße gesetzt, soziale Einrichtungen geschlossen, kurz: ohne jegliche Rücksicht auf die Arbeitnehmer alles getan, um die Kosten zu senken. In der DDR hatte der Staat ja seine sozialen Aufgaben zu einem erheblichen Teil durch die Betriebe erfüllt. Sie hatten Kindergärten zu unterhalten, waren für kulturelle Aktivitäten zuständig, hatten Mitarbeiter nach sozialen Kriterien zu beschäftigen, damit Arbeitslosen- und Sozialunterstützung gar nicht erst nötig würden.

Und es gab keine gewachsenen Strukturen, mit denen solchen Aktionen erfolgreich hätte begegnet werden können. Die alte Gewerkschaft war gewöhnt, Anweisungen von oben zu folgen, und Einfluß hatten die Betriebsgewerkschaftsleitungen sowieso nicht. Was ein Betriebsrat war und was für Rechte er hatte, war weithin unbekannt. Und der demokratische Staat hatte noch kein Instrumentarium, hier einzugreifen und sozial zu regulieren.

In dieser Zeit brach zum Beispiel auch der staatliche Handel zusammen oder ließ in Kooperation mit westdeutschen Supermarktketten einheimische Produkte nicht mehr in die Läden. Viele windige Geschäftemacher brachen aus dem Westen zum Ritt gen Ostland auf, um die ahnungslosen Schafe gleich herdenweise zu scheren. Während dieser Monate haben viele Ostdeutsche einen gefährlichen Schock erlitten und ein gründliches Mißtrauen gegen die Marktwirtschaft entwickelt, an der sie – in diesen ersten Wochen und Monaten zu Recht – eine Sozialbindung nicht entdecken konnten. Diese Erfahrung wirkt weiter, obgleich inzwischen längst das Sozialrecht der Bundesrepublik gilt und die sozialen Steuerungsinstrumente greifen.

Das ausgefeilte Rechtssystem der Bundesrepublik haben die Ostdeutschen oftmals zuerst über das »Kleingedruckte« bei Verträgen kennengelernt. Das war für sie fremd, schwer verständlich, ließ manchen auf Distanz gehen. Bis genügend Vertrautheit da ist, die auf Erfahrung gründet, werden für manche noch Jahre vergehen.

Für mich ist die Tatsache, daß wir endlich in einem Rechtsstaat leben, eines der wichtigsten Ergebnisse der Einheit. Den Herren des DDR-Sozialismus war die Trennung der Gewalten Legislative, Exekutive und Rechtsprechung ein Greuel gewesen. Das geschriebene Recht war lückenhaft und überall dort, wo politische Interessen ins Spiel kamen, vage formuliert. Die Gerichte folgten zudem politischen Weisungen, unabhängige Richter konnte es der Staatsideologie zufolge gar nicht geben; gegen den Staat eine Klage anzustrengen, war unmöglich, denn es gab keine Verwaltungsgerichte und auch sonst keine für solche Fälle zuständige juristische Instanz. Ich selber habe – im ganzen vergeblich – ein Jahrzehnt lang im Auftrag der evangelischen Kirche versucht, die DDR-Führung dahin zu bringen, wenigstens die Ablehnung von Reiseanträgen den Bürgern gegenüber zu begründen und mit einer Art von Rechtsmittelbelehrung zu versehen, um so eine formalisierte Beschwerdemöglichkeit zu schaffen. Wir hofften, die SED davon überzeugen zu können, daß mehr Rechtssicherheit auch im wohlverstandenen Interesse des Staates liegen müßte.

Erich Honecker gefiel sich dagegen offensichtlich als Generalsekretär der Partei in der Rolle des unumschränkten Herrschers, der Wohltaten verteilte. Er bevorzugte das Eingabewesen zur Korrektur von behördlichen Fehlentscheidungen anstelle rechtsförmlicher Verfahren. Das System erlaubte durchaus subjektive Entscheidungen, wenn sie in den politischen Rahmen paßten. Und sie konnten auch schnell getroffen werden in einem zentralistischen System, in dem man keine Rückversicherung bei der Rechtsordnung brauchte, keiner Kontrolle durch einen langen möglichen Beschwerde-, Instanzen- und Klageweg unterlag, gegen die sich eine Bürokratie hätte absichern müssen. Es wurde entschieden, und wenn der jeweilige Sachbearbeiter auf Nummer Sicher gehen wollte, fragte er den Parteisekretär, den Ersten Sekretär der Kreisleitung, bei gewichtigeren Sachen vielleicht einmal den Ersten Sekretär der Bezirksleitung, oder wenn es ganz spannend wurde, sogar Generalsekretär Honecker. Der hat viele Eingaben auf den Tisch bekommen und liebte es, großherzig, verständnisvoll und menschlich zu erscheinen. Dann schrieb er eben quer über das Blatt: »Einverstanden E.H.«, und das war's. Es war aber Willkür, gestützt auf ein absolutistisch-feudalistisches Verständnis, das die Bürokratie eines Rechtsstaates nicht brauchte.

Mit komplizierten Rechtsbelehrungen und Paragraphenwerk wurde der DDR-Bürger in der Regel nicht konfrontiert, weil Rechtsvorschriften im SED-Staat von außerordentlich geringer Bedeutung waren. Der Staat traf Entscheidungen und Regelungen, gegen die nichts zu machen war. Auch die alltägliche Bürokratie hielt sich in engen Grenzen, obgleich es sich beim sogenannten real existierenden Sozialismus ja um ein zentralistisch-bürokratisches System gehandelt hat, eine Formel, mit der man die Diktatur des SED-Politbüros gelegentlich umschrieben hat. Auf administrativer Ebene gab es schon wegen der chronischen Papierknappheit, die alle Formulare auf Kleinstformat zusammenschrumpfen ließ, kein ausgedehntes Fragebogenwesen.

Alltagsbürokratie, Rechtsbelehrungen, Kleingedrucktes mit all seinen Tücken – das haben die Ostdeutschen erst kennengelernt, als die SED am Ende war und der demokratische Rechtsstaat den despotisch-fürsorglichen Vormundschaftsstaat ablöste. Der Rechtsstaat setzt ja auf die Einsicht der Bürger, daß Gerechtigkeit differenzierte und damit komplizierte Regelungen erfordert; es gehört Vertrauen in die Justiz dazu. Beides aber hatten die Ostdeutschen in den vierzig DDR-Jahren nicht entwickeln können. Wo sollte dergleichen quasi über Nacht auch herkommen?

So haben sich manchen Bürgern nach der Wende vor allem die lästigen Seiten des demokratischen Rechtsstaates eingeprägt. Der ist ja nicht fürsorglich, teilt nicht Gnaden zu, kümmert sich nicht von sich aus um das (relative) Wohlergehen seiner Bürger. Vielmehr muß man nun Anträge stellen und einfordern, was einem zusteht. Der einzelne hat viel mehr Rechte als früher, das soziale Netz der Bundesrepublik Deutschland ist enger geknüpft und solider als das Sozialrecht der früheren DDR. Doch es gibt keinen Automatismus mehr: Ohne daß der Anspruchsberechtigte sich kümmert, sein Recht verlangt und damit auch Antragsformulare ausfüllt, geschieht nichts. Hinzu kommt, daß der Staat da, wo er seine Bürger in die Pflicht nimmt, ebenfalls eine Menge Fragen stellt, damit niemand ungerecht behandelt wird, etwa bei der Steuer. Den Ostdeutschen ist das alles fremd und unvertraut. Ein vielfältiges Seufzen ging durch das Land, ein Klagen über die Bürokratie, das die alte DDR im Rückblick als Land des einfachen Lebens verklärte.

Zwei Dinge waren es vor allem, die die Ostdeutschen bei der Erfahrung des neuen Systems schockierten. Zunächst: Das bis dahin rechtlich unterentwickelte Ostdeutschland wurde über Nacht mit einem der kompliziertesten Rechtssysteme der Welt, dem westdeutschen Recht, überzogen. Zweihundertzwanzigtausend neue Paragraphen gelten nun auch für die Ostdeutschen. Der zweite Grund liegt in der im Einigungsvertrag vorgesehenen Übernahme mancher DDR-Bestimmungen. Nun gilt also im Zweifel das westliche Recht, bei genauerem Hinsehen aber vielfach doch das östliche, wenn auch an Bedingungen und Fristen gebunden. Die Folge ist, daß sich West und Ost hier mitunter ratlos gegenüberstehen.

Der Einigungsvertrag ist insgesamt eine tragfähige Basis für die praktische Vereinigung. Seine Väter lehnten sich jedoch nach dem Eindruck vieler Ostdeutscher nach der Unterzeichnung zufrieden zurück in der irrigen Annahme, die innerdeutsche Welt geregelt, die Vereinigungsprobleme gelöst zu haben. Die Ostdeutschen aber fanden sich überhaupt nicht mehr zurecht, fürchten Manipulation, reagieren mit innerer Abwehr. Ihre in Jahrzehnten gewachsene Skepsis gegenüber dem Recht schwand nicht, sondern wurde eher noch größer. Das erleichtert zwar der Justiz in den östlichen Bundesländern das Leben, denn die Gerichte werden hier bisher viel weniger in Anspruch genommen als in Westdeutschland. Im Jahr 1991 haben im Land Brandenburg von jeweils tausend Bürgern nur knapp fünf einen Zivilprozeß angestrengt. In zwei ihrer Struktur nach vergleichbaren westlichen Bundesländern waren es ungefähr fünfmal soviel: mehr als dreiundzwanzig in Niedersachsen, fast vierundzwanzig in Schleswig-Holstein. Das zeigt, wie sehr wir noch am Anfang stehen, nicht nur in der Neuorganisation der Justiz, sondern eben auch im rechtsstaatlichen Bewußtsein der Menschen, ihrem Vertrauen in die Bindung der Staatsgewalt an das Recht und in die Gerichte.

Statt Rechtsmittel in Anspruch zu nehmen, neigen die Leute nach wie vor zum Eingabewesen. Darin lebt die alte DDR weiter, wie übrigens auch in der verbreiteten Vorliebe für die Jugendweihe und für die alten Bezirkszeitungen. Die Bürger im Osten haben in ihrem bisherigen Leben die Erfahrung gemacht, daß die an der Spitze die Macht haben, alle Probleme zu lösen, wenn sie nur wollen. Wenn ich nur an die Post denke, die mich täglich erreicht: Achtzig Prozent der Briefe enthalten solche Wundererwartungen an den Ministerpräsidenten. Sie kommen von normalen, auch gebildeten Leuten, die eigentlich wissen müßten, daß die Macht von Landräten, Ministern, Regierungschefs an das Recht gebunden ist, das auf Gleichbehandlung, auf Gerechtigkeit zielt und der Willkür, auch der positiven Willkür, keinen Spielraum läßt. Aber die Menschen im Osten sind geprägt von der Vorstellung, daß ein Staat und dessen Vertreter alle Möglichkeit haben, einzugreifen und zu regeln, was zu regeln ist. Im Westen ist der Anteil von Briefen, in denen Bürger ein Machtwort erwarten, deutlich geringer. Johannes Rau und auch Helmut Kohl, mit denen ich mich über die Schwerpunkte in der Bürgerpost ausgetauscht habe, haben mir erzählt, daß von den an sie gerichteten Briefen die Mehrzahl Vorschläge für Problemlösungen in der Politik enthalten, ernsthafte ebenso wie abseitige.

Daß allzu viele Ostdeutsche von den Repräsentanten des demokratischen Staates noch immer Wunder erwarten, liegt nicht bloß an der Gewöhnung an das Eingabewesen in der DDR. Auch in der Zeit des Umbruchs konnten – und mußten – zunächst die Bürgerkomitees, dann die neuen Bürgermeister und Landräte viele Dinge ja tatsächlich schnell entscheiden. In der revolutionären Situation der sich auflösenden DDR waren das kleine Könige, die, fernab von gesetzlichen Vorschriften, die es meist noch gar nicht gab, mit dem Instrumentarium der alten Macht gröbstes Unrecht beseitigten. Daß dies spätestens seit dem 3. Oktober 1990 vorbei ist, gehört mit zu den frustrierenden und schockierenden Erfahrungen so mancher Bürger.

Außer dieser beunruhigenden Erfahrung, daß man sich plötzlich im eigenen Land nicht mehr zurechtfindet, gibt es weitere existentielle Verunsicherungen der Ostdeutschen: neben der Angst um den Arbeitsplatz ist es vor allem die Sorge um die Wohnung. Dergleichen war in der DDR vollkommen unbekannt. Daß Wohnen teurer werden würde, wußte man wohl. Sofern höhere Mieten dazu führen, den Verwahrlosungsprozeß zu stoppen und Mietshäuser endlich zu reparieren oder gründlich zu sanieren, war man im Grundsatz damit einverstanden, zumal ja auch die Löhne und Gehälter steigen sollten – dazu in kaufkräftiger Währung. Was sich hingegen kein Normalbürger hat vorstellen können, sind die Folgen der Rückkehr zur alten Eigentumsordnung: Nicht nur die Mieten steigen, die Wohnung selber ist nicht mehr sicher.

Frühere Haus- und Grundstückseigentümer aus dem Westteil Berlins und den westlichen und südlichen Bundesländern machen zu Hunderttausenden ihre Ansprüche geltend. Millionen von Nutzern und Bewohnern sitzt die Angst im Nacken, Wohnung oder Haus und Garten und damit ihren Lebensmittelpunkt zu verlieren. Allein in Berlin wurden mehr als hunderttausend Anträge auf Rückübertragung von privaten Grundstücken gestellt, in Brandenburg hatten wir über dreihunderttausend Restitutionsansprüche auf Vermögenswerte zu registrieren, die allerdings nicht nur Grundstücke und Immobilien betrafen. In Ortschaften, die an Berlin angrenzen, wie etwa Klein-Machnow, werden weit über fünfzig Prozent aller Grundstücke von im Westen lebenden Alteigentümern beansprucht. Zwar gelten für die heutigen Bewohner – unter ihnen oft gutgläubige Erwerber – noch Schutzfristen, doch das Vertrauen schwindet. Überall erzählt man sich bedrückende Geschichten vom herrischen Gestus der aus dem Westen aufgetauchten Alteigentümer. Daß es sich dabei nicht selten um die einstigen Nachbarn oder deren Nachkommen handelt, die das Land verlassen haben und dabei ihr Eigentum preisgeben mußten, macht die Sache nicht besser. Auch sie werden von den im Lande Gebliebenen wie »Kolonialherren« erlebt, die sich in einem unterworfenen Land breitmachen.

Nach der Regelung des Einigungsvertrages läuft Ende 1992 die Schutzfrist, die Kündigungssperre für Nutzungsberechtigte ab. Das wird sich emotional möglicherweise noch belastender auswirken als die Frage der Arbeitsplätze. Die Verlängerung dieser Kündigungsschutzfrist bei Eigenbedarfsklagen gegen ostdeutsche Mieter und Nutzer um mindestens fünf Jahre ist eine innerdeutsche Friedensfrage! Daß Produktion und Wirtschaft radikal rationalisiert und umstrukturiert werden, kann auch der Betroffene einsehen. Damit werden Voraussetzungen für eine solidere Zukunft geschaffen. Hingegen will vielen der Grundsatz nicht einleuchten, daß die Rückgabe von Grundstücken und Häusern an frühere Eigentümer Vorrang vor – staatlicher – Entschädigung haben soll. Hier wird nach dem Empfinden vieler nicht der gemeine Nutzen gefördert, sondern nur der private von Leuten, denen es ohnehin durchweg bessergeht als den Ostdeutschen. Diese Stimmung ist verbreitet, und das macht die Frage von Wohnung und Eigentum so dramatisch.

Die Gräben zwischen Ost und West drohen tiefer zu werden – nicht nur wegen der Eigentumsfrage. Unterschiedliche Prägungen während der letzten fünfundvierzig Jahre, unterschiedliche Grunderfahrungen und die Verunsicherung vieler Ostdeutscher beschwört das Risiko dauerhafter Minderwertigkeitsgefühle bei den Menschen in Ostdeutschland herauf. Verstärkt wird das durch herablassende und arrogante Westdeutsche, die nicht selten verächtlich auf provinziell oder national verengtes Verhalten von Ostdeutschen herabsehen. Minderwertigkeitsgefühle auf der einen und Überlegenheitsgefühle auf der anderen Seite schaukeln sich zum Schaden der inneren Einheit gegenseitig hoch.

Das muß nicht so sein: Diejenigen Bürger der alten Bundesrepublik, die – leider meist nur für begrenzte Zeit – berufsbedingt in den Osten gezogen oder dorthin versetzt worden sind, legen in aller Regel keine herablassende Art an den Tag. Sie kommen als Banker, Hochschullehrer, Manager, Fachleute der verschiedensten Berufe, nicht zuletzt Verwaltungsbeamte in den Osten und werden natürlich gefordert in der Rolle des Erklärenden und des Helfenden. Sie sind also so etwas wie gute Onkel und Lehrer in einer Person. Und diese Rolle führt zwangsläufig zu einer gewissen belehrenden Überlegenheit, die sich schlecht verstecken läßt.

Dieser Lehrer und Onkel aus dem Westen ist aber seinerseits durch ein System geprägt, in dem es darauf ankommt, offensiv zu sein. In einem Wettbewerbssystem ist es nicht ratsam, als Duckmäuser aufzutreten, sondern als jemand, der weiß, wie etwas gemacht wird, und zumindest vorgibt, alles gut zu finden, was er vertritt. So jemand kommt nun zu einem hin, der als Schüler oder armer Neffe dasitzt und aus einem System stammt, in dem es meist günstiger war, zu schweigen und sich sein Teil zu denken. Stoßen diese beiden Charaktere aufeinander, kann es geschehen, daß sich ihre jeweiligen Verhaltensmuster verstärken.

Der belehrende Onkel redet noch ein bißchen lauter, damit der unerfahrene Neffe auch wirklich versteht, was ihm gesagt wird. Und der verkriecht sich vor dem Redeschwall, blockiert, produziert Minderwertigkeitskomplexe oder heimliche Abwehrhaltung. Erklärt der Lehrer und Onkel dann auch noch Dinge, von denen der Schüler und arme Neffe aus seiner Kenntnis der Wirklichkeit weiß, daß das so hier gar nicht funktionieren kann, es aber nicht sagt, dann entsteht eine seelische Gemengelage, die auf allen Seiten Frust erzeugt und zu Fehlreaktionen führt.

Dort aber, wo Menschen aus Ost und West gemeinsam an konkreten Aufgaben arbeiten und auf die Kenntnisse des anderen angewiesen sind, erweisen sich die unterschiedlichen Verhaltensmuster in aller Regel nicht als Hindernis. Das erlebe ich zum Beispiel in der brandenburgischen Verwaltung, wo an vielen Stellen im Tandem-System gearbeitet wird. Dort, wo wir Hilfe aus Westdeutschland brauchen, sitzen ein Fachmann aus dem Westen und ein Brandenburger an derselben Aufgabe. Der eine bringt die Systemkenntnis ein, der andere kennt das Praxisfeld. So lernen beide voneinander.

All jene, die in Ostdeutschland heute in verantwortlicher Position tätig sind, müssen sich Mühe geben, immer mehr Menschen gleichsam innerlich so mit auf den Weg zu nehmen, daß diese sich selber treu bleiben können und jetzt nicht seelisch von einer Gefangenschaft in die andere kommen – bei äußerlicher Anpassung, doch ohne wirklich heimisch zu werden in der Heimat. Diese Aufgabe stellt sich keineswegs nur Parlamenten und Regierungen. Den Kommunen, dem ganzen Lebensgeflecht in Städten und Gemeinden kommt dabei eine entscheidende Rolle zu, Sozialorganisationen, Kirche, Kultur; auch Management wie Gewerkschafter in den Betrieben sind gefordert. Alle Anstrengungen werden jedoch nichts daran ändern, daß wir sicherlich zwei Generationen brauchen werden, bis die innere Einheit der Bundesrepublik tatsächlich verwirklicht ist.

Gerade auch jüngere Menschen, die jetzt in den Zwanzigern sind, hängen noch an der alten DDR. In dieser Generation hat man die ganz großen Negativerfahrungen mit der brutalen Macht meist nicht gemacht. Man hatte vielmehr gelernt, mit den Verhältnissen umzugehen, sich darin Luft und Freiraum zu verschaffen. Daraus war Selbstbewußtsein erwachsen. Jetzt haben diese Menschen ein Stück ihrer Identität verloren. Und wenn sie der Arbeitslosigkeit ausgesetzt sind, erscheint es manchen so, als böten Rechtsstaat, Demokratie und Marktwirtschaft weniger Möglichkeiten, sich zu entfalten und zu entwickeln, als es innerhalb der engen Grenzen der Fall war, die ihnen einst gesetzt waren.

Ganz selbstverständlich werden erst jene Ostdeutschen sich in den neuen Verhältnissen bewegen, die zur Wendezeit Kinder waren. Sie wachsen unvoreingenommen in den freiheitlichen demokratischen Rechtsstaat und das Wettbewerbssystem hinein. Es ist gut, daß sich ihnen eine Zukunft geöffnet hat, in der sie sich frei entfalten können.

Außerordentlich vielen Ostdeutschen wurde das Einleben ins neue System durch die Schocks erschwert, die sie erleben mußten. Hinzu kamen zwei große Irrtümer – damals von den meisten Deutschen in beiden Teilstaaten noch nicht als solche durchschaut –, die in den Monaten zwischen dem Fall der Mauer und der deutschen Einheit viele Entscheidungen und Einschätzungen mitbestimmt haben: die irrtümliche Einschätzung der deutschen Gemeinsamkeiten und die Fehleinschätzung der tatsächlichen Lage und Leistungsfähigkeit der DDR-Wirtschaft.

Wir alle hatten angenommen, an Rhein und Elbe wie an Spree und Oder, daß die Deutschen in West und Ost aufgrund der gemeinsamen Sprache, Geschichte, Kultur und auch Mentalität sich viel ähnlicher, daß ihre Gesellschaften einander viel näher seien, als es in Wirklichkeit der Fall war. Wir haben uns in der Freude über die unerwartet möglich gewordene Vereinigung durch vermeintliche Gemeinsamkeiten täuschen lassen und die unterschiedlichen Prägungen übersehen, die sich in den fünfundvierzig Jahren gegenläufiger Nachkriegsgeschichte herausgebildet haben. Erst allmählich haben wir begriffen, daß Haltungen und Lebenseinstellungen, die in einem bestimmten System gewachsen sind, nicht einfach verschwinden, wenn die Bedingungen wegfallen, die Verhältnisse beseitigt werden, die sie hervorgerufen haben.

Die wechselseitige Verbindung über Funkwellen und Rentnerreisen hat die Entstehung schiefer Bilder nicht vermeiden können. Man muß sich überdies klarmachen, daß die Fernsehkommunikation einseitig war. Die Ostdeutschen verfolgten in großer Zahl die Programme von ARD und ZDF, die Westdeutschen aber kaum die des DDR-Fernsehfunks.

Der andere große Irrtum war die Illusion von der Überlebensfähigkeit der Produktionsbetriebe in der DDR. Die Statistik wies den ostdeutschen Staat als die zehntgrößte Industrienation der Welt aus. Fachleute wußten zwar, daß diese Einordnung über die wirkliche Weltmarktfähigkeit der DDR-Wirtschaft nichts sagte. Doch im Ostblock war die DDR-Ökonomie führend, der Lebensstandard deutlich höher als in allen anderen Staaten des Rates für Gegenseitige Wirtschaftshilfe. Die Betriebe waren von gut ausgebildeten deutschen Ingenieuren und Facharbeitern aufgebaut worden, die mit Recht stolz auf ihre unter so ungünstigen Bedingungen erbrachte Leistung waren. Probleme wurden allgemein auf schlecht funktionierende Plansteuerung sowie auf Rohstoff- und Ersatzteilmangel zurückgeführt.

Inzwischen denke ich, daß doch auch einige der führenden Bonner Politiker sich von vornherein darüber im klaren waren, was im Osten nach Währungsunion und Einführung der Marktwirtschaft passieren würde. Aber sie haben sich wahrscheinlich gesagt: das ist im Grunde alles gar nicht schlimm, denn es wird niemand verhungern, es wird niemand erfrieren. Wir haben ein Sozialsystem, das fängt sie alle auf. Das stimmt ja auch. Doch der seelische und der politische Schaden ist groß: die Erschütterung des Selbstwertgefühls der Ostdeutschen, die sich nach dem Verlust ihres Arbeitsplatzes als wertlos empfinden, der Schwund der Glaubwürdigkeit von demokratischen Politikern sind eine schlimme Folge dieser sozialökonomischen Roßkur, die Ostdeutschland ohne Vorwarnung auferlegt wurde.

Die Furcht, »unter die Räder« zu kommen, kombiniert mit dem neuerlichen Druck, sich anzupassen, erzeugt neuen Frust – nach der lähmenden Frustration, die der Anpassungszwang in der DDR hervorgerufen hatte. Dieser Trend ist gefährlich. Das Selbstwertgefühl der Menschen nimmt eben Schaden, wenn alles, woran man bisher gearbeitet hat, ungeprüft auf den Abfallhaufen kommt. Wieder fühlen sie sich wie Unmündige, wieder wissen andere alles besser. Das kränkt und entwertet den Elan der befreienden Erfahrung vom Oktober und November 1989. Damals erlebten die Ostdeutschen zum ersten Mal, daß sie Einfluß haben. Da zeigte sich, welche Kraft und welcher Mut in den in der DDR so vorsichtig gewordenen Menschen steckte.

Diese Erfahrungen müssen bewahrt und erneuert werden. Das geht nicht, wenn Demokratie und Marktwirtschaft gleichsam von den westlichen »Siegern« verordnet werden und kein Spielraum zur Auseinandersetzung und zur aktiven Aneignung bleibt. Sonst könnten viele wieder den Weg der Anpassung wählen: sie wechseln dann nur die soziale Maske, werden aber weder psychisch noch politisch von innen her reifer, wie der Hallenser Psychologe Hans-Joachim Maaz formuliert hat. Wenn diese Anpassung aber nicht gelingt, ist Depressivität aus dem Gefühl des Versagens heraus die Folge. Am Ende könnte stehen, daß man sich die Arbeitslosigkeit selber in die Schuhe schiebt. Wer in diese seelische Lage kommt, versäumt die gesundmachende Erfahrung, die das Kennenlernen der Deutschen den Menschen im Osten eben auch bringen kann und sollte, daß sie nämlich merken: So schlecht sind wir gar nicht, die im Westen kochen auch nur mit Wasser.

Die Jahrhunderterfahrung der Einheit sollte uns Deutsche gemeinsam nach dem Weg in die Zukunft suchen lassen. Dazu kann und wird auch die kritische Auseinandersetzung mit einer neuen Lebensweise gehören. Denn wir werden in Ost und West neue Konzepte brauchen, um die neuen Probleme bestehen zu können, die sich aus dem Zusammenbruch des östlichen Systems ergeben. Daß sich der demokratische und marktwirtschaftliche Westen dem »real existierenden Sozialismus« gegenüber als überlegen erwiesen hat, bedeutet ja nicht, daß er selber bereits auf dem Höhepunkt seiner Entwicklung angekommen ist. Auf Deutschland bezogen heißt das, daß die Ausdehnung des Geltungsbereiches des Grundgesetzes auf das Gebiet der früheren DDR erst den Anfang und nicht schon den Endpunkt der Gestaltung eines demokratischen gemeinsamen Deutschland markiert.

Wir dürfen nicht dabei stehenbleiben, die westlichen Normen einfach zu übernehmen. Es gilt zunächst, sich in Ostdeutschland bewußt den Spielräumen für eigene Gestaltung zuzuwenden. Sie sind weitaus zahlreicher, als viele meinen. Die aktive Aneignung und Nutzung aller Möglichkeiten der Selbstgestaltung: das wäre ein Weg, der zu einem wechselseitigen Integrationsvorgang führen kann.

Auf Dauer werden im langfristigen Prozeß der inneren Vereinigung auf jeden Fall nicht nur die vier Erfahrungsjahrzehnte Bundesrepublik bedeutsam sein, sondern die dem Geltungsbereich des Grundgesetzes beigetretenen Ostdeutschen werden ihre vor, mit und nach dem Beitritt gemachten Erfahrungen einzubringen versuchen. Ob das im Zuge der inneren Vereinigung dazu führen wird, daß eine wesentlich veränderte Verfassung der Bundesrepublik Deutschland das Grundgesetz ablösen wird, oder ob nur die nötigsten Korrekturen vorgenommen werden, läßt sich nicht zu Beginn dieses Überprüfungsprozesses festlegen.

Die Erfahrungen der Ostdeutschen aus der Wendezeit und an den Runden Tischen werden jedoch sicherlich in die Verfassungsdiskussion einfließen, wie das schon beim Nachdenken über die eigenen Landesverfassungen der Fall war. Auch die Erkenntnisse und Ergebnisse aus den Beratungen der neuen Bundesländer über ihre eigenen Verfassungen werden der Debatte um notwendige Ergänzungen des Grundgesetzes neue Impulse geben.

Die brandenburgische Verfassung schlägt in verschiedenen Bereichen des Verfassungsrechtes neue Wege ein. Das neue freie Land Brandenburg ist aus dem friedlichen Umbruch 1989/90 entstanden. Es verdankt sich damit nicht nur, aber auch, dem urdemokratischen Akt der Bürger, mit Nachdruck die Teilhabe an der Gestaltung seiner Lebensgrundlagen endlich nicht mehr nur zu fordern, sondern auch wirklich zu praktizieren.

Diese Erfahrung hat, jedenfalls im Lande Brandenburg, dazu geführt, auch Bürgerinitiativen in der Verfassung Raum zu geben. Das soll die Rechte der Parlamente und der vorwiegend in ihrem Rahmen wirkenden Parteien nicht einschränken, soll die repräsentative Demokratie nicht in Frage stellen.

Doch die politischen Mitwirkungsrechte der Bürger sollen nicht auf Parteien und Wahlen beschränkt sein. Einst hat das Bonner Grundgesetz die politischen Parteien erstmals in einem Verfassungstext erwähnt und ihnen in Artikel 21 (1) die Aufgabe zugewiesen, bei der politischen Willensbildung des Volkes mitzuwirken. In der Brandenburger Verfassung wird erstmals ausdrücklich das Recht der Bürgerinnen und Bürger formuliert, sich in Bürgerinitiativen oder Verbänden »zur Beeinflussung öffentlicher Angelegenheiten« zusammenzuschließen.

Damit korrespondiert im Abschnitt über die Gesetzgebung das Bürgerrecht, während laufender Legislaturperioden dem Landtag im Wege der Volksinitiative bestimmte Gegenstände der politischen Willensbildung zu unterbreiten. Das können auch Gesetzesentwürfe oder der Antrag auf Auflösung des Landtages sein. Übernimmt der Landtag eine solche Initiative nicht, können Volksbegehren und schließlich Volksentscheid in Gang gesetzt werden. Das brandenburgische Bestreben, die Beteiligung der Bürger in dieser Weise zu regeln und damit die Wahl- und Parteiendemokratie zu ergänzen, hat Kopfschütteln und auch lebhaften öffentlichen Widerspruch bei erfahrenen Politikern aus den alten Bundesländern gefunden. Man erinnerte uns daran, daß die Väter des Bonner Grundgesetzes seinerzeit aus guten Gründen Volksbegehren und Volksentscheid nur für die Neugliederung der Länder zugelassen haben.

Nun ging es, als das Grundgesetz formuliert und damit die Bundesrepublik konstituiert wurde, darum, mit Hilfe der Besatzungsmächte die Deutschen aus dem Nazisystem heraus- und in eine neue Ordnung hineinzuholen. Dabei wollte man sich angesichts deutscher Demokratie-Unerfahrenheit gegen plebiszitäre Irrwege sichern. Wir aber kommen heute, mehr als vier Jahrzehnte später, von einem anderen Ausgangspunkt her. Wir bringen die Erfahrung mit, welche urdemokratische Triebkraft für die Gestaltung des Gemeinwesens es sein kann, wenn Bürger ihre eigenen Angelegenheiten selbst in die Hand nehmen.

Mir scheint es deshalb unverzichtbar, daß die Verfassung die bewährte parlamentarische Demokratie durch Elemente direkter Demokratie ergänzt. Dazu gehört auch, daß zum Beispiel Bürgerinitiativen durch eine erweiterte Auskunftspflicht der öffentlichen Stellen und durch das Recht auf Anhörung die Möglichkeit haben, auf laufende öffentliche Verfahren Einfluß auszuüben. Nach dem Kriege hatten sich die west- und süddeutschen Länder neu in die Demokratie einzuüben und schufen sich auch dafür ihre Bundesrepublik. Heute können wir uns bei unserem Weg aus der Diktatur in die Teilhabe der Bürger an öffentlichen Angelegenheiten in diese Bundesrepublik Deutschland einbetten, die nun mehr als vier Jahrzehnte Erfahrung mit der Demokratie gesammelt hat und stabil ist. Wir müssen uns deshalb nicht von Mißbrauchsängsten bestimmen lassen.

Im föderalen System des Grundgesetzes wächst den Ländern die Möglichkeit zu, in ihren Verfassungen aktuelle Fragestellungen und Probleme aufzugreifen, deren Lösung sich auf die Gesamtentwicklung als belebende Impulse auszuwirken vermögen. In diesem Sinne enthält die brandenburgische Verfassung über den vertrauten Katalog der Grundrechte und das vertraute System der Aufgaben- und Gewaltenteilung zwischen den verschiedenen Verfassungsorganen hinaus neue Akzentsetzungen, die insgesamt das eigene Verfassungsprofil des Landes ausmachen werden. Es handelt sich um die in der Verfassung zu nennenden Staatsziele, darunter auch solche, von denen auch zahlreiche alte Bundesländer sich wünschen, daß die ganze Bundesrepublik sie sich zu eigen macht und in das Grundgesetz aufnimmt. Über ein Staatsziel Umweltschutz besteht schon breite Übereinstimmung. Die Brandenburger Landesregierung befürwortet die Formulierung: »Die natürlichen Grundlagen des Lebens stehen unter dem besonderen Schutz des Staates«, mit dem auch die Bürger aktivierenden Zusatz: »Jeder ist verpflichtet, durch eigenes Verhalten zu diesem Schutz beizutragen.« Ein einklagbares Recht auf Arbeit und Wohnung können weder die Länder noch der Bund garantieren. Aber dafür, beide Themen in die Staatsziele auch der Bundesrepublik aufzunehmen, wollen wir Brandenburger uns einsetzen: »Der Staat trägt zur Erhaltung und zur Schaffung von Arbeitsplätzen bei.« Und: »Der Staat fördert die Schaffung von angemessenem Wohnraum.«

Neben Impulsen für die Verfassungsdiskussion können wir im Osten auch auf ganz praktischen Feldern neue Ideen entwickeln, die dem Ganzen zugute kommen – zum Beispiel bürokratische Verfahren vereinfachen. Obgleich das ziselierte System preußischer Verwaltung, das nun zu uns zurückkommt, ja einst hier entwickelt worden ist, machen wir in Brandenburg damit erste Erfahrungen: Für die kommunale Organisation haben wir uns Schleswig-Holstein als Vorbild ausgesucht, große Landkreise, aber keine Regierungsbezirke, also ein zweistufiges Verwaltungsmodell. Unsere Helfer für den Aufbau der Verwaltung kommen überwiegend aus Nordrhein-Westfalen, wo es Regierungsbezirke gibt, die Verwaltung also in drei Stufen organisiert ist. Sie versuchen, mit ihrem Hintergrund Schleswig-Holsteinisches Verwaltungsrecht für brandenburgische Bedürfnisse unter der Zielvorgabe möglichst großer Einfachheit passend zu machen. Das setzt Phantasie frei.

Es kommt darauf an, solche Spielräume zu finden, sie aktiv zu nutzen und weitere zu schaffen. Es geht um bewußte, konstruktive Integration. Es geht um eine Rezeption im Sinne der alten Regel Goethes: »Was Du ererbt von deinen Vätern hast, erwirb es, um es zu besitzen!«

Umbruch und Aufbruch

Nach dem Mauerbau 1961 hatte Walter Ulbricht die Parole ausgegeben, den kapitalistischen Westen zu überholen, ohne ihn einzuholen. Der eine Teil des Versprechens ist konsequent erfüllt worden. Das realsozialistische System hat den wirtschaftlichen Entwicklungsvorsprung der Bundesrepublik nicht eingeholt. Aber mit dem Überholen hat es ganz und gar nicht geklappt. Die in die wissenschaftlich-technische Revolution gesetzten Hoffnungen konnten noch nicht einmal ansatzweise in die Realität umgesetzt werden.

Erst nachdem das entwicklungshemmende sozialistische Machtsystem am Ende war, konnten sich die ostdeutschen Länder an den Aufbruch in eine bessere Zukunft machen. Sie tun das allerdings nicht in Konkurrenz oder gar gegen, sondern mit der Bundesrepublik Deutschland, deren Teil sie nun sind. Und sie wollen die alten Bundesländer nicht hinter sich lassen, aber ihnen auch nicht auf unabsehbare Zeit hinterherhinken. Im Westen hat sich in den siebziger Jahren das ehemals strukturschwache Baden-Württemberg in die wirtschaftliche Spitzengruppe geschoben. Das ursprünglich überwiegend agrarische Land Bayern hat in den siebziger und achtziger Jahren einen großen Modernisierungsschub erlebt.

Für den Start ins dritte Jahrtausend rechnen sich nun auch die neuen Bundesländer gute Chancen aus. Die Wirtschaftsregion Brandenburg-Berlin kann und soll das Baden-Württemberg des einundzwanzigsten Jahrhunderts werden. Wenn Brandenburg mit gegenwärtig 2,6 Millionen Einwohnern und Berlin mit seinen 3,5 Millionen sich zu einem Bundesland zusammenschließen, werden von der sich findenden Metropole ähnliche Impulse ausgehen wie von Paris, London oder Madrid. Dann hat sich die enorme Finanzspritze des Programms Aufschwung Ost und der anderen Förderungsprogramme ausgezahlt. Brandenburg-Berlin wird vom Tropf kommen und langfristig im Länderfinanzausgleich von der Nehmer- auf die Geberseite treten. Nach den bisherigen Erfahrungen halte ich das für ein realistisches Ziel.

Es gibt nichts daran zu beschönigen, daß wir im Osten Deutschlands – und Brandenburg liegt da mitten drin und hat auch immer den Mittelwert in der Problemlage gehabt – uns in der größten Strukturkrise der Wirtschaftsgeschichte befinden. Es gibt auch nichts daran zu beschönigen, daß wir es noch nicht geschafft haben, diese Krise zu meistern. Wir befinden uns in einem Stadium, in dem die Verschlechterungen immer noch stärker ins Gewicht fallen als die Verbesserungen.

In all dem Verfall, dem wir in Teilbereichen ausgesetzt waren und immer noch sind, liegen jedoch auch Chancen. Da, wo Neubau nötig wird, weil Altes nicht mehr sanierungsfähig ist, kann man sich ganz an den Bedürfnissen und Bedingungen der Zukunft orientieren. Ein Vergleich der wirtschaftlichen Entwicklung nach 1945 zwischen dem Kriegsverlierer (West)-Deutschland, auf dessen Gebiet gerade in den industriellen Schlüsselregionen viel zerstört war und ein Neuanfang und Neuaufbau nötig wurde, sowie zwischen dem Kriegsgewinner Großbritannien, wo die alten Strukturen weitgehend erhalten geblieben waren, stimmt für unsere Lage hoffnungsvoll. Wo es darum geht, Vorhandenes erneuert fortzuführen, stößt die Modernisierung schneller an Grenzen. Wir wollen eine moderne, effektive, zukunftsfähige Wirtschaftsregion werden, aber wir wollen gleichzeitig Gewachsenes bewahren und wieder lebensfähig machen. Tradition und Lebensqualität sollen sich mit Fortschritt und gutem Lebensstandard verbinden.

Als ich noch etwas mehr Zeit hatte als heute, pflegte ich Karikaturen, die mir gut gefielen, auszuschneiden und auf Postkarten zu kopieren. Auf einer davon war im Sommer 1990 ein Mensch zu sehen, der Fünf-Mark-Stücke vor den Augen hatte, D-Mark-Stücke natürlich, und mit erhobenen Händen glücklich und blind auf Riesenlöcher zurannte. An einem stand »Arbeitslosigkeit«, die anderen trugen die Namen weiterer sozialer Probleme. Auf dieser Postkarte beantragte ich bald nach der Währungsunion, also der Einführung der D-Mark in der noch existierenden DDR, im Juli 1990 meine Aufnahme in die SPD und schrieb zur Begründung: »Siehe Rückseite.«

Der Wille der Ostdeutschen zur Marktwirtschaft und zur

D-Mark war evident, das Wahlergebnis bei den ersten und einzigen freien Wahlen zur Volkskammer am 18. März 1990 sprach eine deutliche Sprache. Auch heute befürworten noch siebzig Prozent der Ostdeutschen den radikalen Schritt zur Marktwirtschaft, die sich ohne viel staatliches Zutun entwikkelt, wenn es Freiheit gibt. Doch die Anziehungskraft der Bundesrepublik Deutschland beruhte ja gerade darauf, daß nach ihrem Selbstverständnis die Marktwirtschaft »sozial« sein soll. Die Menschen im Osten Deutschlands trug und trägt die Hoffnung auf die Zukunftsfähigkeit einer sozial und ökologisch orientierten Marktwirtschaft.

Nach vierzig Jahren sozialistischer Kommandowirtschaft in der DDR waren deren Hauptmerkmal wirtschaftliche Monostrukturen großer Kombinate. Die wirtschaftliche Entwicklung in der DDR bedeutete spätestens seit Beginn der achtziger Jahre einen zunehmenden Substanzverzehr. Viele Produktionsanlagen waren veraltet, das Produktivitätsgefälle zwischen West- und Ostdeutschland vergrößerte sich zusehends. Erst heute zeichnet sich das ganze Ausmaß der wirtschaftlichen Probleme ab. Wegen der stark voneinander abweichenden Regional- und Sektorstruktur der Wirtschaft in Ost- und Westdeutschland sind jetzt im vereinigten Staat schmerzliche Anpassungsprozesse unausweichlich. Das Deutsche Institut für Wirtschaftsforschung hat eine Studie vorgelegt, wonach das reale Bruttosozialprodukt in Ostdeutschland im Jahre 1991 nicht wie erwartet um zwanzig, sondern sogar um dreißig Prozent gesunken ist. 1990 hatte der Rückgang noch bei 16,7 Prozent gelegen.

Den Übergang von einer Zentralverwaltungswirtschaft zur Marktwirtschaft hat vor uns noch niemand erprobt; wir sind die Vorreiter in einem welthistorischen Experiment. Es gab sehr optimistische Voraussagen, die prophezeiten, es reiche vollkommen aus, die beiden Hauptrahmenbedingungen zu verändern: eine konvertierbare Währung einzuführen und sich damit auch dem Markt zu öffnen sowie die Rechtsordnung entsprechend zu verändern.

Heute wissen wir – was Skeptiker damals schon vorhersagten –, daß der Übergang in einer Schaltsekunde nicht zu machen ist, auch wenn die beiden grundsätzlichen Rahmenbedingungen stimmen. Das Zusammenschalten der Planwirtschaft Ost mit der Weltmarktwirtschaft West in der Nacht vom 30. Juni zum 1. Juli 1990 produzierte bei den betroffenen Menschen zunächst und vor allem Zukunftsängste. Ihnen muß der Beweis noch geführt werden, daß das Soziale sich nicht darin erschöpft, die Opfer des Marktes zu betreuen. Soziale Marktwirtschaft muß mehr sein. Sie muß den Eigennutz, der als starker Antrieb der Wettbewerbswirtschaft neue Kräfte weckt und Leistung steigert, so einbinden, daß er letztlich auch dem Gemeinwohl dient.

Dabei darf die Entfaltung wirtschaftlicher Aktivität nicht ständig durch unrealistische soziale Utopien behindert werden. Das haben wir im Extrem hinter uns: Die Überforderung der Wirtschaftskraft durch zu große soziale Ansprüche hat letzten Endes die DDR mit kaputtgemacht. Auch die Leistungskraft der Wettbewerbs- und Erwerbswirtschaft darf nicht überfordert werden. Es darf aber auch nicht so sein, daß lediglich sozial dort nachgebessert wird, wo zunächst die Wirtschaft rücksichtslos ihren Weg gegangen ist, wie wir es in den Monaten vor und nach der Vereinigung leider an zu vielen Stellen haben erleben müssen.

Die soziale Marktwirtschaft ist kein einmal festgeschriebenes System, das dann durch alle Zeiten und an allen Orten unverändert funktioniert. Sie muß ständig neu gestaltet, ihre Elemente müssen immer neu austariert werden. Ich erlebe das ganz praktisch. Es gibt kaum einen Dienstag – an diesem Tag tritt stets die brandenburgische Landesregierung zusammen –, an dem ich nicht den Versuch machen muß, Wirtschaftsminister Walter Hirche, Finanzminister Klaus-Dieter Kühbacher und Arbeits- und Sozialministerin Regine Hildebrandt zum Sich-Vertragen zu bewegen. Dabei geht es stets darum, nie aus dem Auge zu verlieren, daß einerseits zu Wettbewerb und leistungsstarker Erwerbswirtschaft von vornherein die soziale Verantwortung gehört, wie wir andererseits im Hinblick auf soziale Forderungen ständig auf das Ende der Fahnenstange achten müssen, die wirtschaftliche Leistungsfähigkeit und Effektivität, aus der heraus allein der soziale Ausgleich bezahlt werden kann. Wenn es uns gelingt, hier etwas Praktikables und Überzeugendes zu gestalten, dann haben wir auch ein

Stück Arbeit für die westlichen Bundesländer geleistet, in denen keineswegs alle Zukunftsfragen schon gelöst sind.

Beim Übergang von der Plan- zur Marktwirtschaft mußten wir mit sechs geradezu lebensgefährlichen Behinderungen fertig werden, deren Folgen Hunderttausende in ihrer unmittelbaren sozialen Situation existentiell erfahren haben.

Erstens fehlte den Wirtschaftenden jede Marketing- und Vertriebserfahrung. In der alten DDR wurde der Absatz der Produkte vom Plan geregelt. Verkaufsabteilungen orientierten sich lediglich an Planvorgaben, Vertreter gab es so gut wie nicht. Der allgemeine Mangel tat ein übriges, um Verkaufserfahrung gar nicht erst entstehen zu lassen. Im freien Wettbewerb der Bundesrepublik dagegen steht und fällt der Produzent mit der Fähigkeit, seine Erzeugnisse auch zu verkaufen. Selbst leistungsstarke Betriebe betreten in dieser Hinsicht Neuland. Aus einem Wirtschaftssystem kommend, in dem Zuteilung und Mangel die vorherrschenden Prinzipien waren, sehen sie sich nun einer Situation gegenüber, in der sie innerhalb weniger Wochen ihren gesamten Abnehmerkreis verloren hatten, was nicht notwendigerweise etwas mit der Qualität ihrer Produkte zu tun gehabt hat.

Ein dramatisches Beispiel für den Überlebenskampf vieler ostdeutscher Betriebe, die sich plötzlich der westlichen Konkurrenz ausgesetzt sahen, sind die Rathenower Optischen Werke, ein erst Ende der achtziger Jahre modernisierter leistungsstarker Brillenhersteller. Die Qualität der Produkte war hoch; die Fabrik belieferte die ganze DDR und größere Teile des Ostblocks. Im alten System waren die Brillenproduzenten in Rathenow die Könige und die Optiker mit ihren Kunden die Bettler. Am 1. Juli 1990 aber trat die Weltkonkurrenz auf den Plan. Sie agierte nicht bösartig, betrieb nur normalen Wettbewerb. Die Kunden wurden aufgesucht. Schnellste Lieferzeiten, besseres Design und attraktive Schulungsveranstaltungen, sogar in Miami, ließen den Markt in kurzer Frist zu achtzig Prozent für Rathenow verlorengehen.

Dort war man verzweifelt; die eigenen Produkte waren nicht schlechter als die aus dem Westen, aber sie ließen sich nicht mehr verkaufen. Weltfirmen erkannten die Leistungsfähigkeit von Rathenow an, zeigten Interesse, hier für sich produzieren zu lassen. Aber die meisten Ostdeutschen kauften weiterhin westliche Brillen. Die Rathenower Optischen Werke setzten Mitarbeiter ihres Betriebes als Vertreter ein. In der Regel kamen sie unverrichteter Dinge zurück. Marketing ist nicht im Schnellkurs zu erlernen. Der inzwischen von der Treuhand bestellte, sehr engagierte Aufsichtsratsvorsitzende aus dem westlichen Berlin erkannte sofort das Problem und stellte einen erfahrenen Marketingfachmann ein. Nun begann ein verzweifelter Wettlauf gegen die Uhr. Erste Erfolge zeigten sich, aber man schrieb weiterhin rote Zahlen in Rathenow. Die Treuhand mußte Monat für Monat Liquiditätszuschüsse geben. Schließlich sah sie sich nicht mehr in der Lage, weiter zu warten. Der Betrieb wurde stillgelegt. Heute versuchen fünf Mittelständler in Rathenow, die alte Tradition der optischen Industrie fortzusetzen. Sie sind sicher keine Gefahr für die Großen der Branche.

Die zweite Behinderung, mit der die ostdeutsche Wirtschaft zum Überlebenskampf auf dem Weltmarkt antrat, war, daß es keine betriebswirtschaftliche Kostenrechnung gab. Die Produzenten wußten in der Planwirtschaft in aller Regel nicht, wie ihre wirklichen Kosten aussahen und ob die Einnahmen die Ausgaben deckten. Die Preise wurden für alle Produkte vom Staat festgesetzt, die Löhne waren niedrig. Das Subventionssystem verschleierte alles. In der Zentralverwaltungswirtschaft war es für die Betriebe deshalb auch nicht wichtig, die Kostenfaktoren der Produktion herauszufinden. Es kam vielmehr einzig und allein darauf an, den Plan zu erfüllen.

In der Marktwirtschaft aber gibt es weder den Plan noch ein ihm entsprechendes Subventionssystem, noch zentral vorgeschriebene Preise. Jetzt ging es auf einmal darum, erzielbare Preise und Kosten in ein profitables Verhältnis zu bringen. Die notwendige Beseitigung des Subventionssystems hat das gesamte Kosten- und Preisgefüge restlos verändert und eine Situation geschaffen, der die Verantwortlichen in den Betrieben nicht gewachsen waren. Controlling wurde überlebenswichtig für die ostdeutschen Betriebe, denen im rauhen Wind des Wettbewerbs in Gestalt von roten Zahlen vielfach die Stunde der Wahrheit schlug. Doch sie hatten dafür weder die organisatorischen Voraussetzungen noch die Erfahrungen oder die entsprechenden Fachleute.

Selbst Betriebe mit einem sehr hohen Exportanteil haben sich durch den Wegfall der Subventionen nach der Wirtschafts- und Währungsunion nicht mehr in der Lage gesehen, einigermaßen kostengünstig zu produzieren. Allein die staatlichen Zuschüsse erlaubten es ihnen früher, ihre Waren zu Dumpingpreisen auf dem Weltmarkt zu plazieren.

Drittens ging mit einem Schlag ein großer Teil des osteuropäischen Marktes verloren. Zu Zeiten der Planwirtschaft hatte die DDR mehr als ein Drittel ihres Außenhandels mit der Sowjetunion abgewickelt, den überwiegenden Teil des Restes mit anderen Staaten des damaligen Rates für Gegenseitige Wirtschaftshilfe. Diese Absatzbindung war Teil der wirtschaftlichen Verflechtung innerhalb des RGW, die spätestens seit der zweiten Industrialisierungswelle der DDR nach 1961 systematisch ausgebaut wurde. Viele Betriebe, gerade auch größere und leistungsstarke, die seitdem gegründet worden sind, hatten ausdrücklich die Aufgabe, auch für das östliche Europa mitzuproduzieren.

Nach der Wirtschafts- und Währungsunion in Deutschland hätten diese Handelspartner Devisen gebraucht, um weiter bei uns kaufen zu können. Für Transferrubel gab es nichts mehr. Diese Devisen hatten sie aber nicht, und die Krise, in die sie gerieten, machte es ihnen auch nicht möglich, sie zu erwirtschaften oder in ausreichendem Maße zunächst durch Kredite auszugleichen. Das war ein schwerer und nicht abzufedernder Schlag für die ostdeutschen Produzenten.

Um auch das an einem Beispiel deutlich zu machen: Die Nähmaschinenfabrik Veritas, vormals Singer, in Wittenberge ist wahrscheinlich die größte der Welt. Sie war mit der ganzen Gigantomanie der Planwirtschaft als moderne Produktionsstätte ausgebaut worden, um den Bedarf an Nähmaschinen zwischen der Elbe und Wladiwostock zu befriedigen. Überall im Osten nutzen Frauen Nähmaschinen der Marke Veritas, um die empfindlichen Versorgungslücken im Textilangebot für ihre Familien wenigstens zum Teil zu schließen.

Den Traditionsnamen Singer hatte die DDR aus ideologischen Gründen verworfen. Als das Werk ihn nach der Wende wiederhaben wollte, sperrten sich Anwälte in Chicago dagegen. Natürlich müssen die Veritas-Leute jetzt auf dem westlichen Markt eine Lücke finden, die sie mit speziellen Angeboten besetzen können. Aber im Westen gibt es eine leistungsfähige Nähmaschinenindustrie, und außerdem wird dort viel weniger selbst genäht. Man wird sich in Wittenberge also auch darauf einrichten, die Produktionspalette zu erweitern. Die richtigen Produkte herauszufinden und deren Herstellung zu verwirklichen, braucht Zeit. Die Frauen in Osteuropa und Sibirien aber sind auch weiterhin darauf angewiesen, einen Teil der Kleidung für sich und ihre Familien selbst zu nähen. Sie brauchen die Nähmaschinen aus Wittenberge, bis die Rüstungswirtschaft im Uralgebiet und anderswo sich auf die Befriedigung des zivilen Bedarfs umgestellt und – mit Hilfe aus Wittenberge – gelernt hat, selber Nähmaschinen herzustellen.

Da der Markt alleine nicht funktioniert, ist eine kombinierte Politik der Förderung der deutschen Wirtschaft und der Unterstützung und Stabilisierung der Entwicklung in den einst sowjetischen Republiken dringend nötig. Sie könnte den Arbeiterinnen und Arbeitern in Wittenberge wie den nähenden russischen Hausfrauen über die Zeit der Vorbereitung der Industrie auf jeweils marktgängige Produkte hinweghelfen. Statt dessen aber läuft die stille Liquidation, fehlt den Frauen in Wittenberge die Arbeit und den Frauen in Rußland die Nähmaschine.

Die vierte lebensbedrohliche Behinderung der ostdeutschen Wirtschaft war die Wirtschaftsstruktur der alten DDR, die von den Bedingungen der Planwirtschaft, eingebunden in den RGW-Rahmen, diktiert war und sich nun nach der Öffnung zum Weltmarkt nicht mehr halten läßt.

Nach der Grenzöffnung in Deutschland prallten zwei Wirtschaftssysteme aufeinander, die sich insbesondere auch durch die Branchenstruktur unterschieden. Wir haben einen sehr hohen Anteil an gewerblicher Wirtschaft gehabt und nur einen relativ geringen an Dienstleistungen. Auch wenn die Daten nur bedingt vergleichbar sind, so entsprach die sektorale Gliederung der DDR-Wirtschaft zur Zeit der Wende der der Bundesrepublik vor zwei Jahrzehnten.

Eine erhebliche Verschiebung ist nicht zu vermeiden. Um es

am brandenburgischen Beispiel deutlich zu machen: 1989 gab es hier etwa 1,6 Millionen Erwerbstätige. 38,7 Prozent waren in der Industrie und im produzierenden Gewerbe beschäftigt, 6,9 Prozent beim Baugewerbe, 15,3 Prozent in der Landwirtschaft, zusammen also knapp 61 Prozent. Bei Handel, Verkehr und Post waren 17,7 Prozent tätig, die übrigen waren im öffentlichen Dienst, in Verwaltung, Kultur, Gesundheitswesen beschäftigt, ein großer Teil von ihnen bei Armee, Polizei und Sicherheit. Die Verhältnisse werden sich umkehren. Wir werden in der zweiten Hälfte der neunziger Jahre mehr als sechzig Prozent der Arbeitsplätze im Dienstleistungsbereich haben, Handwerker eingeschlossen, und weniger als vierzig Prozent in der Produktion. Die Verteilung der Beschäftigten im strukturell vergleichbaren westlichen Bundesland Schleswig-Holstein zeigt, wohin der Trend geht: rund 33 Prozent der Arbeitsplätze in Industrie und produzierendem Gewerbe, nur vier Prozent in Land- und Forstwirtschaft, dagegen 16 Prozent im Bereich Handel und Verkehr, 27 Prozent im Dienstleistungssektor und in Verwaltung, Gesundheit, Kultur nur noch zwanzig Prozent.

Man darf weiterhin – und das war die fünfte Behinderung, mit der wir in die Marktwirtschaft starteten – nicht übersehen, daß für die Wirtschaft in den neuen Bundesländern das Verhalten der Käufer nach der Währungsunion eine außerordentliche Bedrohung gewesen ist, vor allem im zweiten Halbjahr 1990, aber auch noch im ersten Halbjahr 1991. Die Kunden, konfrontiert mit dem breiten und bunten Warenangebot aus westlichen deutschen Landen, haben zunächst ein außerordentlich zurückhaltendes Kaufverhalten gegenüber den Produkten des eigenen Landes gezeigt. Selbst die Bäcker hatten Schwierigkeiten. Ihre frische Ware war monatelang gegenüber den schön verpackten und bunt aufgemachten Produkten aus dem Westen weitgehend chancenlos – eine Situation, die bereits damals zu erheblichen Problemen und auch zu Zusammenbrüchen geführt hat.

Schließlich sollte man nicht vergessen, daß eine lebensgefährliche Behinderung unserer Wirtschaft, die heute große soziale Auswirkungen nach sich zieht, auch darin lag, daß in der Planwirtschaft die Arbeitnehmerinnen und Arbeitnehmer rundum unterfordert gewesen sind. Die Leistungsfähigkeit der Menschen ist nicht in vollem Umfang genutzt worden. Diese Unterforderung des einzelnen hat im Umkehrschluß auch die Überbesetzung der Stellen mit sich gebracht, die dann gerade in der ersten unkontrollierten, chaotischen Phase der Einführung der Marktwirtschaft – zwischen dem 1. Juli 1990 und Anfang 1991 – verheerende Auswirkungen hatte. Damals herrschten objektiv gesehen Zustände des Manchesterkapitalismus mit massenweisen Entlassungen, noch nicht arbeitenden Betriebsräten und noch nicht funktionierenden Gewerkschaften –, eine Phase, die wir glücklicherweise inzwischen überwunden haben.

Die Schließung vieler ostdeutscher Betriebe geht im wesentlichen auf diese sechs Faktoren zurück. Um es auch hier noch einmal zu betonen: Andere Umstände, auf die von manchem Außenstehenden gern mit einer gewissen Häme hingewiesen worden ist, waren für unsere Wirtschaft nicht lebensgefährlich. Weder lag das Zusammenbrechen der Wirtschaft an der Qualität der Produkte – sie waren lediglich oftmals nicht besonders gut verpackt und ansprechend präsentiert –, noch am Stand der Technologie, obwohl wir in der Tat auch Industriemuseen vorzuweisen haben. Es ist jedoch nicht wahr, was manche uns jetzt glauben machen wollen, daß die DDR-Wirtschaft ohnehin vollends am Boden lag und nichts mehr leisten konnte. Es gab eine ganze Reihe von Werken im Lande, die technologisch einen hohen Standard aufwiesen. Zumal in Brandenburg ist das so, weil hier ein wichtiger Teil der Industrie erst im Laufe der letzten fünfundzwanzig Jahre aufgebaut worden ist. In der Schwarzen Pumpe bei Senftenberg im Süden unseres Landes haben wir zum Beispiel die modernste Braunkohlekokerei Europas.

Schon gar nicht war der Grund für unsere wirtschaftlichen Probleme die gerade auch in der ersten Hälfte des Jahres 1991 weitverbreitete Verleumdung von der Unfähigkeit und mangelnden Leistungsbereitschaft der Arbeitnehmerinnen und Arbeitnehmer. Wir können heute schon zu den Schätzen zählen, die das Land Brandenburg zu bieten hat, was unsere Menschen hier leisten. Schon Fontane wußte: »Das Beste an dem Land allerdings sind die Menschen.«

Diese Einsicht, die sich inzwischen wieder durchsetzt, wenn sie auch durchaus noch nicht überall verbreitet ist, ändert nichts an der Tatsache, daß das Selbstwertgefühl der ostdeutschen Arbeiter durch die Betriebszusammenbrüche sehr gelitten hat. Es neu aufzubauen wird nicht gerade erleichtert, wenn sich im Westen vielerorts die Überzeugung festgesetzt hat, es sei alles Schund gewesen, was »die im Osten« gemacht haben.

Der Schock des Abspeckens der Betriebe, die radikale Umstrukturierung war unvermeidlich. An der raschen marktwirtschaftlichen Erneuerung führte kein Weg vorbei, wenn Ostdeutschland Zukunft haben und wieder auf eigene Beine kommen will. Aber der Schock gefährdet diese Zukunft, wenn Menschen sich ins Abseits gestellt sehen. Die Menschen müssen jedoch mitgenommen werden ins neue Wirtschafts- und Gesellschaftssystem. Das heißt: Beim Übergang von der Staatswirtschaft zur Marktwirtschaft ist staatliche Planung und Begleitung stärker gefordert, als es unter den normalen Bedingungen in der westlichen Bundesrepublik der Fall sein mag.

Die Hauptaufgabe aller ostdeutschen Landesregierungen war es daher von der ersten Stunde ihrer Tätigkeit an, den Strukturumbruch zu begleiten und zu gestalten. Wir in Brandenburg haben darin eine Verantwortung gesehen, die wir in doppelter Weise wahrnehmen. Der Umbruch mußte einerseits von vornherein – nicht erst wenn die Katastrophen eingetreten sind – durch breite Sozialmaßnahmen abgefedert und flankiert werden. In diesem Ringen um Arbeitsförderungsmaßnahmen, Kurzarbeitsregelungen, Beschäftigungsgesellschaften und auch Altersübergangsgeld haben wir mit Regine Hildebrandt geradezu eine Symbolfigur des Kampfes der Menschen im Osten hervorgebracht, den wirklich vorhersehbaren breiten Einbruch auf dem Arbeitsmarkt abzufangen.

Auf der anderen Seite mußten von vornherein Umstrukturierung und Neuaufbau in die Wege geleitet werden. Die sozialen Aspekte des Umbruchs dürfen dabei nicht in den Hintergrund treten, die Schwierigkeiten des Tages dürfen nicht vergessen machen, daß ihre Bewältigung ja *für* die Menschen unternommen wird. Gerade auch an der sozialen Frage, besonders an der nach dem Arbeitsplatz, wird sich entscheiden, ob wir die Menschen mitnehmen können in das gemeinsame Deutschland mit diesem freiheitlich-rechtsstaatlichen, marktwirtschaftlichen System, oder ob wir sie innerlich verlieren. Es darf nicht mehr dazu kommen, daß Leute scharenweise entlassen werden, ohne daß geklärt ist, was aus ihnen wird.

Das ist ein Grund für die Beschäftigungs- und Arbeitsförderungsgesellschaften, die Qualifizierungs- und anderen Programme, die zur Zeit noch dazu beitragen, die Statistik des Arbeitsmarktes zu schönen. Gäbe es sie nicht, hätten wir in Ostdeutschland eine Arbeitslosenziffer zwischen dreißig und fünfzig Prozent. So aber lag Ende des ersten Quartals 1992 die offizielle Arbeitslosenquote im Land Brandenburg bei 15,4 Prozent, wobei 11,5 Prozent Männer und 19,8 Prozent Frauen arbeitslos waren. Das ist eine Größenordnung, bei der noch Hoffnung besteht, daß viele der Betroffenen wieder Arbeit finden und nicht größtenteils in die Langzeitarbeitslosigkeit versinken, die in Resignation und ins soziale Aus führt. Doch Arbeitsministerin Regine Hildebrandt hatte Gründe, für 1992 im Land Brandenburg zwanzig bis fünfundzwanzig Prozent Arbeitslosigkeit zu prognostizieren. Und die »Fünf Weisen« der führenden wirtschaftswissenschaftlichen Institute haben die Arbeitslosenquote für Ostdeutschland im Jahresdurchschnitt 1992 mit 18,9 Prozent vorausgeschätzt.

Diese Zahlen sind schlimm, geben aber immer noch nicht die volle Realität wieder. Einen wirklichen Einblick erhält, wer sein Augenmerk nicht nur auf die amtliche Arbeitslosenstatistik richtet, sondern nach den tatsächlichen Arbeitsplätzen fragt. Er stellt fest, daß um die Jahreswende 1991/92 von den 9,95 Millionen in der ehemaligen DDR Beschäftigten noch 4,8 Millionen berufstätig waren. Das bedeutet: mehr als die Hälfte der einstigen Arbeitsplätze sind abgebaut worden.

Von den 5,15 Millionen nicht mehr regulär Beschäftigten sind 700 000 in die westlichen Bundesländer übergesiedelt, 90 000 Ausländer in ihre Heimatländer zurückgekehrt. Etwa 425 000 Arbeitnehmer wohnen zwar weiterhin in Orten der einstigen DDR, arbeiten aber inzwischen im benachbarten Westen, überwiegend im Westteil Berlins.

Zieht man diese Personengruppen von der alten Beschäftigtenzahl ab, bleiben immer noch knapp vier Millionen Menschen übrig, die ihre einstigen regulären Arbeitsplätze verloren haben. Von ihnen sind 455 000 mehr oder weniger freiwillig in den Vorruhestand gegangen oder erhalten Altersübergangsgeld. 1,4 Millionen tauchen als Arbeitslose und 750 000 als Kurzarbeiter (meist mit »Kurzarbeit Null«) in der Statistik der Nürnberger Bundesanstalt für Arbeit auf. 450 000 haben ABM-Zeitarbeitsplätze bei Kommunen, Trägern der freien Wohlfahrtspflege, Kirchengemeinden und in den Beschäftigungsgesellschaften erhalten, 500 000 bilden sich, zum Teil ebenfalls in solchen Gesellschaften, beruflich weiter oder werden umgeschult. Die verbleibenden 380 000 bilden die »stille Reserve« des Arbeitsmarktes. Meist sind es Frauen, die resigniert haben und zur Zeit keine Erwerbstätigkeit mehr ansteuern.

Wer keinen Arbeitsplatz mehr hat, stürzt deshalb nicht ins materielle Elend. Doch eine allein finanzielle Absicherung hilft, fürchte ich, dem Arbeitslosen in Ostdeutschland weniger gut über die Durststrecke als dem in der Altbundesrepublik. Das liegt an der Rolle, die die Arbeit und speziell die Einbindung in das soziale Gefüge eines Betriebes hier vierzig Jahre lang gehabt hat. Im Westen liegt der Akzent stärker auf der persönlichen Leistung, dem eigenen Erfolg durch Arbeit. Neben das Ziel des Geldverdienens tritt das Ziel, durch Steigerung von Effektivität und Produktivität zu einer weiteren Verkürzung der Arbeitszeit zu kommen, um mehr Freizeit zu gewinnen. Arbeit ist dort stärker »Maloche« als bisher im Osten. Hier traten die Kommunikation, die Gemeinschaft, der soziale Austausch in den Vordergrund, befördert durch die geringere Produktivität, die längere Arbeitszeit, die hohe Beschäftigtenzahl auch unter den Frauen und die Tatsache, daß es berufliche Konkurrenz, soziale Differenzierung durch individuelle Leistung in viel geringerem Maße gab. Wer also im Osten seinen Arbeitsplatz verliert, gerät damit noch stärker als sein Leidensgenosse im Westen in die soziale Isolierung, objektiv wie subjektiv. Er verliert seine bisherige soziale und oft auch kulturelle Orientierung.

Das ist übrigens ein Grund dafür, daß in sehr großem Umfang die sogenannte Kurzarbeit Null auch dort eingeführt worden ist, wo faktisch keine Aussicht auf Wiederaufnahme der Produktion bestand. Kurzarbeit Null bedeutet Arbeitslosigkeit bei Fortdauer der Betriebszugehörigkeit. Das Arbeitslosengeld wird als Kurzarbeitergeld durch den Betrieb statt vom Arbeitsamt ausgezahlt. Der Betrieb bleibt als Sozialgefüge, als Kommunikations- und Orientierungsgröße für die faktisch nicht mehr Beschäftigten erhalten, und den Arbeitsämtern wird die Verwaltungstätigkeit für sie erspart.

Die Arbeitsbeschaffungsmaßnahmen (ABM) hingegen bieten den Betroffenen echte Erwerbstätigkeit, in aller Regel für gemeinnützige Aufgaben, die die private Wirtschaft nicht erfüllt, weil es keinen zahlungsfähigen Auftraggeber dafür gibt. Es handelt sich bei den ABM-Stellen um befristet angebotene Arbeit, die öffentlichen Nutzen stiftet, die zudem über den Schock verlorener Arbeitsplatzsicherheit hinweghilft, die trainiert, konditioniert und hilft, die berufliche Qualifikation zu erhalten oder auszubauen.

Auch diejenigen Frauen und Männer, die wegen fehlender Arbeitsmöglichkeiten ihre Qualifizierung verbessern oder neue Qualifizierung erwerben, zählen nicht als Arbeitslose. Die Arbeitsämter finanzieren Programme beruflicher Bildung, Weiterbildung und Umschulung, bieten sie aber nicht selber an, sondern kaufen die Leistungen bei Bildungsträgern. Das Problem dabei ist, daß in der Situation der östlichen Bundesländer »auf Vorrat« qualifiziert werden muß: Es ist kein mit einiger Sicherheit erreichbares Beschäftigungsziel, kein eindeutig zu gewinnender Arbeitsplatz damit verbunden. Das mindert die Motivation der Beteiligten, wirkt sich aber auch nicht immer günstig auf die Qualität des Bildungsangebotes aus.

Eine besondere Problemgruppe sind auch die vorzeitig aus dem Arbeitsprozeß ausgeschiedenen Vorruheständler und die Empfänger von Altersübergangsgeld. Es sind hier ganze Jahrgänge aus dem Arbeitsmarkt ausgemustert worden, die eigentlich noch weiter hätten aktiv tätig sein wollen oder können, deren Kenntnisse und Erfahrungen auch erhebliche Bedeutung für die Produktion oder Organisation haben. Sie in das Rentnerleben zu entlassen, läuft eigentlich der Absicht zuwider, im Interesse eines vernünftigen Verhältnisses von Beitragszahlern und Rentenempfängern das Erwerbsleben insgesamt zu verlängern, das Ruhestandsalter heraufzusetzen. Im Augenblick ist durch die Regelungen zum vorzeitigen Ruhestand der Arbeitsmarkt etwas entlastet worden. Doch es wird wichtig werden, zumindest einem Teil der Betroffenen durch Zuverdienst- und auch Qualifizierungsmöglichkeiten die Chance zu einer Rückkehr zu geben.

In der Übergangsphase von der Zentralverwaltungswirtschaft zur Marktwirtschaft ist also schon aus Gründen der sozialen Stabilität die begleitende Hand des Staates gefragt. Ein wirtschaftlicher Strukturumbruch des Ausmaßes, wie wir ihn in Ostdeutschland erleben, bedarf in Verbindung mit der Arbeitsmarktpolitik einer aktiven Strukturpolitik. Wir haben uns in Brandenburg für diesen Teil unserer Arbeit sechs Schwerpunkte gesetzt.

Zunächst haben wir uns – und tun es noch – auf den Erhalt der Industriestandorte konzentriert und ringen gegen eine drohende Industriebrache, die ganze Regionen veröden ließe. Gegenwärtig prägen fünf Branchen die Industriestruktur Brandenburgs: die Metallurgie (etwa in Eisenhüttenstadt), die Energiewirtschaft (in der Cottbusser Region), die Chemie (zum Beispiel in Schwedt an der Oder), die Textilindustrie (vor allem in der Niederlausitz) sowie der Maschinen- und Fahrzeugbau (zum Beispiel in der Stadt Brandenburg).

Die Industriestandorte konzentrieren sich auf wenige Zentren. Viele Gebiete leiden noch an einseitigen Monostrukturen. Gerade in solchen Gebieten ist staatliche Mitwirkung unerläßlich. Neben Niederlagen haben wir hier inzwischen auch schon Erfolge aufzuweisen. Bei der Auseinandersetzung um den Brandenburger Stahl etwa haben wir es geschafft, ein Modell zu entwickeln und in die Tat umzusetzen, mit dessen Hilfe in gefährdeten Bereichen Standorte gesichert werden können und zumindest ein Kern der bisherigen Produktion erhalten bleibt.

Der zweite Schwerpunkt unserer Arbeit besteht darin, dafür zu sorgen, daß all die Flächen, die nicht betriebsnotwendig sind, für eine breite und von vornherein diversifizierte Ansiedlungspolitik bereitgehalten werden. Im Brandenburgischen kommt uns dabei zugute, daß bei der Neuansiedlung von Industrie nach 1961 verschwenderisch mit Fläche umgegangen worden ist. Es gibt Betriebe, die das Fünf- bis Achtfache von dem zur Verfügung haben, was sie tatsächlich an Fläche benötigen. Darin liegt eine Chance für uns, um parallel zum Erhalt des Kerns alter Produktionsanlagen auch neue Industriezweige anzusiedeln und neue Möglichkeiten für das Gewerbe zu erschließen.

Zum dritten müssen wir sehr zielstrebig und noch in der Überleitungsphase der Betriebe umfassend auf Arbeitsförderungsmaßnahmen hinwirken. Das ist nicht nur sozialpolitisch wichtig, sondern hat auch einen wirtschaftspolitischen Aspekt: nur so lassen sich Facharbeiter an den Ort binden und damit die langfristige Zukunft eines Industriestandortes sichern. Deshalb waren bei den nächtlichen Verhandlungen um den Stahlstandort Hennigsdorf immer auch das Wirtschaftsministerium, das Arbeits- und Sozialministerium, die Staatskanzlei, die Gewerkschaften sowie die Treuhandanstalt beteiligt.

Der vierte Schwerpunkt unserer Arbeit – und das wird für die nähere Zukunft die gewaltigste Aufgabe sein – betrifft die Zukunft der Betriebe, die in der Verantwortung der Treuhandanstalt stehen und nach dem Urteil von Fachleuten langfristig wettbewerbsfähig sind, für die sich aber auf absehbare Zeit kein Investor findet.

Schließlich haben wir unser Augenmerk fünftens auf die Stabilisierung des Osthandels und sechstens auf die Förderung des Mittelstandes zu richten, was wiederum eng mit der Unterstützung neu gegründeter Betriebe verzahnt ist.

Die Treuhandanstalt ist das Adaptionsinstrument zur Überführung der ehemals volkseigenen Betriebe in die Marktwirtschaft. Sie sitzt im größten Bürogebäude Berlins, das unter Hitler als Reichsluftfahrtministerium erbaut worden ist. Die Treuhandanstalt ist an die Stelle der früher dort ansässigen DDR-Ministerien getreten, die die staatliche, als volkseigen deklarierte Wirtschaft befehligten und verwalteten. Die bundeseigene Treuhand ist jedoch nicht dem Bundeswirtschaftsminister unterstellt, sondern dem Bundesfinanzminister. Sie dient also der Vermögensverwaltung und verfolgt das Ziel, die Staatsbetriebe an private Interessenten zu veräußern, von denen man Investitionen erhofft, um sie zu sanieren. Die Treuhand will und soll selber nicht langfristig unternehmerisch tätig werden. Zu ihren Aufgaben zählt es weder, in eigener Verantwortung die Betriebe umzustrukturieren noch Zukunftsinvestitionen vorzunehmen.

Die Politik der Treuhand lautet: Innovation, Modernisierung, Investition mit dem Ziel der Privatisierung. Wenn also keine Privatisierung erfolgt, wird im Regelfall auch nicht investiert. Doch der Mangel an Investitionen führt, verbunden mit einer nicht vorhandenen unternehmerischen Geschäftsleitung, nicht nur zum Stillstand, sondern bedeutet Rückschritt.

Produktionsstätten, für die keinerlei Hoffnung auf wirtschaftliches Überleben bestand, hat die Treuhand inzwischen geschlossen, die Firmen liquidiert. Wirtschaftlich interessante Objekte hat sie verkauft oder bereitet den Verkauf vor. Und im breiten Feld dazwischen zahlt sie Betrieben, die nicht kostendeckend arbeiten, Monat für Monat Liquiditätszuschüsse. Sie sollen am Leben gehalten werden, bis Käufer gefunden sind oder bis klar ist, daß sie keine Chancen haben. Im Sommer 1991 waren noch siebzig Prozent der damals vorhandenen nicht privatisierten Treuhandbetriebe wettbewerbsfähig. Anfang des Jahres 1992 waren es noch knapp fünfzig Prozent. Man kann sich ausrechnen, wie es in einem Jahr aussehen wird, wenn wir dem Spiel der Marktkräfte freien Lauf lassen und nicht politisch massiv gegensteuern. Wir würden in eine Lage hineinschlittern, die wir alle miteinander nicht verantworten könnten.

Enttäuschung, Frustration und Zukunftsangst der durch den wirtschaftlichen Umbruch verunsicherten Ostdeutschen richten sich in erster Linie gegen die Treuhandanstalt. Das ist verständlich, denn wenn sie Betriebe schließt oder Firmen verkauft, gehen jedesmal Arbeitsplätze verloren. Die neuen Eigentümer werden verpflichtet, zu investieren. Das rentiert sich nur, wenn sie weitgehend rationalisieren. In den günstigsten Fällen kann die Hälfte der ursprünglichen Belegschaft weiter arbeiten, in den schlimmen bleibt nur noch jeder zehnte Arbeitsplatz übrig.

Doch ich werde nicht in den Chor derjenigen einstimmen, die die Treuhand pauschal kritisieren. Trotz mancher Fehler im einzelnen hat sie doch insgesamt erfolgreich gearbeitet. In einer Vielzahl von Betrieben, für die sie die richtigen Käufer gefunden hat, rauchen jetzt die Schornsteine wieder kräftig, oder es ist abzusehen, wann es soweit sein wird. Die Treuhandanstalt wäre als staatliche Vermögensverwalterin überfordert, wenn man von ihr verlangte, selbst Wirtschafts-, Struktur- und Sozialpolitik zu machen. Was sie kann, soll und tut, ist die von ihr verwalteten Betriebe zu entflechten, sie auf den Wettbewerb vorzubereiten, sie verkäuflich zu machen.

Dabei trägt sie natürlich auch soziale Verantwortung. An ihren Entscheidungen messen die Ostdeutschen, was soziale Marktwirtschaft für sie konkret bedeutet. Die Treuhand versucht, sozial auszubalancieren. Gewinne und Verkaufserlöse werden dazu verwendet, anderen Treuhandbetrieben den Systemwechsel zu erleichtern. Doch dieser Ausgleich reicht nicht aus. Zum Abfedern der Übergangskrise muß der Bund erheblich zuschießen. Dreißig Milliarden waren es allein 1991.

Darin liegt das größte Problem der Treuhandanstalt. Sie soll die ehemals volkseigenen Betriebe privatisieren und sie soll auch sanieren. Gemäß ihren Vorgaben von ihrem Auftraggeber, dem Bundesfinanzminister, und nach dem eigenen Verständnis ist es für die Treuhandanstalt nur dann sinnvoll, einen Betrieb zu sanieren, wenn damit die Privatisierung gefördert werden kann. Das eigentliche Ziel der Treuhand ist nun einmal die Privatisierung, der Verkauf aller Betriebe an neue Eigentümer. Zur Erleichterung des Verkaufs machen dann Sanierungszuschüsse Sinn. Auch in noch nicht verkaufte Unternehmen wird investiert, um wirtschaftlich relativ gesunde Bereiche zu stabilisieren. Liquiditätszuschüsse und Überbrükkungsinvestitionen der Treuhandanstalt sind als Verkaufsförderung gedacht. Unruhig wird man in der Chefetage in der Leipziger Straße in Berlin allerdings, wenn auf absehbare Zeit keine Erwerber am Horizont sind. Sogenannte Cashfresser unter den Betrieben werden zum Alptraum. In etwa einem Dutzend Betrieben liegt der Verlust über hundert Millionen, bei der Hälfte von ihnen sogar über dreihundert Millionen Mark im Jahr. Rein marktwirtschaftlich gesehen ist es unverantwortlich, solche Betriebe weiterhin zu subventionieren.

Doch es geht um mehr. Es geht um Industriestandorte und Arbeitsplätze. Hier stellt sich heute die Gretchenfrage sozialer Marktwirtschaft in Deutschland. Der Selbstlauf rein wirtschaftlicher Entwicklung würde weite Teile des deutschen

Ostens auf lange Zeit zum Armenhaus, zum vielgefürchteten Mezzogiorno machen. Denn die Privatisierung stößt an Grenzen. Es war eine beachtliche Leistung der Treuhandanstalt, von zehntausend Unternehmen in relativ kurzer Zeit viertausend zu privatisieren. Bei den verbliebenen wird es eindeutig schwerer, für vielleicht fünftausend Unternehmen auf absehbare Zeit undurchführbar.

Was wird aus diesem Rest? Was wird aus den Werften an der Küste, den Chemiegiganten von Buna und Leuna, den Halbleiterwerken in Erfurt, Dresden und Frankfurt an der Oder, wenn kein Erwerber zu gewinnen ist? Läßt man den Dingen ihren Lauf, werden zwangsläufig Branche für Branche die Zahlungen der Treuhandanstalt drastisch zurückgehen. Liquiditätszuschüsse werden knapper und Investitionen die große Ausnahme sein. Ein Unternehmen nach dem anderen wird in die stille Liquidation oder sogar Gesamtvollstreckung geraten. Das Szenario ist bekannt. Bei der derzeitigen Sanierungs- beziehungsweise Privatisierungspolitik der Treuhand haben die allermeisten der heute noch als sanierungsfähig eingestuften Unternehmen keinerlei Überlebenschance.

Ein Verlust dieser Betriebe – in Brandenburg handelt es sich vor allem um Unternehmen aus dem Stahlbereich, dem Maschinenbau, der Mikroelektronik und der Textilindustrie – würde zu einer regionalen Deindustrialisierung führen und hätte eine neue Welle der Arbeitslosigkeit zur Folge. Es gilt deswegen, die Betriebe heute so zu sanieren, daß zu einem späteren Zeitpunkt eine Privatisierung möglich wird. Statt dessen werden diese Unternehmen heute so gerade über Wasser gehalten. Modernisierung und Anpassung an technologische Standards sind häufig nicht möglich, der Nachholbedarf ist so groß, daß getätigte Investitionen nicht ausreichen.

Deswegen ist eine neue Methode zur Förderung dieser Betriebe notwendig. Die Diskussion darüber, wie man in Zukunft diese Unternehmen finanziert, ist noch nicht abgeschlossen. Dennoch zeichnen sich Modelle ab, bei denen die Hauptverantwortung der Bund als Eigentümer der Betriebe und die Treuhand als Verwalter des Eigentümers zu tragen haben. Die Verantwortlichen in allen neuen Bundesländern stimmen darin überein, daß eine direkte oder indirekte Beteiligung der Länder an den Treuhandunternehmen und damit die Übernahme unternehmerischer Mitverantwortung – solche Modelle wurden diskutiert – ausscheiden. Eine solche Konstruktion würde die Länder sowohl administrativ als auch finanziell überfordern. Die neuen Länder könnten vermutlich heute bereits die gesamte Wirtschaft, insbesondere die marode, umsonst bekommen. Damit wären Bund und Treuhandanstalt aus der Sache heraus; wir dürfen sie jedoch auf keinen Fall aus ihrer Verantwortung – gerade für die großen Betriebe mit mehr als fünfhundert Mitarbeitern – entlassen. Trotzdem sind wir bereit mitzudenken und auch mitzuhandeln, um diese Industriestandorte zu erhalten.

Es wird nötig sein, unkonventionelle Wege einzuschlagen. Ein sehr interessantes Modell ist in diesem Zusammenhang die Beteiligung von Arbeitnehmern bei der Privatisierung. Arbeitnehmer kaufen dabei in Form einer Mitarbeiterbeteiligungsgesellschaft zu einem bestimmten Prozentsatz »ihren« Betrieb. Mit dem »Management buy-out« werden Betriebsangehörige ermuntert, ihre Betriebe zu relativ günstigen Konditionen zu erwerben. Neben dem Effekt, die Lasten auf mehr Schultern zu verteilen, hätte diese Art der Mitarbeiterbeteiligung, was hier nur am Rande erwähnt werden kann, den Vorteil, daß sie zur Vermögensbildung im Osten Deutschlands beitragen könnte.

Die Variante des »Management buy-in« schafft Unternehmern einen wichtigen Anreiz, von außen in einen Betrieb einzusteigen, um ihn zu übernehmen. Alle diese Vorschläge zielen auf beschleunigte Privatisierung und Entlassung dieser Unternehmen aus der Treuhandverwaltung und damit aus der Bundesverantwortung. Das kann in Einzelfällen helfen, wird aber das Gesamtproblem nicht lösen. Dem ist mit dem jetzigen System der Treuhand, die eben eine riesige Staatsverwaltung ist, nicht beizukommen. Dort hat man nicht die operative Kraft, sich im einzelnen um die Betriebe zu kümmern, zumal deren Geschäftsführungen meist in Passivität verharren.

Ich kenne Fabriken, zu denen sich schon wegen ihrer geographischen Lage so leicht kein Kaufinteressent verirrt. Ungünstige Verkehrsverbindungen, unbekannte Ortsnamen, der Ruf entlegener Gegenden schrecken ab. Niemand kommt von alleine dorthin. Aber die Arbeitsplätze sind für die Lebensfähigkeit der Region dringend nötig. Und die Werke stellen Produkte in guter Qualität her, für die es auch Abnehmer gibt. Nur, andere produzieren ähnliches. So ein Betrieb müßte sich also auf dem Markt umtun, besser als die Konkurrenz sein. Doch die Unternehmensleitung bekommt das Geld, das ihr fehlt, Monat für Monat von der Treuhand zugewiesen. So war es zu DDR-Zeiten auch. Damit ist aktive Zukunftsplanung unmöglich. Es bleibt bei der alten Mentalität: diese begünstigt einen Prozeß, der – wenn wir nicht gegensteuern – zur Vernichtung von Bundesvermögen führt.

Da die Treuhand allein die ihr gestellte Aufgabe nicht lösen kann, wäre ein weiterer Weg die »Privatisierung der Privatisierung«. Durch die Mobilisierung privaten Kapitals würde die Sanierung von Unternehmen möglich, die sonst der Liquidation anheimfallen würden. Das bedeutet konkret: Das für Investitionen dringend benötigte Eigenkapital wird über die Kredit- und Versicherungswirtschaft und die von ihr getragenen Kapitalgesellschaften beschafft. In Brandenburg sind Gespräche über die Gründung einer mittelständischen Kapitalbeteiligungsgesellschaft weit fortgeschritten. Dieses Instrument soll neben neugegründeten und bestehenden Unternehmen aus dem mittelständischen Bereich auch Treuhand-Unternehmen bei der Privatisierung mit Kapital und Managementwissen helfen. Während die Treuhand diesen Prozeß unterstützt, indem sie Kredite verbürgt und Zinsszuschüsse gewährt, ist das Land bereit, im Rahmen der geltenden Förderprogramme Investitionszuschüsse zu zahlen und in begrenztem Maße Beteiligungen zu verbürgen.

Wir sehen dieses Engagement im mittelständischen Bereich als eine Investition in neue, wirtschaftlich gesunde Strukturen. Mutige und risikobereite Unternehmer oder Unternehmensgründer, die sich zum Kauf eines Treuhandbetriebes entscheiden, aber nicht ausreichend Eigenkapital zur Verfügung haben, können über die Kapitalbeteiligungsgesellschaft unterstützt werden.

Es geht also nicht nur um Geld für Investitionen. Es geht um neue Initiativen. In die Leitung der alten Betriebe müssen neue Leute eintreten. Im Regelfall bedarf es je eines gewieften

Controllers sowie eines Marketing-Experten, vielleicht noch eines Arbeitsdirektors. Die können dann mit dem Eigentümer, also dem Staat in Gestalt von Bund, Land oder Treuhand-Holding, über Investitionen reden. Angesichts der Größenordnung des Problems stellt sich die Frage, ob hier nicht auch eine Art Gemeinschaftsaufgabe von Staat und privater Wirtschaft im Westen der Bundesrepublik liegt. Es gilt, die Wirtschaft moralisch in die Pflicht zu nehmen – durchaus in deren eigenem Interesse: Wenn ihr wollt, daß dies Problem mit der Wirtschaft im Osten in einem überschaubaren Zeitraum gelöst wird, wenn ihr vermeiden wollt, daß ihr lange Jahre durch zu hohe Steuern geschröpft werdet und die Stabilität der Mark gefährdet wird, dann müßt ihr bereit sein zu helfen. Wir brauchen noch einen personellen Schub in Ostdeutschland, gerade auch für diese Bundesbetriebe, die weitergeführt werden sollten.

Hinsichtlich der wettbewerbsfähigen, aber noch nicht privatisierbaren Treuhandbetriebe muß der erste Schritt die Stabilisierung sein. Das kann sinnvoll nur mit wirklich unternehmerischer Betriebsführung geschehen. Die rechtlichen Voraussetzungen dafür sind im Ansatz bereits vorhanden. Das erforderliche Management muß auf dem Arbeitsmarkt gewonnen werden. Bei der Personaleinwerbung können Länder und Kommunen stärker als bisher mitwirken, und sie werden es tun, wenn die Treuhandanstalt diese Aufgabe wirklich angeht. Dabei muß deutlich sein, daß es sich nicht um eine Warteschleife, sondern um offensive, dauerhafte Unternehmenspolitik handelt, selbstverständlich mit der durchaus weiter angestrebten Möglichkeit eines Eigentümerwechsels. Doch das Warten auf neue Eigentümer darf nicht mehr das bestimmende Handlungskonzept dieser Unternehmen sein.

Zweitens müssen diesen Unternehmen Mittel für Investitionen zur Verfügung gestellt werden. Der Zugang zu Fördermitteln der Länder muß erleichtert werden. Bundes- und Europaprogramme sind zu erschließen. Kredite und Bürgschaften sollten möglichst unkompliziert zu bekommen sein.

Drittens müssen die Verkaufschancen für die Produkte der ostdeutschen Betriebe gesichert werden. Neben der Stützung des Osthandels ist es dazu auch nötig, ostdeutsche Betriebe in einem weit größeren Maße als bisher als Zulieferer in Anspruch zu nehmen. Aufsichtsräte und Vorstände westdeutscher Unternehmen sollten in ihrem jeweiligen Verantwortungsbereich weitaus stärker als bisher Aufträge an ostdeutsche Firmen vergeben. Das ist in aller Regel weder ein Finanz- noch ein Qualitätsproblem, sondern eigentlich nur das Minimum nationaler Verantwortung.

Viertens muß für die Treuhandbetriebe, deren Chancen im Wettbewerb gering sind, nach Ersatzlösungen Ausschau gehalten werden. Häufig sind schnelle Stillegungen sozial und strukturpolitisch nicht zu verantworten. Hier muß eine Doppelstrategie gefahren werden. Die entsprechenden Betriebe sind über einen begrenzten Zeitraum zu sichern. Parallel dazu müssen regionale Schwerpunktförderungen Gewerbeplätze erschließen und Neuansiedlungen vornehmen. Bereits angelaufene Modelle enger Zusammenarbeit der Treuhandanstalt mit den Ländern und ihren Entwicklungsfördergesellschaften sowie den Kommunen zeigen, daß hier wirtschaftlich vertretbare und sozial verantwortbare Wege gefunden werden können.

Fünftens muß ein Instrument zur Finanzierung mittelständischer Betriebsneugründungen geschaffen werden. Dabei kann man etwa an eine mittelständische Beteiligungsgesellschaft denken, die alle vorhandenen Finanzierungs- und Förderprogramme bündelt und mit Unterstützung der Länder gefährdeten Unternehmen neue unternehmerische Aktivitäten ermöglicht.

Ein entscheidender Grund für die dramatische Situation der Wirtschaft Ostdeutschlands ist das Zusammenbrechen des Osthandels, den es im beiderseitigen Interesse aufrechtzuerhalten und wiederzubeleben gilt, was ein weiterer Schwerpunkt unserer Arbeit ist. Die Zukunft vor allem auch vieler noch nicht privatisierter Treuhandbetriebe wird wesentlich auch davon abhängen, ob uns dies gelingt. Die Wirtschaft der früheren DDR war Teil des COMECON-Systems. Der Anteil der RGW-Staaten am Außenhandel der DDR lag 1988 bei 66,4 Prozent. Insbesondere war die DDR auf die Belieferung der Sowjetunion eingestellt, deren Außenhandelsanteil allein 37,5

Prozent erreichte. Und in Rußland, Kasachstan, der Ukraine und den anderen Republiken der einstigen UdSSR ist man weiterhin auf Nähmaschinen aus Wittenberge angewiesen, man wartet auf Damenoberbekleidung aus Cottbus, Halbleiter aus Frankfurt an der Oder, Melkmaschinen aus Elsterwerda.

Die Umstellung vom Verrechnungsrubel zum Handel auf Devisenbasis und der Auflösungsprozeß der Sowjetunion mit all den unsicheren Verantwortlichkeiten hat 1991 den Osthandel von Brandenburger Firmen auf etwa ein Drittel der Durchschnittswerte der Jahre 1985 bis 1988 reduziert. Die Einfuhr ging um rund 74, die Ausfuhr aus den ostdeutschen Ländern um 62 Prozent zurück. Immerhin macht der verbliebene Teil des alten Ausfuhrvolumens in die ehemaligen RGW-Staaten in Brandenburg mit 55,6 Prozent immer noch weit mehr als die Hälfte der gesamten Ausfuhr aus.

Diese Entwicklung wäre ohne die Hermesbürgschaften des Bundes noch katastrophaler. Doch das Volumen des Osthandels ist nach wie vor rückläufig. Der Ostmarkt geht verloren, wenn nicht in größerem Umfange neue Wege für den Handel mit den ehemaligen RGW-Staaten erschlossen werden. Denn dreierlei ist sicher: Auf Devisenbasis wird der Osthandel mittelfristig nur einen geringen Umfang haben; der Bedarf an Waren aus den ostdeutschen Ländern ist in der gesamten GUS riesengroß und eine Mindestbelieferung mit Ersatzteilen und Konsumgütern ist eine wichtige Aufgabe zur Erhaltung des sozialen Friedens in diesen Ländern; für die ostdeutschen Bundesländer können Warenlieferungen nach Osteuropa eine deutliche Entspannung auf dem Arbeitsmarkt bedeuten. Zukunftsorientierte Osteuropapolitik muß diese Zusammenhänge beachten und nach neuen Handelswegen suchen.

Der Osten ist unser natürlicher Markt. Es geht nicht, daß wir uns von einer Woche zur andern vertrösten und sagen: es ist alles so unübersichtlich, heute hat Jelzin etwas zu sagen und vielleicht schon morgen jemand anderer – also machen wir ersteinmal gar nichts und warten ab. Statt dessen müssen wir Ersatzmodelle entwickeln, solange die Hermeskredite noch laufen. Dies setzt zum einen voraus, daß alle Möglichkeiten des Warenverrechnungsverkehrs genutzt werden. Die Dezentralisierung im GUS-Bereich könnte bald die Flexibilität für diese Geschäfte erhöhen. Wir können in diesem Bereich auf einer Reihe bestehender Kontakte aufbauen und auf die Erfahrungen einiger deutscher Banken und Handelsgesellschaften im Barter-Geschäft zurückgreifen. Die Brandenburger Außenhandelsagentur (BRAHA) soll helfen, neue Verbindungen zu knüpfen. Dabei wird es immer dringender, mit den GUS-Republiken bei Erschließung, Förderung und Transport ihrer Tauschwaren, insbesondere der Rohstoffe, zusammenzuarbeiten.

Zum anderen muß sich die deutsche und europäische Entwicklungspolitik darauf einstellen, daß zumindest die asiatischen Republiken der GUS Entwicklungsländer sind, die Unterstützung bei der Modernisierung ihrer Wirtschaft, aber auch durch die Lieferung dringend benötigter Waren brauchen. Die Entwicklungspolitik darf bei solchen Überlegungen nicht außer acht lassen, daß jahrzehntelange Lieferbeziehungen zwischen ostdeutschen Ländern und den Republiken der früheren UdSSR bestanden, die in beiderseitigem Interesse fortgeführt werden sollten.

Der Treuhand fällt es sehr schwer, dieser Situation angemessen zu begegnen, zumal sie ohnehin eher mit dem Rücken nach Osteuropa agiert, weil die Investoren und Käufer, die sie sucht, naturgemäß aus dem Westen kommen. So ist die Existenz der meisten bisher auf osteuropäische Abnehmer spezialisierten Treuhandbetriebe außerordentlich gefährdet, wenn die Politik keine Wege findet, dem Wegbrechen dieses Marktes zu begegnen, Handel und Warenaustausch mit den früher sowjetischen Staaten fortzuführen und zu finanzieren, bis man dort wieder auf die Beine kommt. Es wäre denkbar, Osthandelsaktivitäten der Länder mit Treuhandinitiativen zu koppeln, um so zu branchenbezogenen Gemeinschaftsstrategien zu kommen.

Die meisten deutschen Wirtschaftspolitiker sind gegenüber dem Osthandel sehr skeptisch. Ihnen gilt der Ausweg Warenverrechnung als suspekt; und es ist in der Tat nicht von der Hand zu weisen, daß diese Form des Tauschhandels zahlreiche Probleme birgt – meist hat das in den Osten liefernde Unternehmen keine Absatzwege für die Waren oder Rohstoffe, die ihm im Gegenzug angeboten werden. Außerdem fürchtet man, mit einer Wiederbelebung des Osthandels könnten in der ostdeutschen Wirtschaft nicht weltmarktgerechte Warenproduktionen stabilisiert werden. Beide Argumente müssen berücksichtigt werden, dürfen aber nicht zu einem Alibi für allgemeines Abwarten werden.

Mit den großen Treuhandbetrieben allein ist der wirtschaftliche Aufschwung nicht zu schaffen, selbst wenn bei Privatisierung und Sanierung alles optimal verlaufen sollte und wir den Osthandel wiederbeleben. Eine weiteres Schlüsselelement – und damit ein weiterer Schwerpunkt unserer Arbeit – der strukturellen wirtschaftlichen Umgestaltung ist die Frage nach der Zukunft des Mittelstandes.

Einer der wichtigsten Gründe für den weitgehenden wirtschaftlichen Zusammenbruch der DDR war das Fehlen eines selbständigen Mittelstandes. Wenn es uns nicht gelingt, ihn zu entwickeln, zu fördern und zu stärken, haben wir eine der entscheidenden Aufgaben im Strukturumbruch der Wirtschaft verfehlt. Mittelstandspolitik muß eng verknüpft sein mit dem Bestreben nach der Neuansiedlung von Betrieben sowie einen zentralen Platz einnehmen bei allen Überlegungen zu Strukturförderprogrammen.

Zum selbständigen Mittelstand gehören das Handwerk, Teile des Einzelhandels, des Großhandels, des Dienstleistungsgewerbes und der Industrie sowie freie Berufe und die Landwirtschaft. Üblicherweise rechnet man alle Klein- und Mittelbetriebe der Wirtschaft bis zu einer Betriebsgröße von fünfhundert Mitarbeitern zum Mittelstand. Gemäß dieser Definition sind mehr als fünfundneunzig Prozent aller Unternehmen in der alten Bundesrepublik Teil des wirtschaftlichen Mittelstandes. Diese mittelständischen Unternehmen beschäftigen rund zwei Drittel aller Arbeitnehmer. Sie erzielen mehr als die Hälfte aller steuerpflichtigen Umsätze. Diese Unternehmen tätigen fast die Hälfte aller in Deutschland vorgenommenen Investitionen – und: sie erbringen die größte Ausbildungsleistung in unserem Land. Ohne den selbständigen Mittelstand muß eine Wirtschaft, die den Ansprüchen der Bürger gerecht werden soll, erfolglos bleiben. Der Mittelstand ist nicht alles, aber ohne den Mittelstand ist alles nichts. Gerade die Wirtschaftsgeschichte der Bundesrepublik Deutschland lehrt, daß die Unternehmen der mittelständischen Wirtschaft Krisensituationen in aller Regel besser überstehen als große Unternehmen.

Einen Mittelstand in diesem Sinne hat es in der DDR vor der Wende nicht gegeben. Er kann sich nur entwickeln, indem die Ausgliederung kleinerer Einheiten aus Großkombinaten gefördert wird, die rudimentären Reste – vor allem im Handwerksbereich –, die es an Mittelstand auch in der DDR gab, wiederbelebt und vor allem Neugründungen gefördert werden. Dazu sind Menschen nötig, die ein unternehmerisches Risiko eingehen wollen, Menschen, die sich in das unbekannte Abenteuer der Selbständigkeit stürzen. Sie müssen Kredite aufnehmen, um etwas auf die Beine zu stellen. Hunderttausend Mark Schulden, obwohl zu günstigen Bedingungen – in manchen Fällen über Jahre zins- und tilgungsfrei –, machen vielen Angst. Sie müssen lernen, nüchtern zu prüfen und abzuschätzen, wann und wofür es sich rentiert, einen Kredit aufzunehmen, statt zu warten, bis man den benötigten Betrag ganz angespart hat.

Nach dem Oktober 1990 kam es im Land Brandenburg zu einem gewaltigen Gründungsboom. Mehr als 50 000 Gewerbeanmeldungen waren allein im Jahre 1991 zu verzeichnen. Das Verhältnis von Gewerbeanmeldungen zu -abmeldungen ist bisher günstiger als in den alten Bundesländern. Die erste Welle waren die Imbißstände, die Gebrauchtwagenhändler und die Videoshops. Sie gingen auf verständliche Bedürfnisse nach lebenslanger Entbehrung ein. Inzwischen nimmt der Anteil des produzierenden Gewerbes und des Fremdenverkehrs deutlich zu.

Einen großen Nachholbedarf gibt es zum Beispiel im handwerklichen Bereich, so daß hier die Startchancen eigentlich sehr gut sind. Ein Handicap liegt allerdings darin, daß die Fördermittel aus dem Gemeinschaftswerk Aufschwung-Ost für den Handwerksbereich nicht zur Verfügung stehen, so daß diejenigen, die in diesem Bereich aktiv werden wollen, es aus eigener Kraft schaffen oder aus anderen Töpfen Geld besorgen müssen.

Eine kleine Arabeske zum Thema Förderprogramme sei

hier erlaubt: Bonn hat uns mit seiner Beamtensprache eine sehr diffizile Beschreibung der Fördermöglichkeiten vermittelt. Bei uns im Lande sind ganze Übersetzerteams tätig, um diese Texte in eine einigermaßen verständliche und überschaubare Form zu bringen. Man muß den einzelnen helfen, sich aus den – wenn man die europäischen noch mitzählt – rund zweihundert Fördermöglichkeiten das jeweils passende herauszusuchen. Gerade die kleinen Unternehmer sind durch diesen Förderdschungel gehandicapt. Wann sollen die armen Kerle noch all diese Unterlagen lesen, um sich in dem System zurechtzufinden? In der Zusammenarbeit mit den Industrie- und Handels-, aber auch den Handwerkskammern muß hier noch einiges getan werden, um investitionswilligen Mittelständlern und Neugründern das Leben zu erleichtern.

Zurück zum Handwerk: Die Nachfrage nach handwerklichen Dienstleistungen und Produkten war schon in der DDR groß. Die Beschränkung der Mitarbeiterzahl auf zehn, eine fast konfiskatorische Steuerpolitik der DDR-Regierung und erhebliche Einschränkungen bei der Anwerbung von Lehrlingen machten dem Handwerk bis zur Wende das Leben schwer. Auf der anderen Seite war in diesen Betrieben ein großes Maß an Fachwissen und Können vorhanden, das auf den nun offenen Märkten mit Erfolg angewandt werden konnte.

Ein Blick in unsere Dörfer und Städte zeigt, wie groß gerade die Nachfrage nach Bau- und Ausbauhandwerkern ist. Schon macht sich in manchen Branchen und Regionen ein Mangel an Fachkräften bemerkbar. Viele gute Handwerker sind nach der Öffnung der Grenzen in die alte Bundesrepublik gegangen, wo sie von den dortigen Betrieben mit offenen Armen aufgenommen wurden.

Es ist eine Realität: Handwerk wird in Brandenburg wie in allen neuen Bundesländern wieder goldenen Boden haben. Dies ist nicht nur Wirtschafts-, sondern auch ein Stück Sozialpolitik. Wir haben ganz vorsichtig, fast pessimistisch gerechnet im Handwerk eine Reserve von 150 000 Arbeitsplätzen. Etwas optimistischere Prognostiker reden gar von einer Viertelmillion Arbeitsplätzen, die im Laufe der nächsten Jahre in diesem Bereich neu geschaffen werden können.

Bislang ist der entscheidende Durchbruch jedoch auch hier

noch nicht gelungen. Das Zögern ist deutlich erkennbar, auch formale Schwierigkeiten wie Zulassungsbedingungen sind noch immer als blockierende Hemmnisse spürbar. Und nicht zuletzt gibt es auch eine mentale Blockade bei allzu vielen Arbeitnehmerinnen und Arbeitnehmern. Es ist offenbar kompliziert, jemanden dafür zu gewinnen, von einem bisherigen Arbeitsplatz in der Industrie nun auf einen im Handwerk umzusteigen. Der in einigen Fällen tatsächlich, in vielen aber nur vermeintlich geringere Lohn sowie die Aussicht, auf Baustellen im Freien arbeiten zu müssen, sind wohl die wichtigsten Gründe dafür, daß die Zahl offener Stellen im Handwerk in Brandenburg trotz unserer hohen Arbeitslosenzahlen inzwischen fünfstellig ist.

Trotz dieser grundsätzlich hervorragenden Aussichten muß man sich davor hüten, die Zukunft aller Handwerker nur in rosigen Farben zu schildern. Auch die Handwerker bei uns werden lernen müssen, mehr als Handwerker zu sein. Mir ist die Klage eines Tischlermeisters aus dem östlichen Brandenburg im Gedächtnis, der sich bitter darüber beschwerte, daß er, der sich bislang auf die Einzelanfertigung von Kücheneinrichtungen spezialisiert hatte, mit der industriellen Konkurrenz nicht mehr Schritt halten könne. Den Rat, den Handel mit industriell gefertigten Kücheneinrichtungen in das Leistungsangebot seines Betriebes aufzunehmen und dem Kunden die Küche einzurichten und funktionsfertig zu machen, lehnte er mit der Begründung ab, er sei Handwerksmeister und kein Kaufmann.

Sicher werden viele Handwerker mit den kostengünstiger gefertigten Industrieprodukten nicht konkurrieren können. Ihre große Chance liegt jedoch in der individuellen Beratung der Kunden, in der Installation, in der Wartung und in der Reparatur der Industriewaren. Viele Handwerksunternehmer haben sich auf diesem Gebiet schnell ihren Markt geschaffen.

Es gibt, auch das darf nicht übersehen werden, dennoch eine Reihe von Handwerken, wie Schneider und Schuhmacher, die den schmerzhaften Umstrukturierungsprozeß, den das Handwerk in der alten Bundesrepublik in den fünfziger und sechziger Jahren durchmachte, nun ebenfalls erleben müssen. Dabei wird es zur Konzentration von Betrieben kommen, um wirtschaftliche Betriebsgrößen zu erreichen. Die rund 25 000 Handwerksbetriebe im Land Brandenburg beschäftigen gegenwärtig durchschnittlich drei bis vier Mitarbeiter, in der alten Bundesrepublik sind es etwa acht.

Die durchschnittliche Betriebsgröße ist jedoch nicht das einzige Problem, mit dem Handwerksbetriebe und andere mittelständische Unternehmen zu kämpfen haben. Eines der größten Hindernisse für die mittelständische Wirtschaft – und nicht nur für sie – sind die ungezählten offenen Vermögensfragen. Die vielerorts ungeklärten Eigentumsverhältnisse an Grund und Boden, insbesondere der im Einigungsvertrag festgeschriebene und prinzipiell immer wieder bekräftigte Grundsatz »Rückgabe vor Entschädigung«, wird von den Unternehmen als das mit Abstand gravierendste Investitionshindernis angesehen. Ungefähr 350 000 Rückgabeansprüche sind bisher in Brandenburg angemeldet worden, erst über einen Bruchteil davon ist bis jetzt entschieden.

Die Regelung der Rückgabe vor Entschädigung blockiert solange Investitionsentscheidungen, wie die Frage ungeklärt bleibt, ob für ein Grundstück oder ein Gebäude ein berechtigter Alteigentümer vorhanden ist. Denn in den meisten Fällen kann ja erst dann verkauft werden, wenn der Eigentümer zweifelsfrei feststeht. Fehlendes Eigentum an Grund und Boden führt häufig dazu, daß investitions- und expansionsbereite Unternehmer auf Grund fehlender Sicherheiten bei ihren Banken keine Kredite bekommen.

Die brandenburgische Landesregierung hat sich immer wieder dafür ausgesprochen, das Prinzip Rückgabe vor Entschädigung umzukehren. Das wäre der konsequenteste Schritt, für den sich allerdings bislang im Bundestag noch keine Mehrheit abzeichnet, weshalb ich ersatzweise für einen pragmatischen Lösungsweg plädiere, mit dem alle Betroffenen leben können sollten.

Um die negativen wirtschaftlichen Folgen der »Rückgabe vor Entschädigung« einzudämmen, hat der Bundestag die sogenannte Vorfahrtsregelung für Investoren geschaffen. Dieser Regelung zufolge hat ein Alteigentümer nur dann Vorrang vor einem Investor, wenn er mindestens genausoviel investiert und genausoviele Arbeitsplätze schafft wie der Investor.

So gut diese Regelung vom Ansatz her ist, so wenig ist durch sie allein der Erfolg schon garantiert: Zum einen gibt es keine Sicherheit, daß auf diesem Wege erzwungene Investitionsversprechen für ein Objekt auch seriös sind und nach der Entscheidung für den Alteigentümer dieser auch tatsächlich in der zugesagten Höhe investiert. Zum anderen kann der Alteigentümer immer noch Widerspruch gegen eine nach der Vorfahrtsregel gefällte Entscheidung einlegen oder sogar dagegen klagen, was zwangsläufig zu Verzögerungen führt. Die Kommunen können zwar den sofortigen Vollzug anordnen, aber sie zögern häufig, da sie fürchten, am Ende eines solchen Streites zwischen Alteigentümer und Investor für eventuelle Irrtümer haftbar gemacht zu werden. Aus diesem Grunde hat die Landesregierung von Brandenburg einen Gesetzentwurf im Landtag eingebracht, wonach das Land in solchen Fällen die Kommunen von der Haftung freistellt.

Auch eine Novellierung der Vorfahrtsregelung, die auf Druck der ostdeutschen Politiker und von Vertretern der Wirtschaft von Bundesjustizminister Kinkel eingeleitet worden ist, ändert nichts an der Tatsache, daß es sich um ein langwieriges und rechtlich kompliziertes bürokratisches Verfahren handelt. Die Entscheidungsfindung ist schwierig, und die Mitarbeiter der Ämter für offene Vermögensfragen und der Kommunen sind häufig damit überfordert. Das brandenburgische Freistellungsgesetz wird den Mitarbeitern in Zukunft die Entscheidung zwischen Alteigentümer und Investor erleichtern, aber dennoch ist auch damit noch keineswegs ein Durchbruch im Hinblick auf die offenen Vermögensfragen erreicht.

Ich halte es deshalb für ungeheuer wichtig, schon in einem frühen Stadium der Verhandlungen die Alteigentümer am Gespräch zu beteiligen. Wenn sie erst durch eine Ausschreibung der Treuhand erfahren, daß ihr ehemaliger Besitz veräußert werden soll, schwindet verständlicherweise die Bereitschaft zu einvernehmlichen Lösungen. Solange es allerdings noch kein Entschädigungsgesetz gibt, kann man es den Alteigentümern nicht verübeln, wenn sie in einer Abwartehaltung verharren. Ohne ein Entschädigungsgesetz, das für den Alteigentümer sowohl die Höhe der Entschädigung für den Fall, daß er sein ehemaliges Eigentum nicht zurückbekommt, als auch die

Summe festsetzt, die er in den Entschädigungsfonds zu zahlen hat, wenn er Grund und Boden zurückerhält, sind Kompromiß- und Vergleichslösungen fast unmöglich.

Für zahlreiche kleinere mittelständische Unternehmen erweist sich die Frage nach Grund und Boden oft selbst dann als unüberwindliches Hindernis, wenn es Grundstücke mit geklärten Eigentumsverhältnissen gibt, weil diese für sie unerschwingliche Preise haben. Nachdem die Beschränkung der Zahl der Mitarbeiter in den Betrieben weggefallen ist, reichen für viele Unternehmen die Raumkapazitäten nicht mehr aus, und eine Erweiterung ist lebensnotwendig, um eine gesunde Betriebsgröße zu erreichen.

All die genannten Maßnahmen zur Förderung der vorhandenen mittelständischen Unternehmen werden jedoch nicht ausreichen, um im Osten Deutschlands eine gesunde Wirtschaftsstruktur zu schaffen. Hinzutreten muß die gezielte Neuansiedlung von Betrieben. Vielen Kommunalpolitikern fehlt noch die Erfahrung, wie wichtig der Wettbewerb der Standorte untereinander um die Ansiedlung neuer Unternehmen ist. Das wohl berühmteste Beispiel für solche Anstrengungen ist die Ansiedlung des Automobilherstellers Ford, den der damalige Oberbürgermeister der Stadt Köln, Konrad Adenauer, mit der Zusage, fünfzig Jahre lang Gewerbesteuerfreiheit zu gewähren, an den Rhein lockte. Insofern ist die kommunale Wirtschaftsentwicklung ebenso wie die des Landes etwas, was man als unternehmerische Aufgabe ansehen muß.

Hier hat das Land Brandenburg einen natürlichen Vorteil, den wir entschlossen nutzen: Wir können Investoren Fläche anbieten, Grundstücke ohne Altlasten, verkehrsgünstig gelegen im Bereich von über das Land verteilten Industriestandorten, in denen es Facharbeiter gibt. Tatsächlich liegt für Brandenburg, vielleicht für die gesamte Region einschließlich Berlin, die sehr viel größere Zukunftschance in der Neuansiedlung als in der Privatisierung vorhandener Betriebe.

Die Treuhand wirbt weltweit für den Verkauf ihrer Betriebe. Sie muß Vorhandenes verkaufen, und das ist häufig nicht frei von Problemen. Da sind Gebäude verkommen, ist die Umwelt verdorben, gibt es mancherlei Auflagen – natürlich auch für die Erhaltung von Arbeitsplätzen. Investoren zögern. Im Ausland entsteht der Eindruck, daß es im Osten Deutschlands nur noch verkommene Betriebe gibt und alle Filetstücke schon von den Westdeutschen weggeschnappt wurden.

Wir versuchen, dieses Bild zu ergänzen und zu korrigieren, werben mit Anzeigen und Informationsveranstaltungen in Westeuropa, Nordamerika und Ostasien: Wir bieten Platz, Markt, Infrastruktur und hochqualifizierte Arbeitskräfte. Betriebsräte denken bei uns für den Betrieb mit. Unsere Facharbeiter sind diszipliniert, arbeitswillig, flexibel. All das können wir auf der grünen Wiese bieten, auf der Investoren ganz modern und rationell bauen können.

Tatsächlich gibt es in Brandenburg genügend geeignete Flächen. Wir brauchen keinen Wald abzuholzen, keinen See zuzuschütten, um Gewerbegebiete auszuweisen. Selbst im Umkreis von Berlin gibt es noch genügend Reserven. Doch wir wollen die Industrieansiedlung nicht dem Zufall überlassen. Deshalb haben wir die Brandenburger Landesentwicklungsgesellschaft auf die Beine gestellt. Ihre wichtigste Aufgabe ist es, an günstigen Standorten Flächen zu suchen, zu reservieren und verfügbar zu machen, die anschließend in einer Art Bank von Grundstücken bereitgehalten werden.

Das kommt natürlich nicht nur ausländischen Investoren zugute. Die ersten Interessenten für große Neuansiedlungen kamen aus Westdeutschland, so Daimler-Benz, Heidelberger Druckmaschinen, die Papierfabrik Heindl, die modernste Produktionstechnik nach Brandenburg bringen und inzwischen zusammen Investitionen von mehr als zwanzig Milliarden Mark zugesagt haben. Insgesamt betrug das uns bis Ende 1991 bekannte zugesagte Investitionsvolumen 23,6 Milliarden Mark, es ist damit pro Kopf doppelt so hoch wie in Sachsen. Dadurch können 80 000 Arbeitsplätze erhalten und 56 000 neue geschaffen werden. Darunter sind bisher zwei Dutzend für das Land Brandenburg festgeschriebene wirkliche Neuansiedlungen in der Größenordnung von mindestens hundert Millionen Mark Investitionskapital an aufwärts. Wir können und wollen fünf- bis siebenmal mehr unterbringen.

Dabei muß man sehen, daß der Wille zur Investition im Osten nicht gerade rapide steigt, ja daß sogar ein gewisses Zögern zu beobachten ist. Die Partner, die sich für Brandenburg interessieren, machen immer wieder deutlich, daß ihr entscheidendes Motiv für Investitionsentscheidungen bei uns die hohe Qualifikation unserer Arbeitnehmerinnen und Arbeitnehmer ist. Auch wenn die Infrastruktur einer Wirtschaftsregion, das Angebot an Flächen für Wohnen und Arbeiten und das Verkehrssystem weiterhin eine wichtige Rolle bei den Investitionsentscheidungen von Unternehmen spielen werden, so wächst doch der Einfluß der sogenannten weichen Standortfaktoren, wie eben das Qualifikationspotential der Bevölkerung oder auch Wohn- und Lebensqualität. Traditionelle Standortfaktoren wie beispielsweise das Lohnniveau treten in ihrer Bedeutung zugunsten des Angebots an qualifizierten Arbeitskräften immer weiter in den Hintergrund.

Die Qualifikation von Beschäftigten ist zu einem entscheidenden Faktor im regionalen und internationalen Wettbewerb geworden. Qualifizierung erweist sich als die adäquate Antwort auf eine sich ständig steigernde Investitionsrate und Investitionsgeschwindigkeit. Die wichtigsten Großinvestoren bestätigten anläßlich der ersten Investorenkonferenz Anfang 1992 in Potsdam, daß der Ausbildungsstand der Beschäftigten in Brandenburg sehr gut sei. Das höchste Lob, das ich über die Brandenburgerinnen und Brandenburger gehört habe, kam von einem Werksleiter aus Schwaben, der ein LKW-Werk in Ludwigsfelde modernisiert. Auf meine Suggestivfrage: »Können die denn überhaupt arbeiten hier? Hat das überhaupt Zweck, sich mit den Leuten hier einzulassen?« sagte er ganz empört: »Die arbeiten wie die Schwaben, sie sind nur nicht so oft krank.« Es ist nicht nur so, daß die Ludwigsfelder inzwischen den Spitzenplatz im Mercedes-Konzern einnehmen, sondern auch die Modernisierung der Industrieproduktion in mehreren Großbetrieben in den Altbundesländern, die Umstellung vom Fließband auf das japanische Gruppensystem wird mit Arbeitskräften aus dem Osten verwirklicht, weil die das am besten schaffen.

Für die Überlebensfähigkeit nicht nur der mittelständischen Wirtschaft sind hochqualifizierte Arbeitskräfte unverzichtbar. Deshalb legen wir in Brandenburg auch besonderen Wert darauf, schnell ein effizientes System der beruflichen Aus- und

Weiterbildung aufzubauen. Hier knüpfen wir wieder an das seit vielen Jahrzehnten bewährte System der dualen Ausbildung an, in dem die jungen Menschen im Betrieb und in der Schule auf ihren Beruf vorbereitet werden.

Neben qualifizierten Arbeitskräften ist auch eine gesunde Technologiestruktur ein zunehmend wichtiger »weicher« Standortfaktor, von dem zukünftig Investitionsentscheidungen abhängig gemacht werden. Ohne eine moderne technologische Basis kann heute keine konkurrenzfähige Industrielandschaft mehr entstehen. Daher haben wir bereits 1991 die »Technologieinitiative Brandenburg« verabschiedet, in deren Rahmen inzwischen Fördermittel etwa in fortgeschrittene Umwelttechnik, Softwareentwicklung und den Entwurf sowie die Anwendung moderner biowissenschaftlicher Systeme geflossen sind.

Ein weiterer Eckpunkt in unserer Technologiepolitik war die Gründung von TINA, der Technologie- und Innovationsagentur Brandenburg. TINAs Aufgabe ist es, (insbesondere mittelständische) Unternehmen bei der Planung, Vorbereitung und Durchführung ihrer Technologie- und Innovationsaktivitäten zu unterstützen, Informationen über Fördermöglichkeiten des Landes, des Bundes und der EG bereitzuhalten sowie den Unternehmen bei entsprechenden Anträgen zu helfen. Ziel von TINA ist es letztlich, den Informationstransfer in wichtigen Technologiebereichen zu verbessern, Wissensdefizite abzubauen und dadurch den wirtschaftlichen Aufschwung in Brandenburg zu unterstützen.

Wir befinden uns noch immer in einem Wettlauf zwischen dem Verlust von Arbeitsplätzen und Wirtschaftskraft durch nach wie vor zusammenbrechende Betriebe und den massiv zu fördernden Neugründungen. In dieser Situation spielt die staatliche Genehmigungs- und Planungsbürokratie eine entscheidende Rolle. Bündeln und Beschleunigen von Verwaltungsentscheidungen ist uns ein wichtiges Anliegen, um durch einen so zu erzielenden Zeitgewinn unsere Strukturpolitik im Interesse der Arbeitnehmer zu fördern. Dafür haben wir uns Instrumente geschaffen: die interministerielle Ansiedlungsgruppe, die Landesentwicklungsgesellschaft und fünf regionale Aufbaustäbe, die sogar bei sehr prominenten Partnern aus der Altbundesrepublik Anklang gefunden haben; so haben wir den Aufsichtsratsvorsitzenden der Deutschen Bank, Friedrich-Wilhelm Christians, dafür gewonnen, in der Region Eberswalde mitzuarbeiten, Karl Otto Pöhl, der Ex-Bundesbankchef, wird uns hier in der Region Potsdam helfen, der frühere Wirtschaftsminister Helmut Haussmann in Cottbus und Ex-Finanzminister Hans Matthöfer in Neuruppin; der Posten in Frankfurt an der Oder war im Frühjahr 1992 noch zu vergeben. Mit Hilfe dieser Instrumente sind wir in der Lage, Verwaltungsverfahren nicht nacheinander, sondern verzahnt laufen zu lassen. Operativ können die Genehmigungsentscheidungen koordiniert und dabei erheblich beschleunigt werden. Unsere Zusage an Investoren lautet: Zwischen dem ersten verbindlichen Gespräch und dem ersten Spatenstich sollen nicht mehr als sechs Monate vergehen. Dazwischen liegen Grundstücksbeschaffung und alle Genehmigungsverfahren. Die Heidelberger Druckmaschinen und Herlitz-Berlin sind unsere ersten Zeugen dafür, daß in Brandenburg Wort gehalten wird.

Gerade im regionalen Zusammenhang müssen die strukturpolitischen Herausforderungen immer verbunden mit der sozialpolitischen Aufgabenstellung bedacht werden. Die Privatisierung früherer DDR-Betriebe, auch wenn sie zu den moderneren gehören, führt regelmäßig zu einer krassen Verminderung der Zahl der Beschäftigten. Und wenn neue Produktionen auf der grünen Wiese angesiedelt werden, zielt man auf eine so hohe Produktivität, daß der Zugewinn an Arbeitsplätzen oft erheblich hinter den Erwartungen der örtlichen Bevölkerung zurückbleibt.

Trotzdem fördern wir das Entstehen ganz neuer Produktionsstätten auch zu Lasten vorhandener, die, wenn man sie retten würde, mehr Mitarbeiter brauchten. Denn es geht darum, Zukunft zu sichern. Und das erfordert konsequente Modernisierung. Wo Betriebe mit hoher Produktivität arbeiten, entsprechende Löhne und Steuern zahlen, entwickeln sich Handwerk, Handel und andere Dienstleistungen. Tourismus, Gastronomie, Kultur treten hinzu. Wenn es gutgeht, steigen am Ende Wohlstand und Lebensqualität aller. Doch diese Vorstellung ist nicht immer leicht zu vermitteln.

Gar nicht zu vermitteln ist es – und der Erfolg tritt auch mit Sicherheit nicht ein –, wenn man zugunsten eines imaginären Zukunftsparadieses die vorhandene alte Struktur ganz aufgibt, die Betriebe schließt und die Bevölkerung in jahrelange Arbeitslosigkeit entläßt. Im Rahmen der sozialen Marktwirtschaft muß hier der Staat die Steuergelder der florierenden Betriebe und der erwerbstätigen Bevölkerung für Solidarmaßnahmen einsetzen, die Menschen auffangen und auf zukünftige Aufgaben vorbereiten. Das ist der Sinn der Arbeitsförderungsmaßnahmen, insbesondere auch der Beschäftigungsgesellschaften, um die die brandenburgische Landesregierung mit Bund und Treuhandanstalt gerungen hat.

Ich will die Dramatik, mit der wir es beim Wegbrechen der Arbeitsplätze zu tun haben, sowie unser Bemühen, die Folgen abzufedern und Zukunftsperspektiven zu bieten, an einem Beispiel deutlich machen. Luckenwalde ist eine kleine Industrie- und Kreisstadt südlich von Berlin, am Nordrand des Fläming. Ein wesentlicher Teil der Arbeitsplätze für die 27 000 Luckenwalder befindet sich in einem Dutzend Betrieben. Eine Kugellagerfabrik gehört dazu, eine Schuhfabrik und Textilbetriebe, Maschinenbau, Elektrotechnik, Holzverarbeitung. Eigentlich haben die Luckenwalder in die Zukunft projiziert recht gute Chancen. Aber zunächst sterben die vorhandenen Firmen; nur wenige haben Käufer gefunden, und im Fall des Wälzlagerwerkes hat der westdeutsche Erwerber, die Schweinfurter FAG Kugelfischer KG, nach Übernahme des Betriebes seine Schließung angekündigt. Es fanden sich vierzig Interessenten aus den verschiedensten Branchen, die in den nächsten Jahren in Luckenwalde investieren wollen. Aber meist wollen sie auf dem freien Feld etwas Neues bauen. Sie rechnen auf die Luckenwalder Arbeiter, ausgebildete Fachkräfte vor allem aus der Metallverarbeitung, dem Fahrzeugbau, der Kunststoff-, Holz- und Papierverarbeitung, der Textil-, Hut- und Schuhindustrie. Auch ausreichende Gewerbeflächen, entwickeltes örtliches Handwerk, gute Bildungsmöglichkeiten und Gelände für Wohnungsbau in reizvoller Landschaft wirken anziehend.

Aber die konkret in Aussicht stehenden dreitausend neuen Arbeitsplätze wird es erst Ende 1993, Anfang 1994 geben, weil eben neu gebaut, vermessen, angeschlossen, dies und jenes genehmigt werden muß. Hinderlich ist hier wie vielerorts die Eigentumsfrage, das zeitfressende Prinzip der Rückgabe vor Entschädigung, zumal in Verbindung mit der bisherigen Nutzung eines Teils der in Frage kommenden Flächen durch das sowjetische Militär. Im Kreis Luckenwalde mit seinen 43 000 Einwohnern waren am 30. Juni 1991 tausend Arbeitslose registriert, zwei Monate später hatte sich ihre Zahl auf 3 250 mehr als verdreifacht, und weitere Kündigungen standen wegen der Schließung des Wälzlagerwerkes mit über 1 200 Beschäftigten und des Textilunternehmens Volltuch mit etwa vierhundert Arbeitnehmern noch bevor.

In dieser Situation mußten wir den Luckenwaldern ein Zukunftskonzept vermitteln. Das ging erstaunlich gut, weil sich Landrat und Landesregierung für eine Zwischenlösung stark gemacht hatten. Natürlich, großen starken Männern kommen die Tränen, wenn es heißt, die Fabrik geht kaputt, alles ist aus, die Bude muß abgerissen werden. Aber trotzdem akzeptierten sie, was wir ihnen vortrugen: Alles wird stillgelegt. Wir überführen sämtliche Mitarbeiter in eine Beschäftigungs- und Qualifizierungsgesellschaft. Die widmet sich gemeinnützigen Arbeiten, und gleichzeitig beginnt die Schulung von Mitarbeitern für künftige andere Betriebe. Die Arbeiter der bisherigen Betriebe erhalten zusammen mit der Kündigung ein Papier in die Hand, das ihnen die Anstellung bei dieser »Lubag« (Luckenwalder Beschäftigungs- und Arbeitsförderungsgesellschaft) in Aussicht stellt.

Damals war auch schon ein Verein für Arbeitsförderung und berufliche Bildung aktiv, mit dessen Hilfe gemeinnützige Arbeiten zur Verbesserung der Infrastruktur der Region angepackt werden. Und ebenfalls zur Perspektive gehörte ein »Bildungswerk Futura«, das in Zukunft im Rahmen des Europäischen Bildungswerkes junge Luckenwalder in Kombination von schulischer und beruflicher Bildung zu jenen Fachleuten ausbilden soll, die, wie der Landrat schwärmt, »den Investorenwünschen hauptsächlich der Bereiche Metallurgie, Elektronik und Bau in vollem Umfang entsprechen und damit das Investorenpotential der Altbundesländer und des Auslandes« mit Arbeitskräften versorgen, die das Know-how von morgen in neue Betriebe einbringen.

Als wir das Konzept auf dem Marktplatz von Luckenwalde erläuterten, habe ich gestaunt, wie positiv die Luckenwalder es aufnahmen, obgleich wir ja nicht mit Brief und Siegel belegen konnten, daß aus der Vision Wirklichkeit wird, daß also die Lubag ihre Mitarbeiter nach etwa zwei Jahren an neue, lebensfähige Betriebe weitergeben kann. Es war ja keineswegs sicher, daß die Frauen und Männer, die ihre Arbeitsplätze verlieren, konstruktiv mitarbeiten werden. Die eigentliche Leistung dabei erbringen die Betriebsräte, in Luckenwalde und anderswo.

Ich habe die Szene mehrfach erlebt: Sonntagsbesuch des Ministerpräsidenten in einer Kreisstadt, auf die Betriebsschließungen zukommen. Der Landrat redet von den Dingen der großen weiten Welt, spekuliert, daß vielleicht ein Flughafen gebaut werden wird, und verspricht, daß alles nur aufwärtsgeht. Der Bürgermeister erzählt, daß er jetzt eine Bürgerberatungsstelle eingerichtet hat und dort jeden Tag von acht bis sechzehn Uhr Menschen unterstützt werden können, die Formulare auszufüllen haben. Auch der Ministerpräsident sagt seine Hoffnungssprüche auf. Aber derjenige, der die Dinge auf den Punkt bringt, weil er eben mittendrin steht, die Spannung zwischen sicherem Zusammenbruch und unsicherer Zukunftsvision erlebt und täglich aushalten muß, das ist der Vertreter des Betriebsrats.

Es gehört für mich zu den erstaunlichsten Erfahrungen, welche prächtigen Menschen sich von der Not haben herausfordern lassen. Das sind keine Karrieristen. Niemand in diesem Geschäft kann auf Blumengebinde rechnen. Ein System ist zusammengebrochen, die Wirtschaft rast zu Tale, die bisherigen Leitfiguren haben versagt und das Vertrauen verloren. Da haben die Mitarbeiter neue Leute aus den Hinterbänken, aus den Nischen und Ecken geholt und sie in demokratischen Betriebsratswahlen in die Verantwortung gestellt. Die nehmen diese Verantwortung in einer atemberaubenden Weise wahr, indem sie die beiden Aufgaben sozialer Marktwirtschaft in sich zu vereinigen versuchen. Sie denken an den Betrieb, an die Arbeitsplätze für die Leute, und sie denken an den Aufschwung der Wirtschaft.

Der Job im Betriebsrat wird zum Verschleißposten; viele altern zusehends. Ständig bröckeln Arbeitsplätze weg, und die Leute vom Betriebsrat fühlen sich wie die Henker ihrer Kollegen. Sie sind beteiligt bei den Entscheidungen über Entlassungen. Sie quälen sich herum mit der Frage, was werden soll. Ist es zu schaffen, daß die Entlassenen mit der Kündigung gleichzeitig den Vertrag der Arbeitsförderungsgesellschaft in die Hand bekommen?

Meist liegt auf dem Betriebsratsvorsitzenden eine weit größere Last als auf dem Geschäftsführer. Der war in vielen Fällen auch schon in der alten Ära Direktor. Er läuft wie ein Hase herum, tut geschäftig, weiß aber, in Kürze wird dieser Betrieb stillgelegt, und denkt an seinen eigenen Vorruhestand oder an seine Übernahme durch einen künftigen Eigentümer. Oft genug sind solche Geschäftsführer ausschließlich darauf bedacht, sich potentiellen Erwerbern nützlich zu machen. Die Betriebsräte denken an das Schicksal der ganzen Belegschaft, und das hängt vom Schicksal des Betriebes ab. Sie suchen Investoren, prüfen ihre Redlichkeit, entwickeln Konzepte für das Überleben des Betriebes. So haben, um nur ein Beispiel zu nennen, im gefährdeten Halbleiterwerk Frankfurt an der Oder die Leute vom Betriebsrat als einzige Anstöße gegeben und auch Produktionsaufträge herangeschafft. So werden die Betriebsräte die Partner der Regierung bei dem Bemühen, den Leuten, deren Arbeitsplätze verschwinden, reale Hoffnung auf Neues zu bieten.

Betriebsräte dieser Art kommen übrigens in aller Regel nicht aus der Gewerkschaft. Die alten FDGB-Gewerkschaften, in denen alle Arbeiter früher organisiert sein mußten, existieren nicht mehr, sie waren ohnehin nach eigener Definition nur Transmissionsriemen der Partei. Die Gewerkschaften aus der alten Bundesrepublik haben frühzeitig ihre Organisatoren zum Aufbau neuer Gewerkschaften in den Osten entsandt. Das war gut so, denn sie konnten den Arbeitnehmerinnen und Arbeitnehmern vermitteln, daß sie nicht hilflos »dem Kapitalismus ausgeliefert« waren. Rechtsexperten der Gewerkschaften halfen bei ersten Arbeitsgerichtsprozessen. Doch so mancher Gewerkschaftsorganisator verkannte gründlich die Befindlichkeit der Arbeitnehmerschaft und die Wirtschaftslage im Osten. Man mischte auf, wie in den alten Bundesländern, stellte wirtschaftlich völlig überzogene Lohnforderungen, organisierte Demonstrationen. Die aus den Betrieben heraus ohne viel Zutun der Gewerkschaften gewählten Betriebsräte, besonders deren Vorsitzende, mußten dann mit den Folgen fertig werden. Sie dachten an die Arbeitsplätze, die die Lohnerhöhungen kosten würden.

Inzwischen hat sich das verändert. Die Gewerkschafter aus den alten Bundesländern begreifen, sobald sie sich eine Weile hier umgesehen und mit Betriebsräten geredet haben, daß es so nicht geht. Jetzt ist ein vernünftiges Zusammenspiel zwischen den Gewerkschaftsfunktionären, die immer noch überwiegend Westimporte sind, und bodenständigen Betriebsräten die Regel. Die Gewerkschaftsleute bringen die Kenntnis und Erfahrung mit, was man im Marktwirtschaftssystem von der Arbeitnehmerseite her machen kann. Und die Betriebsräte kennen die konkreten Bedingungen und die Sorgen und Hoffnungen der Arbeiter.

Deren Zukunftserwartung bleibt an ihren Arbeitsplatz geknüpft. Die soziale Befindlichkeit vieler Menschen hängt in erster Linie davon ab, welche wirtschaftliche Perspektive sie für sich sehen. Das Land würde großen sozialen Schaden erleiden, wenn eine erhebliche Zahl von Menschen nicht mehr an ihre Zukunft glaubte. Bezeichnend sind Umfrageergebnisse, nach denen achtzig Prozent der Befragten dem Land Brandenburg gute Zukunftsaussichten prophezeiten, aber nur fünfzig Prozent für sich selber Hoffnung hatten. Das bedeutet, daß massenhafte Arbeitslosigkeit bekämpft, vor allem Langzeitarbeitslosigkeit verhindert werden muß. Denn auch wenn das Arbeitslosengeld auskömmlich ist, macht sich Resignation breit, kommt Hoffnungslosigkeit auf, fühlen sich die betroffenen Menschen als Verlierer der Einheit.

Ich bin davon überzeugt, daß Ostdeutschland und insbesondere die Region Brandenburg-Berlin große Zukunftschancen hat. Aber noch sind wir mitten in der Strukturkrise. Altes zerbricht, die Arbeitslosigkeit eskaliert, und neue Chancen werden nur langsam sichtbar. In dieser Lage ist es wichtig, daß die Arbeitnehmerinnen und Arbeitnehmer die Arbeitsförderungsmaßnahmen als Überbrückung akzeptieren. Deshalb dürfen diese Maßnahmen nicht verringert werden. Wir brauchen Arbeitsförderungsgesellschaften, Arbeitsbeschaffungsmaßnahmen, Fortbildungs- und Umschulungsmaßnahmen, Berufsbildungsförderungen und Altersübergangsgeld noch mindestens bis Anfang 1994.

Insgesamt können wir 1994/95, wenn die Talsohle wirklich durchschritten und die Wirtschaft neu in Gang gekommen ist, in Brandenburg mit vielleicht einer Million Arbeitsplätzen rechnen, langfristig werden es hoffentlich wieder 1,3 bis 1,4 Millionen Stellen werden. Überproportional wird das produzierende und verarbeitende Gewerbe vom Rückgang der Zahl der Arbeitsplätze betroffen sein.

Wenn wir das andere Ufer erreichen wollen, wenn wir vermeiden wollen, daß unser Land sozialen Schaden nimmt, müssen wir uns dieser Tatsache stellen. Gewiß, wir werden dann vielleicht nicht mehr die 1,6 Millionen von 1989 haben, die erwerbstätig sein wollen. Es gehörten damals auch etwa hunderttausend Rentner dazu, die aus Einkommensgründen länger im Beruf blieben. Es werden Leute auf Berufstätigkeit verzichten, die man früher gesellschaftlich genötigt hatte, in die Fabrik zu gehen. Der Anteil der Frauen am Erwerbsleben wird zurückgehen. Aber es bleibt dennoch notwendig, den großen Arbeitswillen aufzufangen und ernst zu nehmen. Das ist eine entscheidende sozialpolitische, letzten Endes sogar deutschlandpolitische Aufgabe, weil von der sozialen Perspektive die Befindlichkeit der Menschen abhängt, das Bewußtsein, ins neue gemeinsame Deutschland mitgenommen oder eben am Wegesrand liegengelassen worden zu sein.

Der Arbeitsmarkt verharrt in dem Paradox, daß einerseits eine hohe Arbeitslosigkeit herrscht, andererseits eine große Zahl öffentlich sinnvoller oder gar dringend erforderlicher Arbeiten unerledigt bleibt. Angebot und Nachfrage nach dem Gut Arbeit kommen nicht zusammen, beziehungsweise es läßt sich vermeintlich kein Preis finden, zu dem dies möglich ist.

Auch deshalb muß gezielte Strukturförderung die Arbeitsförderung zum Teil ersetzen und zum Teil integrieren. Dabei gilt der einfache Grundsatz, daß es immer besser – und letztlich auch billiger – ist, Geld für die Finanzierung von Arbeit anstatt von Arbeitslosigkeit auszugeben. Ich halte es daher für sinnvoll und erforderlich, daß das gemeinsame Strukturförderprogramm »Arbeit statt Arbeitslosigkeit«, das in der brandenburgischen Landesregierung erdacht wurde, von Bund, Ländern, Treuhandanstalt und Kommunen gemeinsam in die Tat umgesetzt wird. Damit könnten bei relativ geringen Kosten rund 500 000 neue Arbeitsplätze im Osten Deutschlands geschaffen und eine Kehrtwende auf dem Arbeitsmarkt eingeleitet werden. Allein in Brandenburg würde diese Initiative einen Effekt von 80 000 zusätzlichen Arbeitsplätzen haben. Außerdem könnte so die Infrastruktur vieler Gemeinden rasch verbessert werden, was dringend erforderlich, von diesen aus eigener Kraft jedoch nicht zu finanzieren ist.

In vielen Bereichen stimmen Probleme, Lösungsmöglichkeiten und Entwicklungschancen der ostdeutschen Länder überein, die früher die DDR bildeten. Aber es gibt auch Unterschiede. Das auffälligste Beispiel ist die Landwirtschaft. In diesem Bereich, in dem der Umsturz der Wertordnung am sinnfälligsten wird, hatten und haben südliche und nördliche Länder unterschiedliche Interessen.

Im sozialistischen Mangelsystem und in der vorangegangenen Kriegswirtschaft war den Bauern stets noch die letzte Kartoffel vom Hof geholt worden. Die Produktion in den LPGen war auf Menge ausgerichtet, nicht auf Qualität und Marktbeobachtung – und schon gar nicht auf Schonung der Umwelt. Damit war es am 1. Juli 1990 ohne Vorwarnung vorbei. Mit der Überproduktion der westlichen Landwirtschaft konnte mühelos auch der Bedarf in der DDR gedeckt werden, zudem in hoher Qualität und mit einem vielfältigen Angebot. Die ostdeutsche Landwirtschaft besaß kein eigenes Vermarktungssystem. Die LPGen wurden ihre Produkte nicht mehr los. Überall an den Straßen wurde jetzt Gemüse und Obst angeboten. Bauern versuchten, Ferkel für eine Mark das Stück an Passanten zu verkaufen, um sie nicht totschlagen zu müssen. Die auf dem Lande arbeitenden Menschen waren schockiert von ihrer Hilflosigkeit in den ihnen fremden Verhältnissen.

Thüringen, Sachsen-Anhalt und Sachsen waren daran interessiert, daß die Landwirtschaftlichen Produktionsgenossenschaften aus der DDR-Zeit möglichst schnell wieder vollständig von bäuerlichen Einzelbetrieben abgelöst werden, die der süd- und westdeutschen Tradition entsprechen, an der sich auch die Bonner Landwirtschaftspolitik orientiert. Deshalb gibt es von dort faktisch keine Förderung für genossenschaftliche Lösungen. Bis zum Jahresende 1991 sollten alle LPGen aufgelöst werden. Dagegen sind Mecklenburg-Vorpommern und Brandenburg an der Erhaltung oder vielmehr der effektiven Erneuerung landwirtschaftlicher Großbetriebe interessiert. Es war nicht leicht, gegen die Stimmung in Bonn und in den anderen ostdeutschen Ländern eine Fristverlängerung für jene LPGen zu erreichen, denen eine Neustrukturierung noch nicht gelungen war.

Die Böden bei uns sind nun einmal in weiten Teilen schlecht. Das ist ein altes Problem. Nicht zuletzt deshalb war im deutschen Nordosten der Großgrundbesitz prägend für die Landwirtschaft. Die Kollektivierung ist deshalb auch den Leuten in den Dörfern Brandenburgs und Vorpommerns nicht so gegen den Strich gegangen wie den Menschen weiter im Süden. Heute nun liegt die Zukunftschance gerade in Brandenburg mit dem Großverbraucher Berlin in der Mitte darin, daß sich die Bauern an leistungsfähigen Großbetrieben mit Flächen nicht unter fünfhundert Hektar, besser ein- bis zweitausend Hektar beteiligen, in denen man wieder zur traditionellen und bewährten Mischform von Feldbau und Viehwirtschaft zurückkehrt, sich dabei aber von vornherein an effektiver Vermarktung orientiert. Es gibt die Chance, stabile Absatzregelungen zu treffen, sowohl mit dem nahen Berlin als auch mit großen Einzelhandelsketten, bei denen großes Interesse an Großproduzenten besteht, die regelmäßig größere Mengen in stabiler Qualität liefern können, also eine Art Zulieferfabriken für die weiterverarbeitende Industrie und den Handel sind.

Dafür gibt es bereits Beispiele. Die erste Verkaufsgenossenschaft entstand nach der Wende im Havelland, westlich von Berlin. Die Berliner Konsumenten gaben den Ausschlag. Sie entdeckten das herrliche frische Obst und Gemüse aus der Nachbarschaft. Spontane Großmärkte in Werder bei Potsdam und anderswo blockierten die Durchgangsstraßen. Da wurde der Berliner Großhandel wach. Der Brandenburger Landwirtschaftsminister Edwin Zimmermann rang mit allen großen

Verbrauchermarktketten um die Aufnahme Brandenburger Produkte. Er hatte Erfolg, aber die Bedingungen des Weltmarktes sind hart. Gleichbleibende Qualität wird verlangt, zuverlässige Belieferung nach Zeit und Menge. Die Produzenten mußten umlernen. Nicht wenige haben es schon geschafft, sich auf dem Markt zu behaupten. Die Brandenburger Qualitätskontrolle mit dem Prädikat Roter Adler tat ein übriges. Heute haben wir schon gelegentlich Lieferprobleme bei Obst aus dem Havelland oder Gurken aus dem Spreewald. Unsere Bauern werden es schaffen, aber es werden viel weniger Bauern sein als früher, vielleicht noch ein Fünftel.

Die Chancen, auf die Dauer lebensfähige landwirtschaftliche Großbetriebe zu etablieren, stehen nicht schlecht. Auf der technischen Seite bringen unsere Landwirte die Voraussetzungen meist mit. Sie sind ja als technische Facharbeiter, Ingenieure, Diplomlandwirte ausgebildet. Aber den Umgang mit dem Markt müssen sie noch erlernen.

Die Großflächenwirtschaft auf dem Lande kann auch ökologisch sinnvoll gestaltet werden. Das zunehmende Interesse der Großstädter an chemisch weniger belasteten Produkten und ihre Bereitschaft, dafür auch entsprechende Preise zu bezahlen, erlaubt eine extensivere Bewirtschaftung. Selbst aus Brüssel werden inzwischen bei uns Versuche in dieser Richtung gefördert.

Außerdem haben größere Einheiten es auch leichter, sich auf technisch verwertbare Zukunftsprodukte umzustellen, wenn es denn einmal soweit ist. Rapsbauern träumen natürlich vom Großabsatz für Ölmotoren, doch hat, wenn überhaupt, das Elektroauto mehr Zukunftschancen. Ein anderes diskutiertes, aber noch wirklichkeitsfernes Produkt ist das Elefantengras, das für Heizzwecke nutzbar gemacht werden soll, aus dem sich aber auch alle möglichen technischen Werkstoffe herstellen lassen sollen.

So reizvoll der Gedanke an schnell, im bäuerlichen Jahresrhythmus nachwachsende Rohstoffe ist, so wenig lassen sich darauf zur Zeit reale Erwartungen gründen. Größere Chancen für die Verbindung von bäuerlichem Wirtschaften und Umweltschutz sehe ich im Bereich der Landschaftspflege. Wir haben zum Beispiel den Spreewald als Biosphäre. Er ist touristisch hochinteressant und muß landwirtschaftlich gepflegt werden, obgleich sich der regelmäßige Grasschnitt wirtschaftlich nicht rechnet, genau wie bei den Bergbauern in den Alpen.

Zur Organisation größerer landwirtschaftlicher Einheiten lassen sich verschiedene Rechtsformen nutzen, neben der eingetragenen Genossenschaft auch die GmbH und die Aktiengesellschaft. Es gibt ermutigende Beispiele neuer dörflicher Gemeinschaftsunternehmungen, die alle nur denkbaren Chancen nutzen. Mir steht das Dorf Tremmen westlich von Berlin vor Augen. Dort haben sich zwanzig Landleute zu einer GmbH zusammengetan. Der Grund und Boden dort gehört teils Alteigentümern, die im Westen leben. Mit denen haben sich die früheren LPG-Bauern über die Pacht verständigt und nutzen nun die Marktchancen in Berlin. Einen Teil der alten LPG-Gebäude haben sie an eine Berliner Firma weitergegeben, die mehr Platz für ihre Fensterproduktion brauchte. Und sie haben sich eine Baumschule aus Niedersachsen herangeholt, die seit Jahrzehnten feste Abnehmer im Westteil Berlins hat. Die rückt jetzt näher an die Kunden, hat von der GmbH Fläche erhalten und gibt inzwischen schon sechzig Tremmenern Arbeit in der neuen Baumschule.

Es gibt eine ganze Reihe weiterer Beispiele dafür, wie Dörfer neue Chancen nutzen. Das Land Brandenburg fördert solche Initiativen und sichert sie rechtlich ab. Ganz wichtig ist die Beratung und die Vermehrung gelungener Beispiele. Das ist von großer Bedeutung gerade für die notwendige Verbindung von Landwirtschaft und sanfterem, umweltschonenderem Tourismus. Ohne sie wird es in den Dörfern vor allem in den nördlichen Regionen Brandenburgs nicht genügend Arbeit geben.

Die DDR hatte die LPGen ja auch als eine Art von Sozialeinrichtung benutzt. Sie haben bis zu fünfmal so viele Menschen beschäftigt, wie für eine rationelle Landwirtschaft nötig sind. Jetzt wird ein Teil von ihnen von den Kommunen als ABM-Kräfte für Gemeinschaftsaufgaben im Rahmen der nötigen Dorfsanierungen beschäftigt. Doch diese Maßnahmen führen nicht zu Dauerarbeitsplätzen. Für viele ist der Vorruhestand eine Möglichkeit. Wer in einer Stadt wie Frankfurt an der Oder im fünften Stock in einer Zweizimmerwohnung ohne Balkon lebt, kann mit dem Vorruhestand nicht viel anfangen. Doch mancher, der in einem Dorf in der Uckermark sein Häuschen hat und sich Hühner und Karnickel hält, setzt sich ganz gern frühzeitig zur Ruhe. Und ein Teil der jungen Leute wandert ab in die Städte. Wer bleibt, muß seinen Lebensunterhalt in der Landwirtschaft, der Landschaftspflege und durch den Tourismus mit seinen Folgeeinrichtungen finden. Dabei können Golfplätze, Freizeitparks und vergleichbare Unternehmungen nicht allein die Lösung sein. Aber nicht wenige können zwei Fremdenzimmer mit fließend Wasser, Dusche und WC in ihrem Häuschen einrichten und so dem Freizeitbedürfnis der Berliner entgegenkommen. Und es müssen kleinere Gasthöfe und Hotels gebaut werden.

Für das Land Brandenburg stellt sich auf dem Lande die sehr spannende Frage nach der Verwertung der landwirtschaftlichen Flächen, die derzeit unter Treuhandverwaltung stehen. Bei der Entscheidung, wie diese Flächen verteilt werden, wollen wir mitreden, denn es muß stets darum gehen, agrarstrukturpolitisch sinnvolle Entscheidungen zu fällen, und darf nicht nach dem Prinzip verfahren werden, durch die Verwertung der Flächen möglichst viel Geld in die Kassen des Bundesfinanzministers zu bekommen. Wir versuchen deshalb auf zwei Schienen, Einfluß zu nehmen auf die Verteilung dieser land- und forstwirtschaftlichen Flächen, die mit neuntausend Quadratkilometern immerhin ein Drittel des ganzen Landes ausmachen.

Zum einen handelt es sich bei den zur Verwertung anstehenden Flächen fast ausschließlich um Bodenreformland, auf das das Land Brandenburg als Rechtsnachfolger der Provinz Brandenburg Anspruch erhebt. Deswegen hat Finanzminister Kühbacher bei den zuständigen Stellen einen Restitutionsanspruch geltend gemacht. An dem spektakulären Fall der Pferderennbahn »Hoppegarten« wird diese komplizierte Angelegenheit deutlich. Hoppegarten wurde im Zuge der Bodenreform 1945/46 enteignet und unter sowjetischem Besatzungsrecht als Eigentum der Provinz Brandenburg ins Grundbuch eingetragen. 1952 löste die DDR die Länder auf und enteignete sie entschädigungslos. Damit wurde auch Hoppegarten »Volkseigentum«.

Im Zwei-plus-Vier-Vertrag sowie dem Einigungsvertrag sind die Ergebnisse der Bodenreform jedoch als nicht rückgängig zu machen festgeschrieben. Das bedeutet: Hoppegarten kann nicht wie anderes ehemaliges Volkseigentum verkauft werden, sondern muß an den aus der Bodenreform hervorgegangenen Eigentümer rückübertragen werden. Damit begründet das Land seinen Restitutionsanspruch, der allerdings von der Treuhand bestritten wird, weshalb wir uns auf einen langwierigen Rechtsstreit einstellen müssen.

Weil es aber um die unmittelbare Zukunft der Menschen geht, die heute auf den landwirtschaftlichen Flächen arbeiten, dringen wir parallel zum laufenden Verfahren darauf – das ist die zweite Schiene –, die Privatisierung der Flächen nicht allein der Treuhand zu überlassen, sondern versuchen, maßgeblich Einfluß darauf zu nehmen. Nur so können wir sicherstellen, daß bei der Verwertung die Interessen derjenigen berücksichtigt werden, die auf und von diesen Flächen heute leben. Außerdem können wir uns nur gemeinsam dem Problem der Altlasten sowie der Entschuldung der Betriebe nähern.

Die Treuhand und das Bundesfinanzministerium haben ein sogenanntes Siedlungskaufmodell entwickelt, dem zufolge zwei Gruppen von Menschen beim Landerwerb bevorzugt behandelt werden und enorme Zinsvergünstigungen erhalten sollen: die Wiedereinrichter, also diejenigen, die einmal Bauern gewesen sind, ihr Land in die LPG eingebracht haben und heute wieder als Bauern leben wollen, sowie die Alteigentümer, die keinen Restitutionsanspruch haben, ihre ehemaligen Besitzungen aber zurückkaufen möchten.

Dagegen ist zunächst nichts einzuwenden. Wenn alte Brandenburger Familien zurückkehren und wieder etwas aus ihren ehemaligen Gütern machen wollen, begrüße ich das ebenso wie ich es für sinnvoll erachte, Wiedereinrichtern den Zukauf von Land zu erleichtern, um ihre Betriebe auf wirtschaftlich tragfähige Größen zu bringen. Der Pferdefuß dieses Modells liegt jedoch darin, daß damit diejenigen durchs Netz fielen, die heute und in der Vergangenheit in der Landwirtschaft tätig gewesen sind und dies auch bleiben wollen, aber nie eigenes Land besessen haben. Sie erhalten nach dem Siedlungskaufmodell keine Subventionen beim Erwerb von landwirtschaftlichen Flächen. Die landlosen Bauern müssen zu Marktpreisen kaufen und mit sonstigen Investoren, die auf Subventionen ohnehin nicht angewiesen sind, konkurrieren. Dabei haben sie so gut wie keine Chance. Die Landesregierung würde das Siedlungskaufmodell akzeptieren, wenn auch diese Gruppe der in der Landwirtschaft Tätigen einbezogen würde.

Die ganze Diskussion um die Verwertung des Bodenreformlandes hat auch eine finanzielle Seite, die nicht verschwiegen werden soll. Der Bundesfinanzminister kann mit Hilfe des Siedlungskaufmodells wesentlich mehr Geld in seine Kassen bekommen, als durch die im Falle der Rückübertragung an das Land fälligen Abgaben in den Entschädigungsfonds fließen würden. Im Falle der Rückgabe bemißt sich die Ausgleichszahlung am damaligen Verkehrswert der Fläche. Kann der Bund die Flächen dagegen verkaufen, wird vom heutigen, ungleich höheren Verkehrswert ausgegangen. Der durch die Einheit ohnehin schon gebeutelte Finanzminister beziehungsweise die Treuhand haben also ein großes finanzielles Interesse am Verkauf der Flächen.

Ich kann diese Rechnung nachvollziehen, es als Ministerpräsident eines betroffenen Landes allerdings nicht gutheißen, daß diese Überlegung das einzige Kriterium dafür sein soll, wie die Flächen verwertet werden. Wir fordern deshalb, an der Festlegung der Prioritäten für den Verkauf beteiligt zu werden, egal ob mit oder ohne Restitutionsanspruch, und bieten der Treuhand an, durch unsere Institutionen eine Verwertung vorzunehmen. Nur wenn wir auch auf die Nutzung dieser Flächen entscheidenden Einfluß gewinnen, können wir das entscheidende Ziel unserer Strukturpolitik verwirklichen, das gesamte Land zu entwickeln.

Der Mittelpunkt Berlin, auf den die Straßen und die Kommunikationsnetze zulaufen, ist dafür sehr hilfreich. Gleichzeitig aber muß darauf geachtet werden, und Berlin selber ist daran auch interessiert, daß sich nicht ein unmäßiger industrieller Speckgürtel um Berlin herumlegt, die Lebensqualität im weiten Umland der Stadt herabsetzt und gleichzeitig die entfernteren Regionen austrocknet. Deshalb haben wir ein System gestaffelter Wirtschaftsförderung beschlossen. Wer im Norden, in der Uckermark, etwas baut, oder im Süden in Lukkenwalde oder Finsterwalde, der bekommt deutlich mehr Fördermittel in die Hand. Das lockt Interessenten. In einigen Gebieten, für die wir Wirtschaftsmotoren brauchen, wird es dann doch an ausgebildeten Arbeitskräften fehlen. Es läßt sich nicht alles mit Landwirtschaft und Tourismus abfangen. Da wollen wir den Nachteil, daß Arbeitskräfte erst durch Umschulung, vielleicht auch durch Zuzug zu gewinnen sind, auch durch günstige Grundstückspreise ausgleichen. Wenn jemand eine vernünftige Ansiedlung in einer solchen Region plant, sind wir auch bereit, ihm das Land fast zu schenken, während man im Berliner Umland für Grund und Boden bald Berliner Preise zahlen wird.

Mit Berlin-Brandenburg meldet sich eine neue selbstbewußte Region in Europa zu Wort. Sie zu gestalten und den Aufbruch zu neuen Ufern zu befördern, wird uns in einem gemeinsamen Bundesland besser gelingen. Im Prinzip sind sich die politischen Kräfte Berlins und Brandenburgs darüber einig. Im Detail gibt es jedoch eine Fülle offener Fragen und sehr unterschiedliche Auffassungen, in der Sache wie im Zeitplan.

Für wohl niemand anderen war der November 1989 mit dem Verschwinden der Mauer von so existentieller Freude geprägt wie für die Berliner in beiden Teilen der Stadt und die um sie herum in den Städten und Dörfern Brandenburgs lebenden Menschen. Sie waren viel stärker mauergeschädigt als die Deutschen in anderen Regionen. Ein persönliches Erlebnis mag für viele stehen: Am 12. August 1961 bin ich zum letztenmal mit dem Fahrrad von Potsdam über die Glienicker Brücke nach Wannsee in Berlin gefahren. Berlin gehörte zu meinem natürlichen Lebensumfeld. Vierundzwanzig Stunden später war es damit vorbei – für fast dreißig Jahre. Mir ging es dann wie ungezählten anderen, Berlinern und Potsdamern, als ich diese Brücke wieder passierte. Ich spürte geradezu körperlich, was mein Gemüt bewegte: Dies Land gehört zusammen, es ist wieder zusammen.

Es gibt keine Insel West-Berlin mehr, der die größten und schönsten Wälder Deutschlands mit dreitausend Seen verschlossen sind. Umgekehrt sind die Brandenburger nicht länger ausgesperrt von einer der größten, kulturell vielfältigsten

Metropolen Europas. Beim Zusammenwachsen sind drei Partner betroffen, die sich miteinander verständigen müssen: die Menschen im Westteil Berlins, diejenigen, die in den Ostbezirken der Stadt leben – es gibt ja mancherlei Probleme zwischen diesen beiden –, sowie die Bevölkerung in Brandenburg.

Berlin und Brandenburg sind zwei Länder im Umbruch. Der Ostteil Berlins und Brandenburg sind von einer Strukturkrise geschüttelt, die nahezu alle Lebensbereiche umfaßt. Sie ist auf dem wirtschaftlichen Feld noch längst nicht bewältigt, wirkt aber auch in den Bereich von Demokratie und Rechtsstaat hinein, der noch in den Kinderschuhen steckt.

Aber auch der Westteil Berlins, der in dieser Strukturkrise das Zugpferd sein muß, befindet sich in einer Phase des Umbruchs. Er ist inzwischen nicht mehr Insel oder Frontstadt, und mitunter hat man den Eindruck, als seien die über Jahrzehnte von dieser Rolle geprägten Mentalitäten noch nicht überwunden. Auch die Schaufensterrolle ist eine andere geworden. Um es mit einem Bild zu sagen: West-Berlin ist vom Pflegefall zum Vorarbeiter, vom im Käfig ausgestellten Wundertier zum Zugpferd geworden, von dem viele jetzt erwarten, daß es den Fortschritt über die inneren wie äußeren Stadtgrenzen, ja selbst über die Staatsgrenzen hinausträgt.

Das hat ambivalente Folgen. Einerseits spüre ich bei Besuchen in Osteuropa oder auch bei Gesprächen mit osteuropäischen Politikern die nach Brandenburg kommen, wie etwa beim Besuch des polnischen Staatspräsidenten Lech Walesa, welche Hoffnungen sich von dort auf uns richten. Nicht nur im Hinblick auf direkte finanzielle oder wirtschaftliche Hilfe; hohe Erwartungen sind gerade auch mit dem nahezu mystischen Namen Berlin verbunden, mit dem sich in Warschau, Prag oder auch Budapest eben nicht nur Kriegsbilder, sondern vor allem positive historische Reminiszenzen verknüpfen. Andererseits wird mir bei Gesprächen in Bonn, im Bundesrat ebenso wie im Bundestag oder auch mit der Bundesregierung, immer wieder deutlich, daß die Aversion der früheren Zahlväter aus der Zeit der Frontstadtsituation zunehmend wächst – nicht zuletzt wegen der Hauptstadtentscheidung –, und sie fordern, Berlin solle sich endlich als das verhalten, was es jetzt sei: ein ganz normales Bundesland.

Es lohnt sich in der bundesrepublikanischen politischen Wirklichkeit wohl wirklich kaum noch, an das zu erinnern, was einmal die Rolle dieser Stadt gewesen ist, die ihre innerdeutsche Position nur dann wird festigen und ausbauen können, wenn sie offensiv an ihre drei neuen Sonderaufgaben herangeht: als deutsche Hauptstadt, als nordost- und mittelosteuropäische Metropole sowie als Motor für den Aufschwung in den östlichen Bundesländern.

Unternehmer und auch Arbeitnehmerverbände haben die neuen Realitäten schneller begriffen als ein Teil der Politiker, die noch immer über das Für und Wider der Vereinigung von Brandenburg und Berlin diskutieren. Beide sind historisch, ökonomisch und kulturell eine Region. Wir haben das bei der gemeinsamen Wirtschaftsförderung von Brandenburg und Berlin erlebt. Die potentiellen Investoren in Japan zum Beispiel können für Berlin nur sehr mühsam gewonnen werden, weil dort der Platz sehr eng geworden, Mieten und Grundstücke sehr teuer geworden sind. Sie können für Brandenburg nur mühsam geworben werden, weil schon der Name des Landes dort wenig bekannt ist. Aber Brandenburg und Berlin, die deutsche Hauptstadt und das mit ihr verbundene weite Umland, sind eine erste Adresse. Sie können gemeinsam daraus erheblichen Nutzen ziehen.

Diese Realitäten werden sich durchsetzen. Die Politik hat nur die Möglichkeit, dem Wildwuchs freien Lauf zu lassen oder den Prozeß zu steuern. Im Interesse der Menschen ist die Steuerung zwingend geboten, ein länderübergreifender Zweckverband wäre unausweichlich. Bei der Größe eines solchen Umlandverbandes bestünde die Gefahr, daß er zur heimlichen Regierung der Gesamtregion werden würde. Da sollte man lieber gleich den richtigen Schritt tun und die hoheitlichen Aufgaben einer gemeinsamen Regierung übertragen, die beiden Bundesländer also vereinigen, wie das im Einigungsvertrag angeregt worden ist.

Aus Presseschlagzeilen sind deutliche Vorbehalte gegen diese Länderneugliederung zu spüren: »Wahre Liebe oder Heiratsschwindel«, »Der dicke Kloß im Lande Brandenburg«, »Die Laus im Pelz des Bären«, »Die verschuldete Braut«, »Der Bettler aus der Streusandbüchse und die Dame ohne Unterleib«. Ohne die Bedenken geringzuschätzen, die sich in solchen Äußerungen widerspiegeln, darf man doch nicht übersehen, daß Berlin und Brandenburg sich in vielen Bereichen geradezu ideal ergänzen und sich das Gewicht beider Länder nicht lediglich addieren, sondern geradezu potenzieren würde. Um das mathematische Kunststück zu vollbringen und aus den Defiziten, die beide Partner natürlich auch aufzuweisen haben, den Aufbruch zu bewerkstelligen, um aus Minus mal Minus Plus werden zu lassen, bedarf es allerdings großer Sorgfalt bei der Planung und Durchführung der Vereinigung beider Bundesländer.

Wie bei der Hochzeit an den Morgen danach gedacht werden muß, müssen auch bei der Planung des gemeinsamen neuen Bundeslandes alle Probleme und Alltagsfragen offen auf den Tisch. Deswegen haben Berliner Senat und brandenburgische Landesregierung eine gemeinsame Regierungskommission gebildet, deren Aufgabe es ist, Eckwerte für die Vereinigung der beiden Bundesländer zu erarbeiten. Die Länderfusion erfordert von beiden Seiten Bereitschaft zur Veränderung. Schon die Größenunterschiede machen Schwierigkeiten. In Berlin lebt weit mehr als die Hälfte der Einwohner des künftigen großen Flächenlandes Brandenburg-Berlin. Und drumherum gibt es mehr als zweihundert Gemeinden mit nur dreihundert oder noch weniger Menschen und einem Bürgermeister. Die kommunale Verwaltungsreform und die Kreisgebietsreform in Brandenburg sind aus vielen Gründen nötig, aber auch um der Zusammenarbeit mit der in dreiundzwanzig Bezirke gegliederten Stadt Berlin willen. Aus heute achtunddreißig sollen im Land Brandenburg künftig vierzehn Landkreise werden, hinzu kommen vier kreisfreie Städte. Sie werden dann wenigstens von der Einwohnerzahl her den Berliner Bezirken vergleichbare Größen sein, wenn diese auch weiterhin eine Einheitsgemeinde bilden werden, so daß Berlin in der gemeinsamen Landesverfassung einen besonderen Status erhalten muß.

Seit die Mauer Berlin nicht mehr zusammenpreßt, wächst die Stadt auch ungeplant und ungeordnet über ihre Grenzen hinaus. Das ist Gefahr und Herausforderung zugleich. Brandenburg und Berlin zusammen können eine Metropole schaffen, die menschenfreundlich und umweltbewußt gestaltet wird. Grünzonen in Stadtnähe können erhalten bleiben, wenn in größerer Entfernung Regionalzentren wie Frankfurt an der Oder, Neuruppin, Eberswalde, Finsterwalde, Cottbus und die Stadt Brandenburg ihr eigenes Gewicht entwickeln können und damit auch zu einer gewissen Entzerrung des Ballungsraums Berlin beitragen.

Auch bei der Vereinigung von Berlin und Brandenburg stellt sich wieder die Frage: Ist die Einheit zu finanzieren? Sätze wie »aus zwei armen Ländern wird durch Zusammenschluß kein reiches Land« bestimmen die Diskussion, und im Bereich der Finanzen liegen neben der Frage nach der Kompatibilität der Verwaltung wohl die gewaltigsten Ehehindernisse. Ohne in die Einzelheiten zu gehen, seien nur die drei wichtigsten Fragen genannt: Was machen wir mit unseren Schuldenbergen, dem riesigen der Berliner und unserem rapide wachsenden? Der Berliner Haushalt wird wohl auf jeden Fall in einen Länder- und einen Kommunalteil getrennt werden, das gilt analog auch für die Schulden. Das nächste Hindernis in diesem Bereich liegt in der Tatsache, daß die Pro-Kopf-Ausgaben des Landes Berlin gegenwärtig – vor allem wegen der sehr aufgeblähten Verwaltung – mit 12000 Mark doppelt so hoch liegen wie in Brandenburg, das mit 6000 Mark auskommt. Als Bremspotential für die Vereinigung erweist sich auch die momentan gültige Regelung für den Länderfinanzausgleich. Das sogenannte Stadtstaatenprivileg bei der Steuerverteilung würde für Berlin nach der Fusion der beiden Länder wegfallen. Insgesamt bekäme ein gemeinsames Bundesland nach der heutigen Regelung 3,6 Milliarden Mark weniger als die beiden getrennten Bundesländer zusammen. Daraus ergibt sich, daß der neu auszuhandelnde Länderfinanzausgleich Regelungen wird enthalten müssen, die die beiden Länder für einen Zusammenschluß nicht bestraft.

Eine Möglichkeit, den Wegfall des Stadtstaatenprivilegs zu kompensieren, wäre eine Sonderregelung für die Finanzierung der Bundeshauptstadt. Gerade hierbei werden wir jedoch die mißtrauischen Blicke der anderen östlichen Bundesländer aushalten müssen. Bei ihnen wirkt die emotionale Belastung des Begriffes Hauptstadt (der DDR) noch nach, außerdem werden sie jede Sonderhilfe für Berlin im Rahmen der Finanzierungsaufgabe »Deutsche Einheit« sehen.

Vom Ausbau Berlins zur Bundeshauptstadt ist Brandenburg, ganz abgesehen von den Finanzierungsfragen, auf jeden Fall unmittelbar betroffen. Noch scheint man sich darüber vor allem am Rhein Gedanken zu machen, wobei die Vorschläge leider immer dünner werden und man sich des Eindruckes nicht erwehren kann, daß es sich dabei um eine gezielte Verschleppungstaktik handelt. Es ist an der Zeit, daß wir als diejenigen, die diese Frage zuallererst angehen sollten, uns vernehmlich in die Diskussion einmischen.

Zum Beispiel befinden sich im brandenburgischen Berliner Umland besonders viele Kasernen der früheren DDR-Grenztruppen und der Westgruppe der sowjetischen Streitkräfte. Nahe der Kreisstadt Zossen mit sechstausend Einwohnern etwa liegt das Hauptquartier dieser Streitkräfte, die jetzt der GUS unterstehen. Dort lebten vor dem Beginn des Abzuges in einer stadtähnlichen Anlage 70 000 Menschen. Als Rechtsnachfolger dieser Liegenschaften tritt der Bund auf, und der Bundesfinanzminister hat im Umkreis von dreißig Kilometern um Berlin seine Hand auf all diese Gelände gelegt. Er hält Häuser und Grundstücke für die Hauptstadtgestaltung in Reserve, die nach Bonner Planung aber noch Jahre auf sich warten lassen wird. Für Brandenburg sind das Blockaden, die seine eigene Entwicklung empfindlich beeinträchtigen. Wir sind Mitbetroffene und müssen mitreden und mitentscheiden können. Berlin und Brandenburg müssen in der Hauptstadtfrage gemeinsam offensiv werden, auch mit Vorschlägen zur Regelung der inzwischen über dreihunderttausend angemeldeten Ansprüche tatsächlicher oder vermeintlicher früherer Eigentümer auf Rückgabe von Grundstücken im Umfeld Berlins.

Auch ein Blick auf wichtige Infrastrukturmaßnahmen zeigt, daß Brandenburg und Berlin sich der Bewältigung von Zukunftsaufgaben in vielen Bereichen nur gemeinsam annehmen können. Auf den Autobahnen herrscht Stau, die Züge sind überfüllt und langsam, die Flughäfen ebenso überlastet wie das Telephonnetz. Die Diskussion um den Großflughafen hat gezeigt, was auch für die ICE-Anbindung Berlins oder die

Frage nach dem Bau des Transrapid gilt: Berlin und Brandenburg müssen ihre Interessen abstimmen und gegenüber dem Bund mit einer Stimme sprechen.

Um bei derlei hochfliegenden Projekten die drängenden kleineren Fragen des Alltags nicht ganz aus dem Auge zu verlieren: Auch im Abfall- und Abwasserbereich kann es – wie auch im Blick auf einen regionalen Verkehrsverbund – nur eine Lösung in Kooperation zwischen Berlin und Brandenburg geben. Nachdem Brandenburger Deponien bereits zu DDR-Zeiten jahrelang mit (West-)Berliner Müll gefüllt wurden, wird diese Frage vor Ort – etwa in Ketzin – eher emotionsgeladen diskutiert, was eine einvernehmliche Lösung nicht erleichtert.

Wie Berlin in diesem Bereich auf den Brandenburger Willen zur Zusammenarbeit angewiesen ist, so profitieren wir vom Technologie-, Wissenschafts- und Kulturstandort Berlin. Das gilt natürlich vor allem für das engere Berliner Umland, in dem sich sicherlich in erster Linie besonders technologieorientierte Unternehmen ansiedeln werden. Daß dies nicht zur weiteren Verstärkung des Speckgürtels um die Stadt und Ausdünnung weiter von Berlin entfernter Landesteile führt, wird auch in einem gemeinsamen Bundesland eine der wichtigsten strukturpolitischen Aufgaben bleiben.

Angesichts der drängenden Herausforderungen brauchen wir bald Klarheit über den Fahrplan für das gemeinsame Bundesland. Was nötig ist, läßt sich mit drei »Ks« umschreiben: Konsolidierung, Kompatibilität und Kooperation. Die Grundsatzentscheidung muß möglichst bald getroffen werden, um die Weichen richtig stellen zu können. Wirklich vollziehen sollten wir die Fusion der beiden Bundesländer wohl parallel zum Umzug von Bundesregierung und Parlament nach Berlin. Damit könnten viele praktische Probleme – zum Beispiel der notwendige Abbau von Beschäftigten in der Verwaltung – aufgefangen werden. Alles sollte darauf hinauslaufen, daß wir spätestens 1998 ein gemeinsames Parlament wählen. Die Entscheidung in das nächste Jahrtausend zu verschieben, würde einer Kapitulation vor dieser gewaltigen Aufgabe gleichkommen, in der so viele Chancen stecken. Abzuwarten würde sich als kontraproduktiv auch für unser gemeinsames Ziel erweisen, den wirtschaftlichen Aufschwung schnell und menschlich zu gestalten.

Mittler zwischen Ost und West: Deutschlands neue alte europäische Rolle

Die Welt hat sich gewandelt. Als Folge dieses Umbruchs wurde Deutschland wieder eins. Das ist die Haben-Seite. Auf der Soll-Seite stehen neue Herausforderungen durch die Veränderung der Weltlage. Nicht Rückkehr zum alten Trott, sondern neue Prioritäten sind gefragt.

Während die Deutschen noch auf ihre Vereinigungsprobleme starren wie das Kaninchen auf die Schlange, haben ihre Nachbarn die neue Rolle Deutschlands längst begriffen. Sie richten entsprechende Erwartungen an das größer gewordene Land in der Mitte des Kontinents.

Das Wunder der Einheit stellt uns in die politische Mitverantwortung für die Gestaltung der Zukunft dieser Welt. Es gilt, sich das bewußt zu machen. Verantwortliche deutsche Politik darf sich nicht in der Bewältigung von Alltagsproblemen und in Tagesfragen erschöpfen, auch wenn sie noch so dramatisch sein mögen. Sie muß auch die einzelnen Menschen in ganz anderer Weise darauf orientieren, daß die Zukunftsfragen der Menschheit insgesamt eine Dimension unseres eigenen Lebens sind. So gesehen darf nicht der Wunsch nach Rückkehr zu bundesdeutscher Normalität der Leitgedanke bei der Lösung der Einheitsaufgabe sein, sondern die Notwendigkeit, Bewegungsfreiheit, politisch wie finanziell, für unsere Aufgabe im Konzert der Völker Europas zu gewinnen. Diese Völker tragen ja nicht nur Verantwortung dafür, daß der eigene Kontinent lebensfähig bleibt, der Ostflügel des gemeinsamen Hauses Europa neu fundamentiert und saniert wird, sondern müssen eben, zusammen mit Nordamerika, auch die Lebensfähigkeit der Dritten Welt sichern.

Mitteleuropa hat eine neue Chance bekommen. Die östlichen Bundesländer sind jetzt Teil des Westens, sind vom Warschauer Vertrag in die NATO, vom RGW in die Europäische Gemeinschaft gewechselt, und beide Organisationen müssen sich nach Osten öffnen. Der Untergang des sozialistischen Herrschafts- und Wirtschaftssystems, das Ende des Sowjetimperiums nötigt um Europas und des Friedens willen zur Zusammenarbeit der Staaten dieses Bereichs mit NATO und Europäischer Gemeinschaft. Die Deutschen und insbesondere die Ostdeutschen können dabei eine wichtige Rolle spielen, nicht als beherrschende Vermittler oder als bevormundende Lehrmeister, sondern als faire Partner, die die Osteuropäer aufgrund gemeinsamer Geschichte verstehen und die ihrer Mentalität nicht ganz fern sind. Dabei kann es hilfreich sein, daß wir im Nordosten Deutschlands uns des Erbes unserer »wendischen Großmütter«, von denen Peter Huchel sprach, bewußt bleiben.

Die Gefahr des Ost-West-Konflikts und des zwanghaften Drehens an der atomaren Rüstungsschraube ist zunächst gebannt. Aber damit muß auch dem einfachen politischen Weltbild der Abschied gegeben werden, das nach West und Ost, nach Gut und Böse unterschied und den Deutschen nicht ungefährliche, aber vergleichsweise einfache Rollen zuwies. Jetzt sind wir souverän und befinden uns in der Mitte Europas in einem Netz vielfältiger Beziehungen und Verantwortlichkeiten.

Preußen mit seiner Mitte Brandenburg war ein Mittelpunkt im Beziehungsgeflecht Europas. Als dann das Deutsche Reich als Nationalstaat außenpolitisch an die Stelle Preußens trat, wurden aus dieser Mitte bald die Mittelmächte, Deutschland und seine Verbündeten, die im ersten Weltkrieg den Staaten Ost-, West- und Südeuropas gegenübertraten. Seine Mitte verlor Europa vollends im Gefolge des zweiten Weltkriegs. Die antagonistische Spaltung Deutschlands und des Kontinents in Ost und West duldete keine Mitte.

Europa von Gibraltar bis zum Ural hatte stets mehrere Zentren: Rom und Byzanz im frühen Mittelalter, Wien, Paris, Berlin, St. Petersburg oder Moskau in der Neuzeit vor dem ersten Weltkrieg. Aber Europa hatte nie eine Zentrale. Das ist die Zukunftschance auch der gegenwärtigen europäischen Einigung des Kontinents. Die Aufgabe der Mitte ist es nicht, Zentrale zu sein, sondern Brücke.

In Deutschland berühren sich der Osten und der Westen

Europas. Das östliche Deutschland, insbesondere der ostelbische Bereich, ist von seinen geographischen Gegebenheiten, seiner Geschichte, selbst von der Mentalität seiner Bewohner her der Übergang zum östlichen Europa. Ebenso bildet das westliche Deutschland, insbesondere sein linksrheinischer Teil, die Brücke zum westlichen Europa. In den Jahrhunderten friedlicher Zusammenarbeit der Deutschen mit ihren Nachbarn hat sich diese Ost-West-Bindung Deutschlands als fruchtbar erwiesen. Das ist eine dienende und vermittelnde europäische Funktion unseres Landes.

In den kriegerischen Jahrzehnten Europas war die doppelte Interessenlage der Deutschen aber auch deren Gefährdung. Sie führte das Reich in Zweifrontenkriege, die Deutschland schließlich zerstörten. Der Westen Europas muß sich auf die Einbindung Deutschlands verlassen, der Osten wiederum muß sicher sein, daß dieses Achtzig-Millionen-Volk in der Mitte des Kontinents seine Aufgabe nicht in einer Suprematie, sondern im Ausgleich sieht.

Deutschland wird in seiner westeuropäischen Bindung daran zu erinnern haben, daß Europa nicht an der Oder endet; die polnischen, böhmischen und ungarischen Könige haben sich immer als christlich-abendländische Herrscher Europas verstanden, und sie sahen ihrerseits an der Grenze zum griechisch-byzantinisch-russischen Glauben das Ende des alten Europa-Begriffs. In Berlin, nicht aber in Prag hat man vergessen, daß mit Karl IV. ein deutscher Kaiser das Reich vom Hradschin aus regierte. Auch in dieser Hinsicht, nicht nur in ökonomischer, hat Deutschland eine Aufgabe: Die Ostmitteleuropäer müssen spüren, daß wir uns der historischen, bis in die Gegenwart hineinreichenden Bindungen zwischen unseren Völkern bewußt sind. Der Neuaufbau Europas wird nur aus Erinnerung und Neuanfang zugleich möglich sein, man muß wissen, was gewesen ist, aber wollen, was die Zukunft bereithält.

Die in Ostdeutschland gewachsenen Verbindungen zum Osten tragen heute – zusammen mit der Tatsache, daß Osteuropa nicht mehr als kommunistisches Gegenbild zum demokratischen Westen auftritt – zur Erweiterung der Perspektive der Bundesrepublik Deutschland bei, die durch die Vereinigung gleichsam die ihr vorher fehlende vierte Dimension gewonnen hat. Ihre bisherige Nord-Süd-Ausdehnung bei politischer Westausrichtung wird nun geographisch durch die Ostausdehnung ergänzt. Politisch steht sie vor der Aufgabe, sich nicht mehr nach Osten abzugrenzen, den Osten abzuwehren, sondern den Wiederaufbau und die Neuordnung Osteuropas aktiv zu unterstützen.

Voraussetzung für eine solche, aktiv nach Osteuropa gewandte Politik ist die feste Verankerung des ganzen Deutschland im Westen. Eine Politik des Lavierens zwischen Ost und West, irgendeine Art von Schaukelpolitik, wechselnde Bindungen oder eine Schiedsrichterrolle aus der Mittellage heraus kommen schon wegen der Notwendigkeit, in ganz Europa zusammenzuarbeiten, nicht in Frage. Denn trotz aller Unwägbarkeiten, die der Zerfall des Ostblocks, das Ende der Sowjetunion und die blutige Auflösung Jugoslawiens mit sich gebracht haben, steht doch eines fest: Das gemeinsame Haus Europa, von dem Gorbatschow so gern gesprochen hat, wird vom Westen her aufgebaut, wenn es gebaut wird. EG, NATO und KSZE werden in Osteuropa wichtige Funktionen übernehmen müssen.

Vor allem auf die EG kommt die Aufgabe zu, den Völkern des Ostens wirtschaftlich auf die Beine zu helfen und ihre jungen und noch labilen demokratischen Regime zu stabilisieren. Damit ist nicht gemeint, daß sämtliche osteuropäische Staaten sofort die EG-Mitgliedschaft erwerben müßten, auch wenn ihr demnächst Schweden und Österreich, wohl auch Finnland beitreten werden und Polen, die CSFR, Ungarn und andere osteuropäische Staaten sich assoziieren wollen. Auch die baltischen Staaten und die Länder Südosteuropas werden sich zur EG hin orientieren. Eine wachsende Europäische Gemeinschaft ist neben den USA und Japan vor allem der wichtigste Wirtschafts- und Aufbaupartner Rußlands und der übrigen GUS-Staaten, die ja auch weite Teile Asiens umfassen.

Man wird in Osteuropa, wo sich das Schicksal des ganzen Kontinents in den kommenden Jahren und Jahrzehnten entscheiden wird, natürlich nicht alle Probleme auf einmal lösen können. Auch verkenne ich nicht die immensen finanziellen Anstrengungen, die mit den meisten Hilfsprogrammen verbunden sind. Ich bin jedoch der Auffassung, daß wir nach einem Weg suchen müssen, mindestens die drei uns am nächsten stehenden osteuropäischen Staaten, also Polen, die CSFR und Ungarn, jene, die immer schon westlich orientiert waren und mehr Mittel- als Osteuropa sind, zu einem möglichst frühen Zeitpunkt zu Mitgliedern der EG zu machen.

Diese Staaten brauchen einen doppelten Schutz. Sie brauchen Schutz für ihre noch schwach entwickelte Demokratie, und sie brauchen darüber hinaus politischen Schutz gegenüber dem Osten; den haben sie immer gebraucht, und den brauchen sie weiterhin. Daher muß man nach einem Weg suchen, sie relativ früh, also möglichst bis zur Jahrtausendwende, auf jeden Fall aber innerhalb der nächsten fünfzehn Jahre, als Vollmitglieder aufzunehmen, ihnen dann aber lange Übergangsregelungen zu gestatten.

Die großen Schwierigkeiten, die eine solche Ost-Erweiterung der Europäischen Gemeinschaft mit sich bringen wird, sind mir deutlich, Schwierigkeiten, die jene mit der Süderweiterung zu Beginn der achtziger Jahre als geringfügig erscheinen lassen. Weder Portugal nach Salazar, noch Spanien nach Franco oder Griechenland unter der Herrschaft der Obristen hatten jemals eine dem sozialistischen Plansystem vergleichbare Mißwirtschaft. Es mußten nicht sämtliche Strukturen neu geschaffen werden. Dennoch ist die Ost-Erweiterung der EG, für die ich plädiere, durchaus mit der Aufnahme Griechenlands, Portugals und Spaniens zu vergleichen. Auch mit diesen Ländern wurden, bald nachdem sie ihre rechten Diktaturen abgeschüttelt hatten, Beitrittsverhandlungen aufgenommen. Damit bekamen die jungen Demokratien jene Perspektive, die heute auch die osteuropäischen Staaten brauchen. Auch die drei südeuropäischen Länder wurden bereits zu einem Zeitpunkt in die Gemeinschaft aufgenommen, als sie im Grunde wirtschaftlich längst noch nicht leistungsfähig genug für die Mitgliedschaft waren. Die notwendigen Übergangsfristen wurden zum Teil in die Zeit der Mitgliedschaft verlegt.

Analog sollte die EG sich heute gegenüber Polen, Ungarn und der CSFR verhalten: Möglichst bald Assoziierungsabkommen schließen, Beitrittsverhandlungen beginnen und die Länder in zehn bis fünfzehn Jahren mit längeren Übergangsregelungen und Anpassungsfristen aufnehmen. Das scheint mir aus politischen wie auch aus historischen Gründen der bessere Weg zu sein als der über eine Assoziierung, die erst im Laufe der Jahre immer höher entwickelt wird, bis man schließlich sagen kann: Jetzt ist es soweit, sie sind wettbewerbsfähig, sie können aufgenommen werden. Ein solcher Weg würde bei den Polen vielleicht Jahrzehnte dauern. Und niemand von uns kann sagen, was in diesen Jahrzehnten im östlichen Europa geschieht.

Folgt man diesem Vorschlag, so führt das zu einer EG, in der es Mitgliedschaften mit unterschiedlichen Graden geben wird. Es ist noch immer sehr umstritten, ob die Gemeinschaft gleichzeitig eine Erweiterung und eine Vertiefung verträgt, ob ein Europa der unterschiedlichen Geschwindigkeiten ein tragfähiges Modell ist. Trotz aller guten Gründe, die dagegen sprechen, scheint mir dies dennoch der beste Weg zu sein.

Mir hat gefallen, wie Theo Sommer seine Vorstellung vom künftigen Europa in der »ZEIT« einmal mit dem Bild einer Pagode beschrieb: »Nicht jeder wird sämtliche Dächer über seinem Haupt haben. Es entsteht ein Europa mehrerer Geschwindigkeiten und mehrerer Etagen – ein Europa auch unterschiedlicher Dichtegrade und Härtegrade der Integration. Freischwingende Strukturen – teils lückenhaft, teils überlappend – treten mindestens für eine Übergangszeit an die Stelle der gewohnten starren Architektur.« Jeglicher Fortschritt Europas auch innerhalb des Pagodenmodells wird natürlich auch weiterhin von einem festen und leistungsfähigen Kern abhängen. Es ist daher in unser aller Interesse, daß es möglichst bald, durchaus auch im Zusammenhang mit der Verwirklichung des europäischen Binnenmarktes 1993, zu einem (gesamt)europäischen Wirtschaftsraum kommt, der diesen Namen auch verdient.

Die Europäische Gemeinschaft kann sehr wohl gleichzeitig erweitert und vertieft werden. Wenn wir tatsächlich Mitglieder aufnehmen, denen wir längere Übergangsregelungen und Anpassungsfristen einräumen, ihnen also zu ihrem eigenen Schutz eine Mitgliedschaft mit beschränkten Rechten und Pflichten anbieten, dann müssen diese Sonderregelungen natürlich schrittweise aufgelöst werden. Ich verkenne dabei nicht die Gefahr, daß sich die Integration des inneren Kreises – wie das ja auch in den Beschlüssen von Maastricht angelegt ist – schneller vollzieht und so der Abstand zwischen einzelnen Mitgliedsstaaten zunächst einmal wächst.

Die Europäische Gemeinschaft muß die Aufgabe übernehmen, die osteuropäischen Reformstaaten an die in Jahrzehnten entwickelten Formen intensiver Zusammenarbeit heranzuführen. Die Beschlüsse von Maastricht im Januar 1992 vertiefen die Zusammenarbeit in bereits etablierten europäischen Politikfeldern und erschließen neue Möglichkeiten zur außen- und sicherheitspolitischen Zusammenarbeit der Länder der EG. Das ist für die Bewältigung der vor allem in Osteuropa für die Gemeinschaft anstehenden Aufgaben unmittelbar notwendig. Wir haben nicht viel Zeit. Die Menschen dort erwarten jetzt eine Zusammenarbeit mit der EG. Wir sollten dazu auch im eigenen Interesse bereit sein.

Wenn es nicht gelingt, den Menschen in diesen Ländern schnell neue Perspektiven zu bieten, kann eine Flüchtlings- und Emigrantenwelle über Westeuropa hereinbrechen, die wir weder steuern noch aufhalten können. Auch in diesem Falle gilt eine Lehre, die wir in Deutschland aus der Entwicklung seit dem Fall der Mauer ziehen konnten: Drängende Probleme, besonders wenn deren Lösung nicht finanzierbar erscheint, werden durch Liegenlassen nur noch teurer, die Folgen noch gravierender.

Was Osteuropa anlangt, so geht es für die Europäische Gemeinschaft darum, Formen der Zusammenarbeit zu entwickeln, die im Stil und in der Zielsetzung denen der Gemeinschaft ähneln. Das bedeutet konkret: möglichst wenig neue Sonderprogramme, statt dessen möglichst weitgehende Öffnung bestehender EG-Programme für Osteuropa, insbesondere derjenigen, die schon EFTA oder COST offenstehen. Auch sollten diese Staaten in die Infrastrukturplanung Europas eingebunden werden.

Ein Teil unserer neuen europäischen Rolle wird darin liegen, Anwalt unserer osteuropäischen Nachbarn zu sein und auf eine Entwicklung in diese Richtung zu drängen. Eine solche Form der Zusammenarbeit im europäischen Rahmen unter dem Dach der Europäischen Gemeinschaft ist nicht nur für das Kräftegleichgewicht in Europa notwendig, sondern auch, um der Welt die Sorge zu nehmen, Deutschland mache Osteuropa zu seinem Hinterhof. Wenn das mitunter so erscheint, weil es vor allem deutsche Unternehmen sind, die in diesen Ländern investieren, dann gilt es, unseren Partnern deutlich zu machen, daß sie ihren eigenen Ängsten vor einem übermächtigen Deutschland am wirkungsvollsten durch verstärktes eigenes Engagement in Osteuropa begegnen können.

Die Deutschen sollten sich daher demonstrativ in europäische Ordnungen einfügen, sollten ihr Engagement mit anderen teilen. Sobald wir die ungeheuren Anstrengungen, die mit den Aufgaben der Einheit verbunden sind, bewältigt haben – wie lange das auch immer dauern mag –, wird dieser europäische Rahmen eine noch größere Bedeutung erlangen, als er sie heute schon besitzt. So wie heute Westdeutsche in den Osten kommen und Aufbauhilfe bei uns leisten und Ostdeutsche in westdeutschen Betrieben Fachwissen erwerben, das sie anschließend zu Hause anwenden, wird es auch im größeren europäischen Rahmen zu einem Personalaustausch kommen müssen. So wie das in der europäischen Geschichte auch früher schon der Fall war, sollten deutsche und andere westeuropäische Fachleute in den osteuropäischen Ländern wichtige Aufgaben übernehmen – nicht um den deutschen Einfluß zu verstärken, sondern einfach, um ihre Fähigkeiten anzuwenden.

Im Rahmen dieser Hilfe für Osteuropa könnten die Ostdeutschen Bindeglieder mit Erfahrungen aus beiden Lebenswelten werden. Bisher allerdings sind die ostdeutschen Länder noch keine Brücke von West- nach Osteuropa. Viele Menschen hier wollen sich im Grunde so schnell wie möglich im Westen integrieren, ihre alten östlichen Bindungen abstreifen, sie vielleicht sogar vergessen machen. Eine solche radikale Kehrtwendung würde jedoch der neuen Aufgabe nicht gerecht.

Ob die ostdeutschen Länder im europäischen Umgestaltungsprozeß wirklich die Rolle eines wichtigen Bindeglieds werden spielen können, bleibt unsicher. Bei allen Chancen, die sich am Horizont zeigen, darf man ja auch historische Belastungen nicht vergessen. Denn das, was einmal die DDR war, ist in Osteuropa nicht übermäßig geschätzt worden: ein sozialistisches Musterland, immer vorneweg und immer noch ein bißchen strammer auf der vom Kreml vorgegebenen Linie. Wir waren in den Augen etwa der Polen »Iwan de luxe«, und das meinte man alles andere als anerkennend.

Auch im osteuropäischen Umbruch war die DDR ja eine späte und zunächst leise Stimme. Seit dem niedergeschlagenen Volksaufstand im Jahr 1953 machte sich der Widerstand fast nur im Murren bemerkbar. 1989 konnten wir an den Willen zur Veränderung vieler anderer, mutiger Menschen in Osteuropa anknüpfen, denen wir es neben Gorbatschows Reformpolitik verdanken, daß wir heute zur Europäischen Gemeinschaft gehören und in einer Demokratie leben. Die deutsche Teilung war eine Folge von Hitlers Politik, die Überwindung der Teilung ein gesamteuropäischer Prozeß. Der Weg zur Überwindung der deutschen Teilung war der Weg der Freiheitsbewegungen im östlichen Mitteleuropa und in Osteuropa.

In der früheren DDR ist mehr oder weniger über Nacht ein Wirtschaftssystem etabliert worden, von dem die osteuropäischen Staaten bisher nur träumen können. Daß Polen, Ungarn, Tschechen, Slowaken, Russen, Ukrainer und viele andere noch weit entfernt sind von einer funktionierenden freien Wirtschaftsordnung, in die wir aufgenommen wurden, erhöht nicht gerade die Sympathien der anderen für uns. Alle meine Freunde in Warschau und Prag, in Minsk, Kiew und Moskau erinnern mich immer wieder daran, daß wir Bedingungen für den Übergang haben, die sie niemals haben werden.

Obwohl dies psychologisch nicht gerade eine Situation ist, die uns für europäische Brückendienste besonders prädestiniert, sehe ich zwei Felder, auf denen gerade die neuen Bundesländer im Rahmen des europäischen Umgestaltungsprozesses Richtung Osteuropa etwas tun können. Das eine ist der Versuch, unsere Erfahrungen beim Wechsel des politischen und des ökonomischen Gefüges weiterzugeben. Wir haben den doppelten Systemwechsel sozusagen im Schnellverfahren erlebt. Unsere bisherigen und noch zu gewinnenden Erfahrungen können für die Staaten wichtig werden, die den größten Teil der Wegstrecke noch vor sich haben, auch wenn nicht alles in jedem Punkt vergleichbar ist und sich daher die Erfahrungen nicht wie Kochrezepte übertragen lassen. Das zweite Feld, in dem wir nützlich sein können, sind praktische Dienste im Hinblick auf das notwendige Zusammenwachsen von Ost- und Westeuropa.

Die kostspieligste Erfahrung, die wir während der zurückliegenden Monate machen mußten, ist die bittere Erkenntnis, daß der wirtschaftliche Systemwechsel sich nicht automatisch vollzieht. Wir haben am eigenen Leibe gespürt, daß der Übergang von der Zentralverwaltungswirtschaft zur Wettbewerbswirtschaft kein einfacher Umschaltvorgang ist. Es muß nach unseren ostdeutschen Erlebnissen in der Weltpremiere des Wechsels zwischen Plan und Markt nicht jeder noch einmal alles neu probieren. Der Modellversuch Ostdeutschland hat verwertbare Einsichten gebracht. Je schneller unsere alten osteuropäischen Planwirtschaftspartner den Wechsel bewältigen, um so schneller werden sie unsere neuen Handelspartner in einer freien Wirtschaft, im europäischen Markt sein.

Deshalb ist es unsere Aufgabe – und das sind die praktischen Dienste, auf die es neben den ideellen Brücken ankommen wird –, trotz der gegenwärtigen Lähmung und des Zusammenbruchs großer Teile unserer früheren Wirtschaftsbeziehungen, zu den anderen Ländern des ehemaligen RGW, zu unseren östlichen Partnern Verbindung zu halten. Wir müssen uns der gewachsenen Verbindungen bewußt bleiben, sollten sie erneuern, wo es geht, und in den gesamteuropäischen Prozeß einbringen.

Wenn wir heute nach der Rolle der Deutschen in Europa fragen und bei der Antwort gerade auch auf die historischen Erfahrungen im östlichen Teil Deutschlands zurückgreifen, dann lautet eine Lehre der Vergangenheit, daß wir weg müssen von hegemonialen Strukturen, an deren Bildung die Deutschen immer wieder beteiligt waren. Wenn sie keine dominierende Stellung in Europa besaßen, fanden sie sich in einer Lage wie nach dem Dreißigjährigen Krieg: zersplittert und machtlos, sich selber und ihren Nachbarn ein Unruhefaktor, weil dieses Deutschland unberechenbar war. Erst recht hat sich eine dominierende Stellung Deutschlands für Europa unheilvoll ausgewirkt, vielleicht, weil das Land zu klein war, um das System der europäischen Staaten im Gleichgewicht zu halten, jedoch zu groß, um sich lediglich als ein Staat neben anderen in das System seiner Nachbarn einzufügen. Das hat Brandenburg, dann Preußen und schließlich Deutschland immer wieder erfahren, und seine Nachbarn haben darunter gelitten.

Wir müssen also zu einem Geflecht kommen, in dem dafür Vorsorge getroffen ist, daß es keine dominierenden Mächte, keine Hegemonialmacht in Europa gibt. Da die Antwort nicht lauten kann, Deutschland wieder zu teilen oder gar auf Dauer geteilt zu halten, müssen wir alles dafür tun, daß Institutionen gebildet werden, die eine Hegemonie verhindern, sò daß sich durch die Deutschen unsere kleinen Nachbarn nicht bedroht fühlen, wie das in der Geschichte immer wieder der Fall war. Und das bedeutet mit dem Blick auf Osteuropa, daß wir auf Institutionen der KSZE setzen müssen.

Diese KSZE-Institutionen haben zwei wesentliche Aufgaben. Das ist einmal, Mechanismen auszubilden, mit deren Hilfe man Konflikte schlichten kann, die immer wieder entstehen werden. Dazu mag dann sogar die NATO – etwa in Form der Blauhelme – eine militärische Komponente beisteuern, mit der man die KSZE in diesem Stadium nicht belasten sollte. Zweitens sollte die KSZE einen effektiven, auch institutionell gesicherten Minderheitenschutz entwickeln, weil wir mit dem Minderheitenproblem in den nächsten Generationen wieder umgehen müssen. Minderheitenkonflikte werden überall aufbrechen oder sind längst aufgebrochen.

Der Minderheitenschutz ist eine besonders wichtige Form des Menschenrechtsschutzes, der traditionell eine wichtige Aufgabe der KSZE war und dies auch bleiben wird. Die Schlußakte von Helsinki, diese Charta für Demokratie und Menschenrechte, wird gerade für Osteuropa von großer Bedeutung bleiben, wo beides nicht verwurzelt ist. Durch Institutionen und Konfliktmechanismen, vielleicht sogar einen europäischen Menschenrechtsgerichtshof, der sich auch auf Osteuropa erstreckt, gilt es, beides im Rahmen der KSZE weiterzuentwickeln. Dies Bemühen muß außerdem eingebettet sein in eine wissenschaftlich-technische und kulturelle Zusammenarbeit, um Vertrauen zu bilden und kulturelle Bindungen herzustellen, insbesondere auch zu Rußland und den anderen GUS-Staaten.

Gerade die Frage der Minderheiten in Europa wird sich für Deutschland in seiner neuen europäischen Rolle als wichtig erweisen. Einmal im Hinblick auf den Minderheitenschutz in Osteuropa, zum anderen aber auch hinsichtlich der Frage, wie wir mit unseren eigenen Minderheiten, den bei uns lebenden Ausländern, umgehen.

Eine negative Folge der deutschen Vereinigung, mit der wir uns auseinandersetzen müssen, begann sich bereits im zweiten Halbjahr 1991 abzuzeichnen, nämlich ein zum Teil dramatischer Verdrängungsprozeß von Ausländern. Es gibt Betriebe im westlichen Deutschland, die Ausländer entlassen, um Zuwanderer aus dem östlichen Deutschland einzustellen. Plötzlich versteht man die Türken angeblich nicht mehr richtig und will sie durch Sachsen, Brandenburger, Mecklenburger ersetzen. Sie haben keine Sprachprobleme, und da sie bei sich selber nur sechzig oder siebzig Prozent des Lohnes erhalten, sind sie dankbar, wenn sie im Westen überhaupt Arbeit finden. Sie stellen also keine großen Ansprüche und bringen gute Fachkenntnisse mit.

So verständlich es ist, daß Ostdeutsche ihre Freizügigkeit nutzen, um dorthin zu gehen, wo sie Arbeit erhalten, so kontraproduktiv ist das, wenn es zu Lasten bisher benötigter ausländischer Arbeiter geht. Damit wird der gefährlichen Tendenz der Abschottung nach außen und gegenüber Fremden Vorschub geleistet.

Gerade innerhalb der Europäischen Gemeinschaft müssen wir uns der politischen, wirtschaftlichen und kulturellen Herausforderung stellen, die sich aus dem Verschwinden des zentralistischen Zwangssystems im Osten ergibt. Diese Aufgabe birgt gleichzeitig die Gefahr in sich, daß die den nördlichen Industrienationen auferlegte Verantwortung für die Weltentwicklung im Bewußtsein und politischen Handeln der Europäer zu stark in den Hintergrund tritt. Als im Herbst 1991 in Berlin eine von siebenundzwanzig europäischen Ländern beschickte Ministerkonferenz Maßnahmen zur Eindämmung illegaler Einreisen erörterte, hieß ein Presse-Urteil: »Die Festung Europa probt die Abschottung!«

Es ist politisch und psychologisch ungeheuer wichtig, bei der notwendigen Konzentration auf die Lösung von Problemen in Europa von vornherein zu versuchen, negative Auswirkungen für die übrige Welt zu vermeiden. Um beim Beispiel zu bleiben: Es ist fraglos nötig, der illegalen Einwanderung Riegel vorzuschieben. Aber es ist ebenso nötig, die zweifellos unvermeidbare legale Einwanderung in geordnete Bahnen zu lenken.

Im Weltvergleich gehören auch die meisten der zur Zeit mit massiven Wirtschaftsproblemen kämpfenden Staaten Osteuropas zu den reicheren Ländern der Erde, von Westeuropa gar nicht zu reden. Natürlich ist es eine vorrangige Aufgabe, wo immer möglich zur Besserung der Lebensverhältnisse in den wirklich armen Ländern dieser Welt beizutragen. Hierfür sollten weitere Ressourcen erschlossen werden. Doch realistischerweise müssen wir damit rechnen, daß dies nur sehr unzureichend gelingt und daß für nicht absehbare Zeit Menschen in großer Zahl nach Europa streben werden, um der Misere zu Hause zu entgehen.

Zumindest die Staaten der Europäischen Gemeinschaft und der Länder, die sich ihr anschließen oder assoziieren wollen, stehen damit vor der Aufgabe, eine gemeinsame Einwanderungspolitik zu entwickeln. Die unkontrollierte Zuwanderung von Menschen, die wir bei uns nicht aufnehmen können, zu verhindern ist eine Seite. Die andere Seite ist die Verständigung darüber, wem und wie vielen wir die Grenzen für einen zeitweisen oder auch dauerhaften Aufenthalt bei uns öffnen und welche Lebensmöglichkeiten wir diesen Menschen dann bieten. In erster Linie gehört dazu eine gemeinsame Flüchtlings- und Einwanderungspolitik sowie eine Harmonisierung der entsprechenden Bestimmungen der europäischen Länder. Eine unvoreingenommene Diskussion, welche Zuwanderung die europäische Wirtschaft vertragen kann, ohne aus dem Gleichgewicht zu kommen, wie viele Arbeitskräfte sogar gebraucht werden, muß geführt werden und ist ohne die Gefahr weiterer Verunsicherung zu verkraften.

In Brandenburg zum Beispiel sind die Arbeitslosenzahlen hoch, und dennoch zeichnet sich bereits in einigen Branchen ein Mangel an Arbeitskräften ab, den wir im Land selbst nicht decken können. In den nächsten zehn Jahren wird, wie auch in anderen ostdeutschen Ländern, ein Nachholbedarf in der Bauwirtschaft entstehen. An Dachdeckern fehlt es schon jetzt; Arbeitskräftemangel in anderen Berufen wird folgen. Industriearbeiter sind – selbst als Arbeitslose – nicht leicht dafür zu gewinnen, auf dem Bau zu arbeiten. In Polen aber gibt es verfügbare Fachkräfte. Wir werden also polnische Baufirmen mit ihren Arbeitern ins Land holen müssen. Das wird sich nicht auf Spezialisten, wie etwa bei der Restaurierung der Schlösser in Potsdam, beschränken. Auch im Hotel- und Gaststättenbereich ist abzusehen, daß der einheimische Arbeitsmarkt den Bedarf in Zukunft nicht wird befriedigen können. Die Zahl der Gaststätten muß sich verfünffachen, wenn der Tourismus in Gang kommen soll. Auch hierfür werden Ausländer ins Land kommen.

Welche Maßnahmen auch immer ergriffen werden, welche politischen Wunschvorstellungen wir im einzelnen haben mögen, ich bin überzeugt: Wir Deutschen und wir Europäer müssen uns darauf einstellen, daß die Weltsituation uns Jahr für Jahr einen kräftigen Zustrom von Menschen ganz anderer und unterschiedlicher Kulturen bringen wird. Die Zeiten, in denen die Nationen für sich leben konnten, sind vorüber. Dies sollten wir uns und unseren Mitmenschen nüchtern vor Augen halten. Dann lassen sich vielleicht sogar Chancen herausfinden, die darin liegen können, für uns und andere.

Auf jeden Fall müssen wir in Deutschland zu einer wirklichen Ausländerpolitik kommen, die wir in Wahrheit nicht haben. Bisher streiten wir nur über die wirksamsten Abwehrmechanismen gegenüber Asylsuchenden. Das hat aber mit einer geordneten Ausländer- oder Einwanderungspolitik noch nichts zu tun. Es werden uns bislang eben die aufgenötigt, die es schaffen, und das sind weder unbedingt diejenigen, die wir gerne ins Land holen möchten, noch diejenigen, die es besonders nötig haben. Was sich gegenwärtig abspielt, ist im Grunde das Gegenteil von Politik.

Am Ende werden wir wohl an einer Quotenregelung, wie sie die Amerikaner seit vielen Jahren praktizieren, nicht vorbeikommen. Wir werden in diesem Zusammenhang also über unsere Prioritäten nachdenken müssen und uns zu fragen haben, wen wir außer den Deutschstämmigen aus Polen, Rußland oder auch der CSFR, Ungarn oder Rumänien, die einen

Anspruch auf einen deutschen Paß haben, wenn sie ihn wünschen, noch ins Land lassen wollen. Auch im Hinblick auf die Frage von Quoten und Kontingenten wird sich eine gewisse Vorzugsbehandlung von Polen, Ungarn und Tschechen leichter rechtfertigen lassen, wenn die Aufnahme dieser drei Staaten in die EG rasch eingeleitet wird.

Der Bau des gemeinsamen europäischen Hauses kann nur gelingen, wenn der Prozeß des Zusammenwachsens friedlich verläuft. Die Gefahr des großen Krieges zwischen Ost und West ist mit der Auflösung des Sowjetimperiums geschwunden. Aber das Beispiel Jugoslawien zeigt, daß damit auch die Wahrscheinlichkeit gewachsen ist, daß regionale, vor allem nationale Konflikte mit Waffengewalt ausgetragen werden. Wir wissen nicht, was uns im Zuge der Desintegration der ehemaligen Sowjetunion noch alles bevorsteht. Die bisher unterdrückten Nationalitätenkonflikte im einst kommunistischen Osteuropa betreffen Deutschland und Westeuropa bislang nicht unmittelbar. Aber sie können zu einem Chaos führen, das den Kontinent erschüttert.

Die Art der Bedrohung ist also eine andere geworden, und damit müssen sich auch die Vorkehrungen ändern, die wir zur Gewährleistung unserer Sicherheit in Europa treffen. Dazu ist auch weiterhin die NATO notwendig; die KSZE oder auch die EG sind dazu noch nicht in der Lage. Die Europäische Gemeinschaft bietet nicht nur ein Modell, wie aus Trümmern wieder Wohlstand zu gewinnen ist, sondern sie gibt auch ein Beispiel dafür, wie wechselseitiges Mißtrauen entschärft und traditionelle Feindbilder überwunden werden können. Zur Sicherung des Friedens in Osteuropa, vor allem auch der ehemaligen Sowjetunion beizutragen, ist jedoch vor allem die NATO – und durch vertrauensbildende Maßnahmen auch die KSZE – gefordert.

Im Prozeß der weiteren Abrüstung in Europa, aber auch in den USA und Kanada, muß die NATO eine Führungsrolle einnehmen. Ihre Strukturen sind seit über vierzig Jahren stabil. Sie leistete einen wesentlichen Beitrag zum Frieden in Europa. Mit der Konstituierung des Nordatlantischen Kooperationsrates, der alle zwei Monate die NATO-Staaten mit den neuen

»Liaison-Partnern«, also allen Ländern Ost-Mitteleuropas und Osteuropas auf Botschafterebene zusammenführt, ist ein wichtiger Rahmen geschaffen, der den Abrüstungsprozeß mitgestalten kann. Dabei wird es darauf ankommen, daß die NATO noch stärker kooperative Sicherheitskonzepte erarbeitet. Die werden den Frieden nicht durch bewaffnete Abschrekkung, sondern durch Zusammenarbeit und Hilfe zur Entwicklung stärken. Die NATO wird in Zukunft um so mehr ein wichtiger Friedensfaktor sein können, wenn sie sich den Annäherungswünschen von Staaten öffnet, die früher zum Warschauer Vertrag gehört haben.

Die NATO, der nun ganz Deutschland angehört, muß die gegenwärtige und noch bis 1994 dauernde Anwesenheit einst sowjetischer Truppen in Ostdeutschland politisch für die Zukunft nutzen. Es geht dabei konkret um Zusammenarbeit bei Abrüstung und Rüstungskontrolle. In Brandenburg entwikkelt der Bevollmächtigte des Ministerpräsidenten für GUS-Truppen und Konversion nicht nur Konzepte für den Truppenabzug, sondern versucht auch, Modelle vorzulegen, wie die Umstellung von Rüstungsbetrieben auf friedliche Produktion vor sich gehen kann. Auch die Vorbereitung von Berufssoldaten auf künftige zivile Berufe noch während ihrer Dienstzeit in Deutschland hat begonnen.

Doch auch unterhalb der Schwelle der drohenden militärischen Gefahren gilt es, im Blick auf Osteuropa, speziell hinsichtlich der Nachfolgestaaten der früheren Sowjetunion, eine helfende Wirtschaftspolitik auch als Sicherheitspolitik zu entwickeln. Für mich ist das eine logische Konsequenz aus dem europäischen Entspannungsprozeß. Wer weg will von der militärischen Konfrontation – letzten Endes auch, weil er selber überleben will – und sich auf Zusammenarbeit zubewegt, der muß sehen, daß der Weg dahin über ein sehr unwegsames Gelände von Umstellungen und gewaltigen Veränderungen führt. Dieser Weg birgt Gefahren der Destabilisierung. Deshalb scheint es mir nötig, das Instrumentarium zu wechseln. Es ist heutzutage nicht mehr nötig, mit Vernichtungsmitteln abzuschrecken, um die eigene Existenz zu sichern. Es ist vielmehr möglich, nötig und preiswerter, Zukunft zu sichern, indem man mit allen Kräften zur Stabilisierung im östlichen Europa beiträgt, finanziell, wirtschaftlich und organisatorisch. Zukunftssicherung könnte durchaus zur Aufgabe der NATO gehören; möglicherweise könnten solche Aktivitäten im Rahmen der KSZE entwickelt werden.

Bei Erdbeben, Überschwemmungen und Hungerkatastrophen ist es zur schnellen Nothilfe inzwischen international üblich geworden und akzeptiert, militärisches Gerät und militärische Logistik einzusetzen. Es gilt jetzt, darüber nachzudenken, wie solche Hilfe nicht nur als Ausnahme in Gang gebracht, sondern zu einer der regulären Aufgaben der Verteidigungskräfte gemacht werden kann.

Natürlich ist das großenteils noch Zukunftsmusik, die wir, auch wenn wir dazu bereit wären, keineswegs allein spielen können. Das muß alles gründlich mit den Verbündeten wie mit den potentiellen Empfängern von solcher aus dem Verteidigungshaushalt finanzierter Entwicklungshilfe diskutiert werden. Doch andererseits drängt die Zeit, häufen sich die Probleme. In der früheren Sowjetunion mangelt es nicht nur an Lebensmitteln und Medikamenten, sondern vor allem auch an der Fähigkeit, der Organisationsstruktur, vom Ausland bereitgestellte Hilfsgüter effektiv zu verteilen. Das hat in Bonn zu ersten konkreten Überlegungen geführt, wie man die organisatorischen und personellen Möglichkeiten der Bundeswehr und die spezielle Situations- und Sprachkenntnis von Offizieren der früheren Nationalen Volksarmee konstruktiv nutzen kann. Darin sehe ich den Einstieg in ein breiter angelegtes Umdenken in der angezeigten Richtung.

Es wird sich herausstellen, daß man allergröbste Not lindern kann, aber daß zu effektiver Hilfe mittelfristig, vielleicht sogar langfristig weitergearbeitet werden muß. Dann fängt es an, spannend zu werden. Dann wird es darum gehen, ob und wie man die Aufgaben des Verteidigungsministeriums und des Entwicklungsministeriums sinnvoll bündeln kann und inwieweit diese Aufgaben aus der nationalen in die internationale Verantwortung, etwa der NATO, überführt werden können. Denn die ganze Aufgabe ist zum einen nicht allein von Deutschen zu schaffen. Zum anderen sind historische Ängste vor den Deutschen, vor allem wenn das Militär im Spiel ist, zu berücksichtigen. Auch die Tatsache, daß sich das Vertrauen der osteuropäischen Nachbarn zum guten Teil auf Amerikaner, Franzosen und auch Briten bezieht, ist wichtig, denn sie können dazu beitragen, Verkrampfungen zu verhindern, die schnell aufkommen, wenn die Deutschen allein auf osteuropäische Völker zugehen. Es geht also darum, daß die NATO ihre zivile Komponente ausbaut. Es wäre eine große Leistung, wenn ein militärisches Bündnis von der Abwehr und der Gegnerschaft zur Zusammenarbeit und zum Aufbau übergeht.

Die Frage nach Deutschlands gewandelter europäischer Rolle konkretisiert sich für mich in Brandenburg immer wieder an unserem Verhältnis zu Polen. Das vereinigte Deutschland hat als Ergebnis der Zwei-plus-Vier-Gespräche eine endgültige und gemeinsame Grenze mit diesem für die Bundesrepublik neuen östlichen Nachbarn. Der Vertrag zwischen der Bundesrepublik Deutschland und der Republik Polen über die Bestätigung der zwischen ihnen bestehenden Grenzen vom 14. November 1990 hat dies rechtlich klargestellt. Nachdem sich die DDR bereits 1950 im Görlitzer Abkommen und die alte Bundesrepublik 1970 im Warschauer Vertrag festgelegt hatten, ist nun die Frage der Grenze mit Polen ein für allemal geklärt. Ob diese Grenze aber in Zukunft trennen oder verbinden wird, wie es die deutsch-französische und andere Grenzen schon tun, das liegt bei uns. Mit dem am 8. April 1991 in Kraft getretenen visafreien Reiseverkehr haben wir die Vergangenheit hinter uns gelassen, in der diese Grenze immer wieder Deutsche und Polen voneinander getrennt hat. Wir haben Chancen, aber auch Probleme gewonnen.

Da, wo eine Grenze zwei Länder gegeneinander abschottet, werden auf beiden Seiten die Grenzgebiete oftmals wirtschaftlich notleidend. Das ist beiderseits der Oder tatsächlich noch immer der Fall. Im deutsch-polnischen Grenzgebiet haben wir eine besondere politische und moralische Verantwortung, nicht nur beiden Ländern gegenüber, sondern auch gegenüber dem entstehenden Gesamteuropa.

Letztlich ist es nicht damit getan, die Grenzfrage zu regeln und neue Übergänge zu schaffen, wenn auch eine Grenze, die verbinden soll, viele Übergänge aufweisen muß. Das wissen die Brandenburger ebenso wie die Polen in den grenznahen

Wojewodschaften Szczecin (Stettin), Gorzow (Landsberg) und Zielona Gora (Grünberg). Wir waren auf beiden Seiten der Oder enttäuscht, daß es damit nicht so zügig voranging, wie der schnell wachsende Verkehr es erforderte. Hinderliche Grenzvorschriften abzubauen wird auch weiterhin nötig sein. Es muß beispielsweise möglich sein, daß die Feuerwehr von Guben helfen kann, wenn es in Gubin brennt, und umgekehrt.

Gerade wir in Brandenburg brauchen für die Zukunft die deutsch-polnische Freundschaft. Die Aufgabe, für ihr Wachsen zu arbeiten, ist nur mit dem Vorhaben der deutsch-französischen Freundschaft vergleichbar, die Bundeskanzler Konrad Adenauer und Staatspräsident Charles de Gaulle mit dem Elyseevertrag im Jahre 1963 in Angriff genommen haben. So selbstverständlich, wie heute die deutsch-französische Freundschaft an die Stelle der einstigen Erbfeindschaft zwischen beiden Ländern getreten ist, so selbstverständlich muß in einigen Jahren die deutsch-polnische Freundschaft sein. Schlechte Erfahrungen miteinander in Vergangenheit und Gegenwart dürfen diesen Prozeß nicht aufhalten.

Wir in Brandenburg sind fest entschlossen, die Chancen und Herausforderungen unserer zweihundert Kilometer langen Grenze zu Polen anzunehmen. Es ist schon viel geschafft worden. Es gibt kommunale Partnerschaften, vielfältige Kontakte zwischen Behörden, Journalisten, Organisationen, Landkreisen und Schulen. Potsdam wird auf deutscher Seite Sitz des deutsch-polnischen Jugendwerkes. Wir hoffen, daß junge Leute aus ganz Deutschland und Jugendliche aus Großbritannien, Frankreich und Italien die Idee der europäischen Verständigung bewußt über Westeuropa hinaus auch weiter nach Osten tragen.

Im September 1991 wurde in Anwesenheit des polnischen Wissenschaftsministers die Europa-Universität in Frankfurt an der Oder feierlich eröffnet, eigentlich wiedereröffnet, denn es gab hier seit 1506 die Viadrina, die erste brandenburgische Universität, bis sie vom preußischen Staat 1811 nach Breslau verlegt wurde. Diese Universität Frankfurt steht polnischen Studenten und Professoren offen; Lehrende und Lernende anderer Nationen sind ebenfalls willkommen. Die Universität in Frankfurt an der Oder soll sich dem vereinten, dem ganzen

Europa widmen. Europarecht, Friedensforschung und Slawistik werden neben den Wirtschaftswissenschaften ihr besonderes Profil bilden.

Gute Nachbarschaft beginnt an der Grenze. Deshalb sind wir an einem breiten Ausbau wirtschaftlicher, kultureller und wissenschaftlicher Zusammenarbeit beiderseits von Oder und Neiße interessiert. Das erste Jahr solcher Nachbarschaftspolitik mit Polen stimmt alles in allem optimistisch. Der Ausschuß für grenznahe Zusammenarbeit der deutsch-polnischen Regierungskommission, in dem die Wojewodschaft Szczecin (Stettin) und Brandenburg gemeinsam den Vorsitz innehaben, hat inzwischen rund zweihundert gemeinsame Vorhaben an der Oder-Neiße-Grenze von der Ostsee bis nach Zittau auf den Weg gebracht. Alles Projekte, die die Lebensqualität der Menschen oder das gegenseitige Verständnis verbessern. Gemeinsame Kläranlagen, um die Umwelt zu entlasten, öffentlicher Nahverkehr zwischen Grenzstädten, Naturschutzprojekte zwischen Grenzstädten, Konzertreihen für osteuropäische Musik: all das eignet sich in der Regel nicht für Schlagzeilen in der überregionalen Presse, hilft jedoch in der Summe Polen auf dem Weg nach Europa. Aber deutsch-polnische Zusammenarbeit darf sich nicht nur auf den grenznahen Bereich erstrecken. Wir werden mit unseren Nachbarn auch wirtschaftliche Projekte angehen, die grenzferner liegen und trotzdem im Interesse europäischer deutsch-polnischer Kooperation sind.

Es ist für das Zusammenwachsen Europas von entscheidender Bedeutung, daß deutsch-polnische Zusammenarbeit sich nicht nur als Teil der europäischen Bemühungen versteht, sondern auch weithin gemeinsam mit anderen europäischen Partnern vorgenommen wird. Ich bin sehr erfreut darüber, daß die hierin liegenden Möglichkeiten von westeuropäischen Partnern wahrgenommen werden. Britische, französische und niederländische Investoren haben die besonderen Chancen erkannt, die speziell im Land Brandenburg zwischen Berlin und der Oder liegen. Wir werden diese Ansätze entschlossen fördern. Aus einem benachteiligten Grenzraum kann so eine begünstigte Plattform für europäische Zusammenarbeit werden. Sie kann eine hilfreiche Keimzelle weiteren Aufschwungs auch entfernter Regionen werden. Mit Brüssel und einzelnen europäischen Partnern stehen wir in Brandenburg zur Zusammenarbeit mit den polnischen Nachbarn bereit. Die Polen werden selbst entscheiden, wie und mit wem die europäische Aufgabe angepackt wird. Keine langatmigen Papiere oder mißverständlichen Pläne, sondern handfeste und konkrete Einzelbeispiele sind gefragt. Vom Naturschutz bis zu Joint-venture-Vorhaben gibt es eine breite Palette von Möglichkeiten. Jedes gelungene Vorhaben fördert nicht nur den Einzelfall, sondern bringt auch Europa weiter und hilft, den polnischen Weg in die EG zu ebnen.

In diesem Sinne habe ich mich auch mit dem polnischen Außenminister Krzystof Skubiszewski in einem langen Gespräch über die Möglichkeiten eines Ausbaus der regionalen Zusammenarbeit verständigt, die gebraucht wird, um die wirtschaftlichen und sozialen Unterschiede auf beiden Seiten der Grenzflüsse zu überwinden. Skubiszewski sagte mir in diesem Gepräch: »Wir brauchen dringend einen breiten europäischen Rahmen für unsere Zusammenarbeit. Und das mit der praktischen Konsequenz, Geld für verschiedene Projekte bereitzustellen.« Für mich ist ebenso wie für den polnischen Außenminister die europäische Komponente sehr wichtig. Es darf uns nach dem gewaltigen Umbruch 1989 nicht für die Zukunft eine etwas nach Osten verschobene Wohlstandsgrenze in Europa trennen. Sie zu überwinden und für ein wirklich gemeinsames europäisches Haus zu arbeiten, ist ein wichtiges Anliegen in unserer regionalen Zusammenarbeit mit Polen, und es ist eine zentrale Aufgabe des geeinten Deutschland in seiner neuen europäischen Rolle. Unser Ziel ist es, mit Hilfe von europäisch eingebetteten polnisch-deutschen Fördermaßnahmen eine Euroregion Oder-Neiße zu schaffen, so wie es auch anderswo in Europa grenzübergreifende regionale Zusammenarbeit gibt.

Auch der Besuch des polnischen Staatspräsidenten Lech Walesa in Brandenburg Anfang April 1992 hat mir bestätigt, daß wir mit unseren Bemühungen auf dem richtigen Weg sind. Gerade Walesa hat jedoch in allen Gesprächen immer darauf hingewiesen, daß wir bei der regionalen grenzübergreifenden Zusammenarbeit nie die europäische Dimension auch in Richtung Osten aus dem Auge verlieren dürfen. Deutsch-polnische Beziehungen sind heute nur im gesamteuropäischen Kontext denkbar.

Zur Bewältigung der Gegenwart gehört die Vision der Zukunft, und ich will dieses Buch, das nüchtern und realistisch die Probleme zu nennen sucht, mit einer Hoffnung schließen, an die ich fest glaube. So gewaltig die Aufgaben heute in Deutschland und darüber hinaus in Europa auch sein mögen – wir würden unserer Verantwortung nicht gerecht, würden wir nicht über den eigenen Tellerrand hinausblicken. Im vereinigten Deutschland sind wir heute voll und ganz damit beschäftigt, nach der äußeren nun auch die innere Einheit zu gewinnen. Doch so wichtig das ist: solche Nabelschau reicht heute nicht mehr; die neue Weltlage hält noch ganz andere Herausforderungen für uns bereit.

Als Michail Gorbatschow mit seinem Neuen Denken hervortrat und für die Abkehr von der Konfrontation der Blöcke plädierte, tat er das nicht zuletzt mit dem Argument, daß den tatsächlichen Weltproblemen des Hungers, der Unterentwicklung und der weltweiten Umweltgefahren nur in gemeinsamer Anstrengung, in der Zusammenfassung aller Kräfte begegnet werden kann. Tatsächlich läßt sich die derzeitige Konzentration der Europäer auf sich selbst nur rechtfertigen, wenn man in der möglichst schnellen Stabilisierung Europas, und das heißt hier vor allem der Länder im Osten des Kontinents und dem mit ihnen verbundenen bisher sowjetischen nördlichen Teil Asiens, von vornherein auch eine Hilfe für die Dritte Welt und eine Kräftekonzentration für die Bewahrung der Schöpfung sieht.

Wir leben längst in *einer* Welt: *one world* ist seit Jahrzehnten schon Realität, und Deutschland muß sich der damit gegebenen politischen Herausforderung in Zukunft ganz anders stellen. Mit der Vereinigung sind die politischen Beschränkungen gefallen. Die Welt hat sich verändert, deshalb konnten wir wieder zusammenkommen. Nun braucht die Welt uns.

Kennzeichen des Lebens in der einen Welt ist die gegenseitige Abhängigkeit aller voneinander. Sie zeigt sich im weltweiten Handel, in den globalen Umweltproblemen, sie konfrontiert uns mit zunehmenden Flüchtlingsströmen. Wir wissen, daß wir nur gemeinsam überleben können. Wir müssen uns deshalb der Tatsache stellen, daß diese unsere eine Welt viel tiefer in Nord und Süd gespalten ist, als sie je in Ost und West getrennt war.

Zu einer Zeit, als die Ost-West-Konfrontation unabänderlich schien und beide Seiten sich zu immer schnellerer Hochrüstung aufschaukelten, rief Willy Brandt die Nord-Süd-Kommission ins Leben. Er mahnte damals eindringlich die Neugestaltung der Nord-Süd-Beziehungen als die größte soziale Herausforderung für die Menschheit bis zum Ende dieses Jahrhunderts an und schrieb: »Wo Hunger herrscht, kann Frieden nicht Bestand haben. Wer den Krieg ächten will, muß auch die Massenarmut bannen. Im moralischen Sinn macht es keinen Unterschied, ob ein Mann im Krieg getötet wird oder durch die Gleichgültigkeit anderer zum Hungertod verurteilt ist.«

In den achtziger Jahren führte angesichts der Hochrüstung der Gedanke »Überleben sichern« zum Konzept »Gemeinsame Sicherheit«, mit dem der Name des ermordeten schwedischen Ministerpräsidenten Olof Palme untrennbar verbunden bleibt. Die zentralen Ideen der Palme-Kommission fanden inzwischen Eingang in die Politik. Konfrontation und Hochrüstung sind heute neuer Sicherheitspartnerschaft und Abrüstung in Europa gewichen. Also können und müssen wir die Friedensdividende nutzen, um den Krieg des Hungers gegen die Armen dieser Welt zu beenden.

Es ist in diesem Zusammenhang wichtig, sich unserer Erfahrung zu erinnern. Trennung wird, ob es gefällt oder nicht, von denen überwunden, die die Not dazu drängt. Es wird uns deshalb im Reichenviertel der Welt nichts helfen, uns hinter Mauern zu verschanzen. Wir sind heute wohl erst mit den Anfängen eines weltweiten Flüchtlingsproblems konfrontiert. Die Erwartung der Armen, an unserem Wohlstand teilzuhaben, zwingt uns, ihre Probleme zu den unseren zu machen. Politik als Zukunftssicherung muß Weltpolitik sein.

Für ein globales Konzept des Überlebens, der wirtschaftlichen Existenzsicherung und der ökologischen Sicherheit bietet die bisherige Politik der Industrienationen keine tragfähige

Perspektive. Die Alternative, Hilfe zur Selbsthilfe, heißt, neue Wege der Modernisierung und Entwicklung in der Dritten Welt zu unterstützen. Selbsthilfe bedarf der Selbstverwaltung, und sie bedarf einer Weltwirtschaftsordnung, in der der Süden die Erlöse für seine Exporte statt in den Schuldendienst in die eigene Entwicklung investieren kann.

Noch nie zuvor waren die Aussichten für Fortschritte in der internationalen Zusammenarbeit besser als zu Beginn der neunziger Jahre: Das Konzept der Gemeinsamen Sicherheit wird sich durchsetzen; Demokratie und Menschenrechte sind als universelle Werte anerkannt; die Möglichkeiten, extreme Armut zu lindern und Schritt für Schritt abzuschaffen, sind gewachsen.

Noch während wir völlig auf die Probleme Deutschlands und Europas konzentriert sind, gilt es, sich im Blick auf unsere lokalen Aufgaben bereits von der Frage leiten zu lassen, ob und wie wir mit ihrer Lösung auch den globalen Problemen Rechnung tragen. Auf der Ebene der Länder und der Kommunen muß verstärkt entwicklungspolitische Bildungsarbeit geleistet werden. Städtepartnerschaften und Projektpartnerschaften bieten zugleich die Chance, Bewußtseinsbildung und konkrete Hilfe zu verbinden. Mitdenken und Mithandeln in der Weltverantwortung hilft, auch in unseren dramatischen Tagesfragen Augenmaß zu finden. Die globalen Herausforderungen anzunehmen und sie schon heute in konkrete Politik umzusetzen, ist eine Frage unserer eigenen Zukunftssicherung. Hilfe für andere wird sich für uns als Selbsthilfe erweisen.

Die Kern-Herausforderung in unserem schwierigen Aufbruch ist nicht die Modernisierung der ostdeutschen Industrie, auch nicht, das Wohlstandsgefälle zu unseren östlichen Nachbarn abzubauen und Europa in eine neue Ordnung zu bringen. Das sind nur Teilbereiche der umfassenden Aufgaben. Diese verlangen von uns, daß wir unseren Wohlstand künftig so definieren, daß er Mittel freisetzt, die der Entwicklung der Dritten Welt dienen. Und wir müssen uns der Herausforderung stellen, daß unser Leben und das künftiger Generationen davon abhängt, ob es uns gelingt, unsere Weltverantwortung und unser Verlangen nach Wohlstand aufeinander zu beziehen.

Die Deutsche Bibliothek-CIP-Einheitsaufnahme

Stolpe, Manfred:
Schwieriger Aufbruch
Manfred Stolpe. – Berlin: Siedler, 1992
ISBN 3-88680-435-6

Der Siedler Verlag ist ein gemeinsames Unternehmen der Verlagsgruppe Bertelsmann und von Wolf Jobst Siedler

Lektorat: Dirk Rumberg
Schutzumschlag: Venus & Klein, Berlin
Satz: Bongé + Partner, Berlin
Druck und Buchbinder: Mohndruck, Gütersloh
Printed in Germany 1992
ISBN 3-88680-435-6